味蕾職人的杯子蛋糕經濟學

看口味魔法師如何引領
我們愛吃什麼的美食風尚

The Tastemakers

Why We're Crazy for Cupcakes but Fed Up with Fondue

作者
大衛·賽克斯

譯者
劉怡女

食尚風潮為我們帶來快樂。
你大可抱怨杯子蛋糕早就褪流行了，但如果我為你送上一個杯子蛋糕，
你還是會高高興興地撕下紙杯，
期待之情就和小時候參加生日派對時一樣。
你會大口吞進香甜的海綿蛋糕與奶油糖衣，舔乾淨沾在手指上的碎屑，
直到吃得一點渣都不剩。

The Tastemakers

Why We're Crazy for Cupcakes but Fed Up with Fondue

第三部：食尚風潮為何重要

食尚風潮之旅出發！

一輛觀光巴士駛進紐約廣場飯店投射的巨大陰影，停駐在一月的冰寒空氣中。從附近觀光景點來此的乘客，在這裡魚貫上車。他們的年紀自二十出頭至近六十歲不等，最近的家在長島，最遠的從瑞典千里迢迢而來。除了我本人及兩位女士的先生，其他三十餘人清一色為女性；有些人與朋友結伴同行，有些則是參加旅遊團。

她們之所以來到這裡，全是為了同樣的理由：凱莉、夏綠蒂、米蘭達、莎曼珊；HBO招牌影集「慾望城市」的四名女主角。這部影集從1998年播映至2004年，之後還推出了兩部續集電影。對坐在我周圍的女士們而言，**她們不僅僅是電視劇角色，更是神聖的先知，身兼女性認同偶像、性解**

放先驅、種種紐約元素之象徵。

「各位女士！」史黛西賈柏斯在巴士關上車門、緩緩駛向第五大道時，拿起麥克風唱歌似地宣佈：「歡迎參加今天的慾望城市景點之旅！」史黛西沒透漏她的年齡，但坦承「年紀大到看過這齣劇」（她可能跟我一樣，大約三十出頭）。打從2005年以來，史黛西每天帶這趟行程兩次。這位時髦的紅髮小姐穿著緊身牛仔褲與及膝長靴（請想像夏綠蒂的外型配上米蘭達的髮色），沿途走過已親身造訪數千次的景點，在每個景點熟練地描述「慾望城市」相關劇情片段和取景。

我們還在廣場飯店外頭時，史黛西問大家：「記得艾德嗎？」這裡是影集第二季莎曼珊泡上個老男人的地方。「他有個下垂的屁股，對吧，女士們？」車上的人知道這一幕，全都笑了。

「假如你們以為這趟行程是輔導級的，你們可真他媽的搞錯了。」史黛西接著說：「大家跟我一起歡呼吧！」

車上所有人齊聲歡呼的時候，史黛西將紅髮甩向一邊，露出莎曼珊式的邪惡笑容。巴士來到市中心，經過了凱莉（以下內容有雷！）逃婚的市立圖書館。她在劇中從華麗教堂婚禮中逃跑，這座教堂也就是被莎曼珊戲稱為「神器」（Friar Fuck）帥哥修道士任職的地方。過了兩站，看了十來支影集片段後，巴士停在西村中央的布里克街與西十一街街角。這處精品店林立的雅致街區，可說是「慾望城市」輝煌太陽系的母星。影集把這個帶有波西米亞風情的林蔭商圈，昇華為徜徉個性咖啡廳、高檔服飾店和超大手提包的天堂，每年吸引無數粉絲來到這些窄巷一遊，不可思議的驚嘆之情彷如中世紀的耶路撒冷朝聖者。

我們步出巴士時，史黛西告訴大家，我們有將近一個鐘頭的時間可逛逛這個街區。「等你們回來時，我會準備好杯子蛋糕招待各位。」她拔高了尾音，特別加強「杯子蛋糕」這幾個字的語氣。大家聽了一陣「喔」「啊」和咯咯笑，但影集的忠實粉絲早就料到這一招了。

「是木蘭烘焙坊的蛋糕嗎？」一名從阿拉巴馬州來的婦女滿懷期待地問。她看著窗外的木蘭烘焙坊，就位於巴士停泊處的斜對角。

「不是。」史黛西笑得有些勉強：「但一樣好吃。」

來自澳洲墨爾本的一對朋友，年約二十出頭的愛麗克絲蓋利與愛蜜莉帕芙琳，就跟大部分這趟行程的遊客一樣，走下了車後就直接前往木蘭烘焙坊。她們買了兩個店裡的招牌紅絲絨蛋糕。「我超愛這部影集。」帕芙琳邊吃邊說：「每集都看了五遍。」那天氣候寒冷，天空灰暗，烘焙坊內的熱氣與濕度在所有窗戶凝成一層霧。我從街上往店內瞧，只看得到朦朧的輪廓、柔和的色彩、以及貼在玻璃上，文字模糊的報紙與雜誌報導。

透過霧氣凝結的玻璃窗，我隱約看到門邊有張裱了框的小照片，當中有兩位女士坐在木蘭烘焙坊外的長凳上。左邊是飾演米蘭達的女演員辛西亞尼克森，右邊則是飾演凱莉布萊蕭的莎拉潔西卡帕克。她們雙腿交叉，購物袋放在腳邊，眼睛直視攝影機；兩人手上都拿著杯子蛋糕。相框最下方有張長條紙，寫著：「木蘭烘焙坊出現於慾望城市第三季。」

超越時空的美食潮流

再過個幾千年，若那時候的考古學家挖出我們這時代的文物，發現了這張照片和這處地點時，他們會有怎樣的解讀？他們會知道「慾望城市」究竟是什麼玩意，或瞭解這部影集如何俘虜了全球數百萬名女性的希望與夢想嗎？他們會不會知道，照片中的這兩名女性不只是備受推崇的女演員，更是現代女性在性與社會地位獨立自主的象徵？

屆時的考古學家還認得出杯子蛋糕嗎？

他們會不會知道，在二十一世紀的頭十年，有一種蛋糕是放在杯子裡烤，你所能想像到的任何口味和組合一應俱全；蛋糕上頭還淋滿糖霜，款式從簡單的香草奶油、到精雕細琢的立體裝飾都有。過去十多年來，這些小小蛋糕的影響力與魅力橫掃全球。無論是崛起於世界各地，全心投入此道的烘焙師、記錄這波風潮的觀察者、或創造了億萬商機的杯子蛋糕產業；這一切都始於曼哈頓的這處神聖角落，也就是這家小小的烘焙坊，有兩名女星加持，在某部電視影集出現了二十秒鐘的地點。**難道就是它改變了我們吃甜點的方式？**

我告訴我的朋友，我正在寫一本關於飲食風尚的書，他們的反應通常是丈二金剛摸不著頭腦。但等到我提及杯子蛋糕，他們便立刻睜大眼睛，開始點頭表示理解，而且還會熱情地發表由衷感想。他們會說自己好愛杯子蛋糕，或討厭死了杯子蛋糕；他們每天都非吃不可，或躲杯子蛋糕像躲瘟疫一樣；他們認為杯子蛋糕是生命中最美好的部分，或杯子蛋糕是現代世界的萬惡淵藪。

杯子蛋糕呀！光輝的、可恨的、美麗的、惱人的、上帝賜福的、神愛世人的……杯子蛋糕！

身為北美長大的小鬼，我對杯子蛋糕的魅力其實並不陌生。在我這輩子最早的記憶當中，我還記得當我即將過三歲生日時，我黏著母親站在廚房裡，結果不小心把雞蛋摔到地上。看到摔破的雞蛋，我立刻狂哭，因為那天下午母親為了我的生日派對，正手忙腳亂地烤巧克力杯子蛋糕。幾年後，母親會從健康烘焙坊買杯子蛋糕，帶到學校給我當點心。可惜這間位於我們多倫多老家附近的烘焙坊很久以前就歇業了。當那些杯子蛋糕從走廊被放到老師桌上，二十五對骨溜的小眼珠目不轉睛，活像追熱導彈似地鎖定那只淺藍色紙盒。

隨後老師將盒子上的包裝繩解開，浮現的是全世界最令人快樂的景象：一排排巧克力杯子蛋糕，緊挨著端坐在紙托上。蛋糕上覆蓋著一層薄薄的摩卡色糖衣，並灑滿色彩繽紛的糖粒。我們耐心排隊，等著領自己的一份。接著我們像呵護雛鳥似的，小心翼翼捧著蛋糕走回座位。女同學們仔細撕開紙托，端詳著第一口該從哪裡吃起；但男孩子可不來這一套。我們簡直像參加萬聖節咬蘋果比賽，拿起蛋糕就拼命啃。沒多久我們滿臉滿嘴沾著巧克力，白襯衫和運動褲也抹上一道道棕色痕跡。我們大概是想讓沒能吃下肚的，透過皮膚來吸收吧。蛋糕在三十秒內被吃個精光，亂糟糟的教室裡全是蛋糕屑、包裝紙和洋溢的興奮之情。**杯子蛋糕創造了童年最美好的回憶**。

但過去十五年來，杯子蛋糕發生了微妙的變化，竟成了一種時尚流行。事實上，在這個美食當道的年代，杯子蛋糕是各種飲饌風尚中最具代表性地位者。現在的人談起杯子蛋糕，談的不只是甜度、色彩、滋味，或任何與美味與否有關的層面（各位都知道杯子蛋糕吃起來是什麼味道吧，就跟一般小蛋糕差不多）。在這個複雜且飛快擴張的飲饌風尚世界，杯子蛋糕更像是避雷針，吸引了圍繞在這股風潮周遭的能量與情感。而這樣的世界，也逐漸形塑了幾乎所有我們攝食的一切。

事實上，飲食風尚並不是什麼新鮮玩意，它們是狩獵採集文明過渡到農耕文明的演化過程中，自然生成的副產品。狩獵採集文明的人往往是找到什麼就吃什麼。但後來的農夫或做買賣交易的，他們的食物選擇就稍微多了些。老祖先們手持長矛追逐猛獁象，可不是因為部落首領宣稱猛獁象是舊石器時代的最佳蛋白質來源（在當年，原始人飲食法是唯一的選項）。當人類發展出經濟手段，創造了多種食物來源之後，我們開始對不同的食物產生偏好。食物開始跟時尚掛勾，成為地位象徵、以及施展力量的手段。對異國香料日益熾盛的渴望，促使歐洲探險家們踏上大西洋航程，追尋胡荽、薑黃等等印度珍貴食材。當時，這些食材的魅力可媲美黃金與絲綢。咖啡原本是衣索比亞默默無聞的作物，如今卻成為近半個地球的人每天早上不可或缺的提神飲品，而且遍植在世界各處的可耕地。

無所不在的美食風尚

我活了三十多年，見識過食物風潮是如何**周期性循環**。我小時候流行的是炸雞柳，然後阿特金斯飲食法風行了一陣，高中時最熱門的則是法士達捲餅。我出生的那年，壽司這道罕見佳餚飄洋過海登陸美國，伴隨著崛起中的日本商業文化而來。但我也見證了壽司如何轉變成平價的外帶晚餐，連便利超商和加油站都買得到。我讀過只存在於史書的飲食風尚（羅馬王室習於將一種動物塞進另一種動物的肚子裡，塞得越多層越好，感覺像去骨的俄羅斯娃娃或火鴨雞；最後再烤來吃），也親身經歷了一波波熱潮如何被競爭者凌駕（法士達捲餅和壽司先是讓位給墨西哥捲餅與拉麵，後來又被玉米餅包炸魚和居酒屋迎頭趕上），而義式濃縮咖啡成了我每一餐的固定班底。

我還見過來去一陣風的流行，像薄雪般一落地便消融不見。１９９３年第二十七屆超級盃的數百萬觀眾當中，我本人也共襄盛舉，為中場的水晶百事可樂廣告癡迷不已。廣告中的新世紀時代訊息是這麼說的：「就是現在，未來在你眼前」，背景音樂還配上范海倫合唱團的名曲「就是現在」。頓時間，每個蘇打飲料品牌都推出了透明汽水，急著趕上這班透明動力列車。我記得高中時跟幾個朋友在午休時外出用餐，走進了最近的一間便利超商。我們排了好久的結帳隊伍，只為了買罐水晶百事可樂來嚐鮮。買到可樂後，我們匆匆前往附近的公園，圍成一圈坐了下來，打開瓶蓋後開始傳著喝，樣子簡直像圍著營火的流浪漢。但我並沒有因為享用了這款透明清涼飲料而邁入新世紀；相反的，最初迫不及待喝的那一口，感覺上不過是平凡無奇的糖水。

這年頭，**飲食風尚已經無處不在，而且竄起與成長的速度，比起以往都還要來得更快**。過去僅有少數富裕饕客能享用的美饌佳餚，如今已成為普羅文化的主流。美食新聞、評論、十大排名充斥著媒體版面，而且是永無休止的持續出現。飲食風尚的淘金熱正風風火火地進行，只不過我們用湯杓和平底鍋，取代了鶴嘴鋤及炸藥。觀察近年來輪番上陣的新風潮，我忍不住開始好奇這整套生態究竟是如何運作的。為什麼某些品項會突然全面佔領餐廳菜單（炸雞、豬腩、波本威士忌），而其他品項，譬如帕尼尼義式三明治，卻流行沒幾年就退燒？

有天我超想吃玉米餅包炸魚，但整個多倫多市只找得到一間餐廳有賣。然而在那一年後，這道菜卻變得滿街都是；無論是突然冒出來，十幾家專賣包魚肉捲餅的墨西哥菜餐館、或是把玉米餅包炸魚做得很難吃的山寨版英式酒吧，全都供應了這道菜。這究竟是怎麼回事？為什麼家父突然間每餐都要吃石榴籽，而我太太的摯友願意花三十美元參加餐車美食秀活動，排整整一小時的隊等待進場，然後再排一小時的隊買個龍蝦捲，而且還在她排到之前就賣完了？在此同時，位於十二呎外的斯里蘭卡咖哩餃小販怎麼也想不通，為什麼他的攤子沒人來光顧。為什麼某種食物會比另一種更受歡迎？龍蝦捲和咖哩餃都很好吃，價格也相差無幾，是什麼原因讓它們硬是被分出高下？

為什麼某種飲食法在某段時間被當成保健良方，後來又被說成是有害健康？為什麼漢堡突然間人人搶買，就因為某個部落客喊出了「漢堡週」？我們這些食客真的認為，在任何食物裡加進培根都絕對錯不了嗎？

最糟的是，一個禮拜內吃進五份不怎麼樣的玉米餅包炸魚後，你終於開始明白這些持續襲來的美食風潮不但索然無味，而且令人疲憊。食物幹嘛要炒作流行？為什麼我們要為與**食物本身美味與否無關**的條件買單？我常常發現自己其實只想吃個普通的烤起司三明治，不需要什麼「純手工製作」熟成乾酪、或「遵循古法」穀物麵包。

當然了，我知道自己的抱怨沒什麼用。除非大家都移居森林，過起狩獵採集生活；否則飲食風尚勢必會決定我們每天吃什麼下肚。（事實上，採集野食已成為近年來不少廚師熱衷的活動）。再說，我自己跟這一切也脫不了干係。雖然我對拉麵店大舉入侵、希臘式優格全面攻城掠地頗有微詞，但我也是最先跑去排隊，搶著品嚐那些香濃湯頭、Q彈麵條的人；而且我在２００８年買了第一罐Fage優格後，就再也沒買過非希臘式的優格了。真的，一次也沒有。

若飲食風尚佔領了我們的大腦，為我們決定攝食的內容、地點、時間、方式、甚至理由，那麼這其中必有值得深入探究之處。**我想發掘這些風潮背後的驅力，找出它們之所以能夠左右我們日常生活的理由**。

首先，飲食風尚最初是如何形成的，而隱身其後的味蕾達人，又是如何在萌生一個觀念後，將之發展推廣，進而改變我們的飲食方式？（在本書，所謂的味蕾達人是在經濟上、或文化上具備實力，能夠創造、影響飲食風尚的人。）不同類型的風尚之間，是否有著共通點？由農夫帶動的飲食風尚，跟擁有大廚或營養專家背書的風尚之間有哪些不同之處或交集處？

其次，在食品餐飲業界，誰是那些將特定食物打造成熱銷商品的人與力量？又是誰負責追蹤、預測這些趨勢潮流？誰有那個能耐，將特定食物置入行銷於流行文化當中？位於另一端的味蕾達人是如何發現這些食物，將它們捧上更大的舞台成為巨星？第三，我想探究飲食風尚對我們有哪些重大影響，包括在經濟、文化、政治、以及社會層面。除了是挑食的藉口，飲食風尚還推動了哪些事物？不再流行的風尚最終變得如何？它們會留下光輝遺產，或和家父放在地下室的起司火鍋組一樣，在歷史中蒙塵？

最後，我想跟自己與食物風尚之間的複雜情結達成和解。它們只不過是來來去去的流行，是商人過度吹噓、搶搭順風車的商品，破壞了攝食之道的真諦？抑或是一股善的力量，打開了我們的心胸、帶來文化發展的機會、並拓展我們對人類攝食內容、烹調與農耕畜牧方式的瞭解？

我能不能放下偏見，節制情緒，再一次埋頭痛快享用杯子蛋糕？

第一部
飲食風尚的四種類型

The Tastemakers

Why We're Crazy for Cupcakes but Fed Up with Fondu

「看味蕾達人如何從無到有，從一個概念、一小塊土地、一顆種子開始，將幾乎無人嚐過的食物培養成遍及各地的風尚。」

壹　文化流行：性魅力

杯子蛋糕的熱度終究會逐漸遞減。有些杯子蛋糕專賣店和過度擴張的連鎖店不是勢必關門大吉、就是縮減營運規模，但他們將為商業界及文化界留下遺澤。我們可以說，杯子蛋糕創造了所謂「聚焦個人特級享受」的零售市場。

據稱，最早提到杯子蛋糕（或稱杯狀蛋糕）的食譜書可追溯至十八世紀末，雖然這些迷你蛋糕，無論其造型為何，興起的時間很可能跟大蛋糕是同一時期。

根據專門探討食物歷史的「食物大事記」網站（Food Timeline），杯狀蛋糕又稱為杯子蛋糕、維也納蛋糕、女王蛋糕、仙子蛋糕、和夏綠蒂羅斯，是一種放在紙盒裡、抹上鮮奶油霜的簡單海綿蛋糕。拜食品加工科技突飛猛進之賜，杯子蛋糕在二十世紀達到顛峰，消費者不但能買到現成的蛋糕粉等製作材料，還可選擇各式各樣色彩繽紛的糖衣。在第一次世界大戰結束後的幾個月內，Hostess 公司便推出塑膠包裝的巧克力蛋糕，上頭用糖衣裝飾了一條招牌的白色捲圈花紋。於是杯子蛋糕正式走進企業大量生產的時代，全美各地的雜貨店都看得到它。後來貝蒂妙廚（Betty Crocker）和唐肯公司

（Duncan Hines）都推出了蛋糕預拌粉，再加上「簡易烤箱」（Easy-Bake Oven）的問世：**這使得烤杯子蛋糕變得輕而易舉，往往是小孩子自己烘焙的第一種食物**。

在二十世紀後期，杯子蛋糕是北美麵包店的基本品項之一，和餅乾、布朗尼、及其他甜品一同陳列在架上。它們通常有香草及巧克力兩種口味，連糖衣也只有這兩種口味，雖然店家可以用奶油霜、巧克力醬或其他材料來做些變化，但後者的比例鮮少超過整個蛋糕的五分之一，最多只是灑些巧克力、彩色糖粒或糖衣杏仁，而後者硬得簡直要咬斷牙齒，被食品藥物管理局認定為不可食用的裝飾品。

到了１９７０與１９８０年代，烘焙業的大明星是馬芬，而非杯子蛋糕。由於高纖食物據信能對抗心臟病等身體毛病，高纖馬芬一時蔚為風尚，在餐廳櫃臺、咖啡館隨處可見，伴隨的還有藍莓、香蕉、紅蘿蔔及巧克力豆口味。此外也有各家品牌的無糖馬芬、冷凍馬芬、迷你馬芬、特大馬芬及預拌粉，包括我個人最愛的多倫多連鎖烘焙坊Mmmuffins，他們家的脆皮馬芬有波特貝羅蘑菇那麼大。每一家還算像樣的麵包糕餅店都投入了馬芬的製作，紐約市知名烘焙師安．華倫（Ann Warren）同樣不例外。「我們開了手作風格的甜甜圈專賣店。」華倫回憶：「然而當我們在１９８７年開張時，馬芬才是重頭戲。當時的馬芬像巨無霸，我這可不是比喻。當時的人愛吃超大馬芬。」她做了許多馬芬賣到其他咖啡廳或餐廳，但一年後她家附近有店面出租，於是她和丈夫開始考慮直接把產品賣給消費者。接下來他們賣咖啡、甜甜圈、馬芬、派和蛋糕，**由於蛋糕糊還剩很多，下午過後也空出不少馬芬模具，於是他們開始製作杯子蛋糕**。他們將自己的烘焙店取名為「杯子蛋糕咖啡館」（Cupcake Café）。

「當時我們根本沒打算專賣杯子蛋糕。」華倫在杯子蛋糕咖啡館抽空接受電話專訪，她表示：「我們只是心血來潮想到這個名字，我們喜歡蛋糕及一杯咖啡之間的連結。」她強調絕對不是因為看好杯子蛋糕會大賣。然而消費者後來逐漸理解到，就算號稱有高纖及葡萄乾的加持、大部分馬芬其實都沒有比原先用奶油做的健康多少；於是馬芬很快就退流行了。為了因應市場轉變，華倫開始逐漸用杯子蛋糕取代馬芬，因為她估計杯子蛋糕的熱量不比貝果和奶油起司來得高。

華倫製作的杯子蛋糕看起來賞心悅目，吃起來心神蕩漾。口感滋潤的蛋糕體抹上一層薄薄的巧克力糖霜，還裝飾了一朵小小的奶油霜花。但這並未讓杯子蛋糕的銷量出現明顯增長。雖然客源穩定，但大部分的人來到杯子蛋糕咖啡館，只是來喝杯咖啡、品嚐其他烘焙美食。當時杯子蛋糕已經頗受歡迎，然而就跟多數其他糕餅蛋糕店一樣，華倫的杯子蛋糕消費主力是兒童生日派對。在九零年代初期，演員莎拉潔西卡帕克是他們的常客之一，當時她在附近演出百老匯秀。華倫回憶：「她常常來我們店裡，跟我女兒坐在後面的桌子喝咖啡。」雖然她想不起來到底帕克有沒有點杯子蛋糕來吃，但我們應該很容易想像帕克邊喝咖啡邊看報紙，而華倫手上端著剛裝飾好的杯子蛋糕經過她身邊的畫面吧。**當時她們都沒想到，這竟然是未來風尚的關鍵一幕，大家渾然不知味蕾達人就此出現了。**

和杯子蛋糕咖啡館一樣，木蘭烘焙坊剛開始也沒打算以杯子蛋糕為主業。1996年7月，臨床心理學家珍妮佛．艾沛爾（Jennifer Appel）與投身家族餐廳事業的高中好友愛麗莎．托瑞（Alyssa Torey）攜手合作，在西村開了間面積不到二十坪的復古風烘焙坊，距離杯子蛋糕咖啡館僅兩哩之遙。

一開始她們只賣東歐式的圈形蛋糕（bundt cake），艾沛爾說：「我們後來增加了長條形和方形蛋糕、馬芬、肉桂捲和咖啡蛋糕。」到了當年九月，喜歡木蘭烘焙坊的鄰近顧客要求她們增加生日蛋糕及其他適合特殊場合的蛋糕，雖然這些並不在兩位店主的產品之列。「大家問：『你們有生日蛋糕嗎？』我們才想到，對喔，我們把它給忘了。」艾沛爾表示。托瑞熱愛南方料理及烘焙，很想重現美國南方腹地常見的一種口感鬆軟、糖霜講究、色彩明亮的多層蛋糕。這種蛋糕常見於教堂午餐、茶會和小餐館。不過她們的頭兩份生日蛋糕訂單尺寸不同，一個是九吋、另一個則是七吋。於是托瑞跟杯子蛋糕咖啡坊的華倫一樣，有了些多出來的蛋糕糊。

生日蛋糕的附屬品

她前往隔壁的熟食店，買了幾個杯子蛋糕紙托，歷史便由此創造。「我們把蛋糕糊倒進早餐用剩的馬芬模具裡。」托瑞回憶：「我們用那些蛋糕糊額外烤了十來個杯子蛋糕。」她們每烤一次蛋糕，就剩下更多蛋糕糊來製作杯子蛋糕。這些杯子蛋糕僅限於傳統口味，譬如巧克力、香草及紅絲絨（基本上就是染紅的巧克力），飾以粉紅色、薰衣草紫和淺藍色的粉彩奶霜，兼具精緻感與家庭手工的質樸。這些杯子蛋糕每個售價1.25美元。「顧客真的很喜歡。」托瑞說：「所以我們開始特別製作杯子蛋糕。」到了那一年底，口碑已迅速傳開。由於當時杯子蛋糕仍是大尺寸蛋糕的附屬產品，而店內的人手與時間有限，所以她們維持著少量供應，常常還沒打烊就已經全數賣光。「顧客常問：『杯子蛋糕呢?』」艾沛爾說:「我們馬上就明顯看出,杯子蛋糕成了頭號主角。」

木蘭烘焙坊的杯子蛋糕人氣穩定上升,一開始是在街坊鄰里間口耳相傳,後來更紅遍整個紐約市。「它成了熱門景點。」艾沛爾說:「顧客特地從上東區來到西村買杯子蛋糕,就像你專程光顧最愛的披薩店一樣。」到了1997年,木蘭烘焙坊外開始出現排隊買杯子蛋糕的長龍。沒多久排隊的人多到環繞整個街區,她們不得不嚴格限制每名顧客最多只能買十二個。雖然這惹惱了部分顧客,但總算控制住了客人的購買量。她們的顧客不限於兒童與家長;反而大部分都是成年人,無論單身或已婚,也無論銀髮族或專業人士。他們特來造訪,為的不只是買一盒杯子蛋糕,更是為了享受這非比尋常的歡愉體驗。每回杯子蛋糕售罄時(還沒排到的人會發出哀嘆聲,畢竟他們忍住口水看著櫥窗內的杯子蛋糕被一個個買走),它們的價值就更提高了一些。**越難買到的東西,大家就會更想要。**

木蘭烘焙坊漸漸吸引了地方小型媒體的採訪報導,雖然最初幾篇報導根本沒提到杯子蛋糕。少數飛機上的機上雜誌將它列為紐約景點,但直到1999年《紐約時報》才首度提及她們的杯子蛋糕,而且只有寥寥幾字,簡單地談了一下杯子蛋糕可能再度流行。這篇報導也提到了杯子蛋糕咖啡館和其他幾家同業。不過,木蘭烘焙坊的知名度已大到足以吸引對的人(媒體、時尚及藝術界的味蕾達人),西蒙與舒斯特出版社(Simon & Schuster)在1998年與托瑞及艾沛爾簽下了一紙書約。木蘭烘焙坊食譜於1999年秋季出版,封面上有兩個沐浴在陽光下的大蛋糕(一個是巧克力口味,另一個是椰子口味);此刻這家烘焙坊已全然改頭換面了。

這股新興的杯子蛋糕熱潮，很快便帶來了事業成功，但也為經營造成莫大壓力。艾沛爾與托瑞之間的關係變得日益緊繃，兩人在擁擠燥熱的廚房為展店計畫爭吵不休，這股熱烈之情只有共創事業的老朋友能夠體會。最後，艾沛爾終於再也無法承受，於是在1999年把木蘭烘焙坊的股權全數賣給托瑞。沒多久後，她在上城區開了「金鳳花烘焙坊」（Buttercup Bake Shop），專賣她一度在木蘭烘焙坊所銷售，色彩繽紛、滋味宜人的甜點，且外型神似杯子蛋糕。這兩家烘焙坊之間的競爭，使紐約的杯子蛋糕熱變得更加熾盛，眼看著即將有成為全國性流行文化風潮、名聲響遍全球之勢。

★

「慾望城市」第三季第五集：「沒藉口，不囉唆，癮君子閃邊」

首播日期：2000年7月9日。

米蘭達和凱莉坐在木蘭烘焙坊外頭的長椅上。米蘭達穿著平底鞋和藍色寬鬆長褲，紅色風衣相當襯她的髮色與口紅。凱莉則穿著深色單排扣外套和灰色亞麻洋裝，搭配絲巾與及膝毛襪，腳穿厚底高跟鞋。米蘭達將咖啡杯送往嘴邊時，凱莉正準備享用一個飾以桃紅色糖霜的香草杯子蛋糕。

凱莉：我迷上一個人了。

米蘭達：真的？

凱莉：沒錯。

米蘭達：很好，妳很久沒真正迷上任何人了。打從大人物之後。
凱莉：跟大人物不叫迷上，那叫失事。
鏡頭拍攝凱莉大啃一口杯子蛋糕的特寫，接著拉開鏡頭，讓觀眾看到凱莉舔掉沾在嘴邊的糖霜和蛋糕碎屑。
凱莉：他叫艾登。我覺得他正好是我的菜。
本場景結束。

媒體的影響力

當我終於看到這始作俑者的「杯子蛋糕」一幕，有幾件事令我驚訝不已。首先，這一幕出乎意料的短，大概只用了二十秒鐘，差不多是整齣戲長度的九十分之一。這麼短的時間還不夠我把杯子蛋糕的紙模撕開呢，更甭說要吃上一口同時避免噎著。其次，這一幕從頭到尾都沒提到凱莉吃的杯子蛋糕。沒有「真好吃」或「嗯～」這類台詞，她們只顧談男人。第三，除了剛開始的頭一秒出現木蘭烘焙坊的招牌，這一幕非但沒再提到這家店，也根本沒再秀出它的店名。最後，這齣影集從第一季到最後一季，只有這單個場景出現過大啖杯子蛋糕的畫面，主要角色們完全沒在其他地方再碰過這玩意兒。這實在匪夷所思，因為其他由慾望城市引領的潮流，譬如大都會馬丁尼、馬諾洛伯拉尼克高跟鞋、狂兔跳躍按摩棒等等，不是出現於整齣劇的固定班底，就是某個單集的中心要角。

那麼，這個影集中電光火石的一刻，究竟是如何發揮蝴蝶效應，引發席捲全世界的杯子蛋糕旋風？凱莉咬的那一口，是如何造就了我們這個時代的食物風尚？

喬潔・布勞（Georgette Blau）認為她知道答案是什麼。她在１９９９年創辦了外景旅遊公司（On Location Tours），並且於２００１年，也就是杯子蛋糕那一幕播映一年後開始提供「慾望城市熱門景點之旅」。「是我們讓杯子蛋糕成為慾望城市的同義詞。」我在她位於曼哈頓的辦公室訪問時，她如此表示。這間辦公室的每片牆壁，都掛滿了世界各地提到這套行程的剪報。在他們推出這套行程之前，杯子蛋糕場景不過是雷達上的一個小點，唯有看過這一集、並且居住在紐約的粉絲能接收得到，並且即刻認出那就是木蘭烘焙坊。「最初根本沒人注意那一幕，是我推出這套行程後，杯子蛋糕才跟這部影集劃上等號。這套行程將整齣劇濃縮成了幾個關鍵詞。」她說：「**它代表著時尚**、**美饌佳飲**、**性魅力**。」換句話說，馬諾洛伯拉尼克高跟鞋、杯子蛋糕、大都會馬丁尼和狂兔跳躍按摩棒，皆以某種方式結合在這趟旅遊行程當中了。

艾沛爾連一集慾望城市都沒看過，卻很快就注意到店裡的生意大幅成長。打從那一集上映之後，她店裡的銷量呈兩位數增長，直到２００８年發生金融海嘯。這股風潮也顯著改變了主要客層的組成。「杯子蛋糕的買家從**闔家享用的消費者**，**變成某個從堪薩斯市來的觀光客**，嘴巴嚷嚷『我非去木蘭烘焙坊不可』。」她如此解釋，並且特別提到她的許多客人是身材苗條，二十七歲左右的女性（雖然她還是很希望有彪形大漢走進她店裡，跟服務人員說「我要粉紅色的那一個」）。

一開始，「慾望城市熱門景點之旅」會在西村行程途中買木蘭烘焙坊的杯子蛋糕給參團遊客。但這項福利只維持了幾個星期，因為木蘭烘焙坊後來實施了限購令，搞得排隊顧客對參團遊客相當不爽。於是布勞快刀斬亂麻，立即轉戰金鳳花烘焙坊。後來巴士來到西村後依舊會停在木蘭烘焙坊前，只不過車上旅客吃的是競爭對手的杯子蛋糕。最近這支旅行團的杯子蛋糕換成我曾光顧過的「比利家」，老闆曾經是木蘭烘焙坊的員工。

杯子蛋糕就是這樣流行起來的：**從紐約市的一家烘焙坊到另一家烘焙坊，木蘭烘焙坊的收銀員、雄心萬丈的店主以及其他後進嚐到了名利雙收的滋味**。看著店外大排長龍，店內訂單滿檔，收銀機塞爆鈔票，員工就像黑幫份子對自己分到的那份不滿意一樣，紛紛出走自立門戶。每家新店都在追求更大、更好、更可愛、更粉紅、更精緻、更彰顯單身女子意象，將杯子蛋糕昇華為靈性食糧。在紐約市新開張的每間杯子蛋糕專賣店（這名詞不久便冒了出來）都試著以某種獨特方式將自己與市場區隔開來，例如迷你杯子蛋糕、特大號杯子蛋糕、包餡杯子蛋糕、冷凍杯子蛋糕、鹹味杯子蛋糕、酒釀杯子蛋糕或是將你的臉畫在糖霜上的客製化杯子蛋糕。**這股風潮的每個新變種都會引發一陣興奮及媒體矚目，有如杯子蛋糕升起了一把流行文化熱潮**。

所以除了杯子蛋糕咖啡館的安·華倫，大家都嚐到了甜頭。華倫眼睜睜地看著盛大的成功隊伍從她們前經過。「木蘭烘焙坊這些店抄了我們的點子，然後大發利市。」華倫說：「他們還模仿我們的裝飾，受歡迎得不得了。我能說什麼呢，我們連抵押貸款都快付不起。媒體報導實在太誇張，太荒謬了。

不過就是個杯子蛋糕嘛。再好吃的杯子蛋糕，也就是塊蛋糕。我覺得這太虛幻了。若我剛開業的時候知道會這樣，我也許會朝另一個方向來經營。但我實在不瞭解這是怎麼回事，只知道它是被媒體炒作出來的。老實說，我覺得這很不健康、很可悲，一種對身體沒什麼好處的食物竟然有年輕性感、穿著高跟鞋走來走去的聯想。」

為什麼是杯子蛋糕？

這是華倫、馬芬烘焙師、美食作家和麵粉供應商苦思卻不得其解的問題。即使經過了十年，杯子蛋糕風潮仍令他們迷惑。這種原本是賣給小孩子的蛋糕，百年前就已經問世的簡單甜點，怎麼會在短時間內突然變成覆蓋著粉紅糖霜的世界主宰？這究竟發生了什麼事？

大家應該要記得，杯子蛋糕的高速成長期，發生在九一一恐怖攻擊後隔年的紐約市。攻擊地點距離木蘭烘焙坊，也就是杯子蛋糕爆紅之處，其實並不算遠。我的朋友克里斯多福．諾克森（Christopher Noxon）是一名記者，在2006年出版的著作《回春：踢球，卡通，杯子蛋糕及美國成年人的新面貌》（Rejuvenile: Kickball, Cartoons, Cupcakes and the Reinvention of the American Grown-up）探究了我們童年時代的事物，譬如匡威帆布鞋、卡通、當然還有杯子蛋糕，如今普遍成為北美成年人樂衷的對象；他說：「九一一事件激起民眾對安全感及享樂的渴望，大家想過更簡單、更輕鬆、更愉悅的生活。杯子蛋糕狂熱，只不過是這股九零年代末懷舊風當中的一環。」他指出：「夜店派對有敲破彩色容器灑禮物和矇眼戴驢子尾巴的小孩子遊戲，也提供小孩子吃的杯子蛋糕。這些都很快成了標準活動，從炫耀『你看我心態多年輕，我有自由的靈魂』變成大家都這麼做的活動。**杯子蛋糕明顯代表孩子氣，具有單純的特質**。它可說有迷幻藥的效果，就算你內在再怎麼拘謹或焦慮，點個綠茶杯子蛋糕就能讓你立刻顯得頗有藝術家脾氣。」實際上來說，杯子蛋糕也是個合理的食物選擇。「它本來就很好吃，而且是一個人享用！買杯子蛋糕有什麼不對？成年人愛怎麼從中考究反諷意味都行，但是對一個十歲小孩來說，它只是個蛋糕。」

琴恩．雷辛格博士（Jean Retzinger）曾經當過烘焙師，如今在加州大學柏克萊分校指導媒體研究；她認為杯子蛋糕的文化意涵比上述更為深入，走紅成為一種時尚風潮有幾個實務上的理由。首先，它是美國民眾相當熟悉的甜點，不像法式甜點馬卡龍還需要店家翻譯、解釋說明。其次，它很容易取得；就算你住的城市沒有杯子蛋糕專賣店，你也可以在任何一家超市買到材料自行烘焙。再者，這種精巧甜點是一個人份，你可以盡情享用而無須感到罪惡（或只有一絲絲罪惡感）。除此之外，它可以隨你的心意成為許多事物的象徵。「食物所代表的，遠不只攝取了多少熱量。」雷辛格認為：「我猜杯子蛋糕已經成為代表『慾望城市』主要角色們的象徵。**若你認同這些角色及她們的生活風格，那麼杯子蛋糕就成了你的敲門磚**。」她相信，這部影集的核心訊息之一，就是女性自主與身為女性在這世界的力量，都是可以花錢買來的。杯子蛋糕是一種具有性別意味的甜點，是可食用又容易取得的現代女性氣質標誌；而且人人買得起，不像那些動輒要價七百美元的鞋子。

紐約瑪麗山曼哈頓學院的英文教授暨《美食首都》（Culinary Capital）作者彼得．納卡拉托（Peter Naccarato）同意上述觀點：「『慾望城市』影集將杯子蛋糕昇華至全新境界。」透過這部影集，杯子蛋糕從僅部分紐約愛好者特別熱衷的地區性甜點，變成在全國媒體推波助瀾之下，晉身為流行文化、時尚與社會地位的象徵；而後者這些都是這部影集所指涉的意涵。這部影集可說是味蕾達人，發揮其社會資本抬升了杯子蛋糕的形象。不同於感覺上完全不性感的巧克力豆餅乾或布朗尼，吃杯子蛋糕是挺酷的一件事。在辦公室或婚禮派對提供杯子蛋糕而非切片蛋糕，便能顯露出某種高雅品味，這跟買對品牌是同樣道理。「杯子蛋糕提供了絕佳機會，將一個地區性的小流行引爆為全國風潮。」納卡拉托指出：「這就是媒體的影響力。」

媒體的寵兒

杯子蛋糕風潮打從一開始，就是媒體大肆炒作的結果。這主要是因為它起源於紐約市，而紐約的媒體界形同回聲室。**該市有來自全球各地的數千名新聞記者與媒體工作者，他們往往會互相重複報導發生在自家後院的新流行**。這就是為什麼風潮通常起源於紐約，而非堪薩斯州威奇托市這類地方。起初，某個地方性媒體做了小篇幅報導，提及木蘭烘焙坊的甜點頗受歡迎。其他地方媒體與出版物看到這則報導，於是也跑去採訪、寫了自己的版本。這些版本後來又被全國性出版物的編輯與作者看到，這回輪到後者依樣畫葫蘆。於是杯子蛋糕的報導便無法抑止地風行了起來，而且越炒越熱。

杯子蛋糕並非美食報導的新鮮題材，但這次情況不同。時尚雜誌尤其大力推薦杯子蛋糕，常常在「現在流行什麼」這類短篇專欄加以介紹，因為許多時尚編輯與作家就住在木蘭烘焙坊和金鳳花烘焙坊所在的街區，而且他們都看過「慾望城市」影集。「在1970年代，我從老媽訂的《瑪寇月刊》（McCall's）得知杯子蛋糕頗為流行。」詹姆斯．歐瑟蘭（James Oseland）如此回憶。他是《美味》（Saveur）雜誌總編輯，從1990年代初期便開始擔任美食記者。「我成長於六零與七零年代，當時所有女性雜誌或報紙的美食報導，幾乎都是以杯子蛋糕為主題。」但隨著杯子蛋糕風潮在紐約崛起，歐瑟蘭注意到所有報導美食的媒體，都開始變化出自己的故事版本，原因是歐瑟蘭所謂的「集體猝睡症」。「這類報導比較討喜，也容易寫。」歐瑟蘭解釋：「**素材沒有時機問題，隨時隨處可用、也隨時隨處可停**。你無須考慮季節，而且就算讀者偏好特定類型的美食報導，杯子蛋糕也是個人見人愛的題目。這類報導可塑造成多種不同樣貌，你可以做成芭比娃娃夢幻城堡風、鄉村懷舊風，或是以精美視覺呈現來吸引讀者。你也可以讓這些漂亮、精緻、引人垂涎、看起來很像可以在家自己做的杯子蛋糕，佔滿整個版面。往後若常常再重施故技，讀者依舊百看不膩。」

在媒體手上，杯子蛋糕成了完美的**變色龍**：雞蛋、麵粉、糖和奶油，竟然能塑造出可配合各種報導故事的多樣風貌。世界上還有哪一種其他食物，只消稍微改變糖霜裝飾，就能從便宜的開心甜點、華麗轉身為帶有藝術氣息的精緻美食？還有哪一種烘焙食物能夠毫不違和，出現在女性時尚雜誌，象徵著性感與單身快樂；但同時又出現在隔壁的親子雜誌，生日派對照片中人人微笑享用？

沒有人比凱倫．泰克（Karen Tack）更瞭解杯子蛋糕的多功能了。這位康乃狄克州的食物造型師從１９９０年起，就開始為《好管家》（Good Housekeeping）、《女人圈子》（Women's Circle）、《全家樂》（Family Fun）及一些放在超市結帳櫃臺的暢銷雜誌，精心裝飾杯子蛋糕。「我相信這些雜誌拉高了杯子蛋糕的人氣。」她回憶１９９０年代末，相關報導佔據的版面越來越多：「杯子蛋糕是大家老早就在做的東西，但我們後來才想到，其實它可以創造出無窮的變化。起初我們以為它只能弄出香草和巧克力口味。」１９９８年，泰克及攝影夥伴亞倫．理查森（Alan Richardson）為木蘭烘焙坊出版的第一本食譜進行造型與拍攝工作。她發現這家店的杯子蛋糕跟**過去所見完全不同**，糖衣用的是糖粉，特殊的旋轉擠花方式在蛋糕上形成了坑，並且在最中央留下一小段尖突。它看起來既像蛋糕、又像糖霜。「拍攝的時候，他們不得不暫時歇業兩小時。」泰克回憶：「我們活像犯了滔天大罪。顧客在人行道上捶胸頓足，只因為他們沒辦法買每天非吃不可的杯子蛋糕。所有人呼天搶地：『天啊，這不是在開玩笑吧！』」

隨著杯子蛋糕日益風行，泰克與理查森也變得更加忙碌。不斷有雜誌上門指定要拍攝杯子蛋糕，而且要求逐漸提高，指定的動物、卡通人物等蛋糕裝飾越來越精緻複雜。他們在２００８年出版了《哈囉，杯子蛋糕》（Hello Cupcake）食譜，書中照片全是他們經手裝飾的蛋糕。他們原本指望能賣個兩千本，但實際上卻賣出了幾十萬本，而且還多次出現在「今日秀」及「瑪莎生活」等熱門電視節目。其他出版商有樣學樣，也推出了無數類似的書；這些書後來被暱稱為杯子蛋糕情色集。**任何跟杯子蛋**

糕有關的文章、電視片段或書籍都是同樣套路，這股媒體風潮藉此自我餵養、成長。「整體來說，美食報導界其實相當懶惰。」《君子》等雜誌的特約美食作家約書亞・歐澤斯基（Joshua Ozersky）對杯子蛋糕沒什麼特別愛好：「美食報導界鮮少有真正具備品味、信任自我品味的人；他們多半只是些跟屁蟲。這就是為什麼食品餐飲業會被潮流所主導。若你將某件事物稱為潮流，而你正巧是個編輯，那麼這個潮流就會人為地成真……這是集體思考造成的迷思。沒人想在杯子蛋糕的順風車中掉隊，它可說是頂著糖霜的時代精神。」

網際網路助長美食風潮

從時機來看，杯子蛋糕的全國性崛起正巧發生在**美食媒體出現轉變**的期間。後者從主要鎖定女性與饕客的小規模產業，成長為全球性、數位化、無所不包的巨擘。杯子蛋糕熱潮就發生在「美食網」（Food Network）開播的幾年後，正逢北美民眾開始將烹飪視為一種娛樂活動。此外，將寬頻網路帶到世界各地家庭的數據機自１９９７年上市，而當年木蘭烘焙坊門外開始有人排隊買杯子蛋糕。數據機的普及率在２００１年飛快增長，時值杯子蛋糕風潮開始捲起千層浪、且美食網站及以杯子蛋糕為主題的新部落格大量問世。新科技與新的媒體平台，使杯子蛋糕變成有史以來最被廣泛報導、快速傳播、爭論無休、詳盡記載的食物風潮。

紐約作家瑞秋・克拉馬・貝索（Rachel Kramer Bussel）是首創先河、迄今也是名氣最響亮的杯子蛋糕部落客。讓她出名的另一項事業，則是撰寫綑綁性愛的情色小說。我在２００６年初識貝索，當時她在紐約一家目前已經停業的按摩院協助舉辦性主題故事之夜。她在活動中分發杯一盤盤的子蛋糕，稍晚若賓客想要的話，還可以用皮鞭抽她。貝索在２００４年近年底的時候推出「杯子蛋糕是蛋糕之王」（Cupcake Takes the Cake）部落格，內容記載曼哈頓新開的杯子蛋糕專賣店，後來更與共同作者妮雪兒．史蒂芬斯（Nichelle Stephens）介紹全美各地的專賣店。

２０１２年，我在「甜蜜復仇」再度遇到貝索。那是一家木蘭烘焙坊離職員工於２００８年開的杯子蛋糕專賣店，特色是除了提供多款新鮮出爐杯子蛋糕外，也賣上等葡萄酒及其他酒精飲料。在我們後方坐著四名荷蘭觀光客，他們圍坐在原木酒吧桌和仿舊椅子上，品嚐四個一組的杯子蛋糕，另配上一瓶普羅賽克（Prosecco）氣泡酒。圓型球燈在他們頭上散發柔光，法國香頌女歌手愛廸琵雅芙（Edith Piaf）的歌聲在空氣中蕩漾。這只是當代杯子蛋糕熱當中的一景，重現了微醺的巴黎歌舞昇平年代。此時瀰漫的氣味並非菸草與激進政治言論，而是融化的奶油與焦糖。貝索點了今日特餐「非常草莓」杯子蛋糕，這是一種用浸軟草莓當內餡、表層抹上草莓起司糖霜的墨西哥香草豆蛋糕。她從塞得滿滿的手提包內拿出相機閃光燈為蛋糕打燈，然後用手機從各個角度拍攝蛋糕，準備將照片上傳至她的部落格。

拜杯子蛋糕部落格之賜，這款蛋糕不再是紐約限定，**世界上任何有網際網路連線的角落都可以複製這款蛋糕**。杯子蛋糕愛好者在讀了貝索的部落格後，會將自己的照片與食記寄給貝索。它們可能是讀者在家裡做的蛋糕，也可能是新開幕的的杯子蛋糕專賣店。反之，部落格及所有相關媒體報導也會鼓勵大批創業者投入這門行業。貝索說：「大家讀到我們的報導後，就在心裡想：『我也可以來作這個』。」她吃蛋糕的動作彷彿在驗屍：將蛋糕翻倒，用叉子剷碎，分開來品嚐糖衣和蛋糕體；這麼做是為了鑑別兩者各別的獨特風味組合（在我吃來，這款蛋糕就像濃稠版的一般草莓蛋糕，並加上派的酥皮）。

貝索相信，杯子蛋糕的獨特優勢在於它闖出全國性名號的時機，約在２００６年至２００８年之間，**即臉書與推特問世不久之後。後者發揮了臨門一腳的作用，讓杯子蛋糕首開先河，掀起遍及全球的食物風潮**。貝索解釋：「突然之間，烘焙師可以直接接觸到顧客。他們可以針對這個產業的獨特性格進行試驗，看看他們推出的產品能否符合預期形象。」她也指出，在YouTube最先爆紅的幾支影片中，有一則是綜藝節目「週六夜現場」播出的音樂錄影帶「慵懶星期天」（Lazy Sunday），饒舌歌手克里斯帕內爾與安迪桑伯格在影片中「攻進木蘭烘焙坊搞些杯子蛋糕」。

接著，到了２００８年秋季，美國遭逢嚴重的景氣衰退，而杯子蛋糕熱正達到高峰。民眾的不安全感頓時升高，這種氣氛最適合慰藉食物在美國捲土重來（道理就跟九一一恐怖攻擊事件發生後，木蘭烘焙坊趁勢興起相同）。許多年輕專業人士不是失去了在企業的穩定工作，就是對工作感到幻想破滅。他們熬夜將履歷精雕細琢，其中不少人順便逛逛杯子蛋糕部落格或閱讀相關文章，得知有些蛋糕店還挺賺錢。於是他們想：嘿，我也可以來開一家店嘛。結果杯子蛋糕成了偌大的生意。**它們的製作**

成本不高，所以利潤空間可觀，而且顧客容易成為忠誠粉絲，一次買好幾個。

當時為《紐約》雜誌撰稿的亞當．史坦伯格（Adam Sternbergh）將杯子蛋糕描述為烘焙界的快克古柯鹼：容易上癮，且高需求引發了烘焙業者之間的地盤之爭。打從北美各個投資銀行及律師進入這個產業，設立地區性連鎖店和加盟連鎖店、並摩拳擦掌準備拓展全球據點後，官司就開始滿天飛。「金鳳花烘焙坊」對「小小杯子蛋糕」提出訴訟，因為後者是前者的離職員工所開，明顯有抄襲老東家點子的嫌疑。總部在比佛利山的連鎖杯子蛋糕店「思品客」（Sprinkles，全美第一家只賣杯子蛋糕的烘焙坊）是凱迪絲與查爾斯奈爾森夫婦（Candace and Charles Nelson）在2005年創辦的連鎖店，他們毫不留情地控告所有涉嫌侵犯該品牌的競爭對手，並運用大量訴訟案與警告信來遏阻其他同業使用「灑」（sprinkles）這個字眼、採用和他們店面一樣的粉紅色系或模仿他們的招牌裝飾，在糖衣上擺兩個同心圓造型的翻糖。

在這場杯子蛋糕戰爭中，規模最大的連鎖品牌是「康柏斯烘焙坊」（Crumbs Bake Shop）。這家烘焙坊是傑森．鮑爾（Jason Bauer）與妻子蜜雅攜手，在2003年創立於紐約市的上西區。康柏斯擴張速度飛快，從一開始僅限紐約周邊，拓展至波士頓、芝加哥、洛杉磯、華盛頓哥倫比亞特區等其他城市，到了2013年總過有超過六十家分店。他們販售的杯子蛋糕種類多達五十種以上，有迷你版、也有巨無霸版（基本上就是一般尺寸加高）；款式從奶油甜餡（蛋糕上抹一層奶油甜餡）、啤酒樂（蛋糕上有啤酒杯造型的餅乾）、到足球瘋（綠色糖衣上有個足球造型的糖果）都有。康柏斯的杯子蛋糕在四個大型中央廚房不分晝夜地進行烘焙、淋上糖衣（每個中央廚房約有五名烘焙師與二十名裝飾師），完成的杯子蛋糕每天被分送至該地區的各個分店。到了２０１１年，康柏斯再創先例，在那斯達克掛牌上市，創造出５８９億美元市值。市場人士對於該公司股票的估值，是基於逾15億美元的月營收，而每個杯子蛋糕的均價是3.75美元。**投資者甚至不需要在麵粉和奶油間忙得灰頭土臉；只消打個電話給股票經紀人，依照負擔得起的總價盡量買進杯子蛋糕概念股就行了。**

杯子蛋糕經濟學

杯子蛋糕風潮究竟帶來多少經濟上的影響，實在很難量化估算。因為杯子蛋糕不能像石油或玉米這類大宗商品一樣追蹤調查；而且除了康柏斯，其他同業都是私人擁有的事業。根據全國產業期刊《現代烘焙》（Modern Baking）的報導，杯子蛋糕銷量在２００８年至２０１２年間成長了56％，期間銷售份額較其他一般蛋糕的比例逐年增加。

「盧克斯美食裝飾公司」（Lucks Food Decorating Company）的業務行銷經理希瑟．席森（Heather Sisson）表示：「杯子蛋糕專賣店這塊新市場呈爆炸性增長，在全國境內如雨後春筍冒出。」該公司是全美國最大、歷史也最悠久的烘焙食品供應商。以杯子蛋糕裝飾為主的批發市場在過去十年來，營業額成長超過一倍，引來大批的新進供應商（產品從壓了商標的烤盤、到專門用來運杯子蛋糕的托盤都有），並使杯子蛋糕成為盧克斯公司的頭號產品。於是杯子蛋糕市場從原來的家庭店面、十二個賣一美元的超市甜點，在杯子蛋糕專賣店的崛起之下發生了深刻的改變。

「全國各地都出現了越來越多的杯子蛋糕專賣店。」席森說：「這當然使得獨立營運的烘焙坊開始變更自己的供應清單，而超市裡的糕餅麵包店也紛紛搭上這趟順風車。大家全染上了這波杯子蛋糕熱。」**如今杯子蛋糕風潮已來到經濟演化的轉折點，即將從烘焙坊走入大眾市場。**「我們跟沃爾瑪的人談過，提到杯子蛋糕會是他們店內烘焙坊的重要產品。」席森估計光是在美國境內，總共就有八千至九千家獨立經營的杯子蛋糕專賣店，而且地點不分大城市或小鄉鎮、不分支持共和黨或支持民主黨的州。佛羅里達州基拉戈島的高級度假勝地有「我愛杯子蛋糕」烘焙坊，阿拉斯加州鷹河也有「城堡創作」杯子蛋糕行動餐車。即便不是每個店主都像「思品客」或「木蘭烘焙坊」那樣賺進數百萬美元鈔票，我們也可推算出杯子蛋糕在美國的年度生產總值高達數十億美元之譜。

杯子蛋糕風潮所及，亦嘉惠了許多周邊產品，**創造出尚未浮出檯面的數百萬美元收益**。「強尼杯子蛋糕服飾公司」（Johnny's Cupcakes）販售以杯子蛋糕與交叉人骨為商標圖案的潮衣。到了週末，你可以在加州的「杯子蛋糕葡萄園」（Cupcake Vineyards）點紅絲絨杯子蛋糕，配上一瓶冰鎮過的麗絲玲（Riesling）白酒（有酒評說它「口感十分甜潤，餘韻帶著果酸」）或該公司自製的伏特加調酒，有雪紡紗、糖霜、和惡魔美饌三種口味。

此外，生產家用品的公司，包括「陽光」（Sunbeam）及「寶寶蛋糕」（Babycakes）都開始販售自動烤杯子蛋糕機以及杯子蛋糕裝飾工具組，而其中一個外型就像凱蒂貓（大概是為了配合迷戀這隻貓的亞洲市場）。市面上還有以杯子蛋糕為主題的小說及兒童玩具、線上販售杯子蛋糕造型珠寶、用來推銷女鞋的塑膠杯子蛋糕（更別說還有高跟鞋造型的杯子蛋糕）。洛杉磯甚至出現思品客杯子蛋糕自動販賣機，顧客只要付現或刷卡便可享受全天候杯子蛋糕外送服務。

在這股風潮衍生出的種種流行文化中，最受矚目的就是電視媒體了。後者不但因此賺進大筆廣告費和其他策略合作帶來的營收，也因為鼓勵更多觀眾加入烘焙、購買、銷售杯子蛋糕的行列，進一步促成了這塊市場的增長。２０１０年夏季「美食頻道」（Food Network）推出快節奏的烘焙競賽節目「杯子蛋糕爭霸戰」，烘焙師們組隊爭奪最佳杯子蛋糕大師頭銜。和「精彩電視台」（Bravo）推出的「頂尖大廚」及許多其他美食實境秀一樣，「杯子蛋糕爭霸戰」充斥著參賽者跑來跑去、經過大量剪輯的「緊張」鏡頭，以及「思品客」創辦人凱迪絲這類評審們不時的品頭論足。

「杯子蛋糕爭霸戰」首播一個月之後，ＴＬＣ旅遊生活頻道也推出了「蛋糕天后」，主題鎖定華盛頓哥倫比亞特區知名杯子蛋糕專賣店「喬治城杯子蛋糕」的日常生活。這家店的店主是蘇菲拉蒙太奇和凱瑟琳卡莉斯這對姊妹，她們在每集節目都為了如何準時把蛋糕送到客人手上而大傷腦筋。「蛋糕天后」的首播吸引了上百萬名觀眾，其中許多人是每週必看、甚至連重播也照看不誤。我兩度造訪「喬治城杯子蛋糕」，排隊的人龍（大部分是觀光客，雖然也有幾個當地人）排到了街尾，完全無畏於夏季豔陽高照。好不容易排進店裡的人，一定會拍下他們的訂購單、店內的環境、買到的杯子蛋糕大啖杯子蛋糕的模樣，然後立即將這些照片上傳至社群網站，**盡到自己維繫杯子蛋糕風潮全球盛行不衰的一份責任**。

杯子蛋糕市場全球化

2011年11月，當我走在阿根廷首都布宜諾斯艾利斯的一條擁擠街道，在我前方有個男人邊走邊講手機：「對，對，派對很好玩……對，還有美酒，美女……食物？他們弄了個超大壽司吧，一大堆壽司，還有各種杯子蛋糕……對，杯子蛋糕……就是一種小蛋糕，甜甜的馬芬。看起來像甜的馬芬或什麼鬼的，我不清楚。大家看到都高興得瘋了……對，**杯子蛋糕**……像放在杯子裡的蛋糕。誰知道……肯定又是個美國玩意兒。」

2003至2005年間，我住在布宜諾斯艾利斯。那段期間我從來沒聽過或看過杯子蛋糕長什麼模樣，就連我那些外派的美國朋友舉行生日派對，也不曾端出過這樣小東西。阿根廷人熱愛他們的本地甜點，尤其是任何包餡或抹上焦糖牛奶醬的美味佳餚；而且他們的食物偏好通常沒什麼彈性。但我離開了阿根廷之後，這個國家不但迎來了杯子蛋糕，還搭上壽司（當我仍在阿根廷時，壽司就已經夯得不得了）供應在派對場景，藉此和味蕾達人們一同打造上流社會形象，就如同紐約市十幾年前掀起的時尚潮流一樣。

自此，布宜諾斯艾利斯開張了好幾家杯子蛋糕專賣店，每家都有獨樹一幟的風格化裝飾、官方網站及店內裝潢。**當地及國際媒體的相關報導，無可避免地都會提到「慾望城市」和「木蘭烘焙坊」**。其中最受歡迎的「姆瑪杯子蛋糕」有四家分店（其中一家在烏拉圭），官網不斷反覆播放音樂劇「吉屋出租」原聲帶中的一首單曲「愛的季節」，感覺像一把裝飾了荷葉邊的粉紅色榔頭，硬是將紐約西村的波西米亞精神敲進你的大腦。

這股風潮興起還不到二十年，樸實無華的杯子蛋糕已化身為全球化利器，將美好的經典美國文化傳播至世界各地。將地球儀轉圈，然後隨意用手指一指，杯子蛋糕幾乎都已出現在你正指著的國家。在孟加拉首都達卡，「櫻花杯子蛋糕」與「銀光杯子蛋糕」分食市場大餅；而在坦尚尼亞首都三蘭港，「小圓點杯子蛋糕」店主凱思莉．瑪萊卡．麥肯尼宣稱她的店是全東非「最時尚的杯子蛋糕店」。但這句話，肯亞首都奈洛比的「唯我杯子蛋糕」聽了可能會不服氣。

當然了，全世界最昂貴的杯子蛋糕出現在杜拜。「金鳳凰」從２０１２年起開始販售，顧客花一千美元左右可吃到這個獨具品味（或至少非常健康）的杯子蛋糕。它以進口有機麵粉和牛油製作，其他材料還包括頂級義大利可可粉、烏干達香草豆以及絕不可少的２３Ｋ金可食用金箔。這塊蛋糕會放在純金碟子上，搭配純金湯匙來享用，金箔片上點綴著草莓。伊拉克首都巴格達的「家庭手工蛋糕坊」販售杯子蛋糕（以及其他一般蛋糕），而阿富汗首都喀布爾雖然還未出現杯子蛋糕專賣店，據報導美國基督教傳教士近年來，已開始教導當地阿富汗婦女烘焙杯子蛋糕，提供給西方人道援助工作者及大使館人員享用。

美軍駐阿富汗主要基地，即國際維和部隊總部，被戲稱為「杯子蛋糕營」，因為它實在太奢華了，竟然有杯子蛋糕**定期送至前線供士兵享用**。２０１１年的７月４日，喀布爾的美國大使館為士兵、阿富汗高官政要、外交人員以及各個對美國友好的軍閥獻上由杯子蛋糕組成的巨幅美國國旗。而此前一個月，英國情報機構MI6才剛破獲蓋達組織的線上雜誌，內容除了呼籲發動聖戰，還指導如何製造炸彈。於是英國情報機構逐步將網站上的聖戰相關內容，更改為他們從一家俄亥俄州杯子蛋糕店網站找來的烘焙及裝飾步驟說明。他們將之稱為「杯子蛋糕行動」。

除此之外，**杯子蛋糕對於國際發展也貢獻了一己之力**。柬埔寨首都金邊的「花兒蛋糕庇護工場」是個非營利組織，教導柬埔寨婦女烘焙的藝術，並且在他們頗受歡迎的杯子蛋糕店及咖啡廳雇用了許多當地人。該組織是由一位澳洲媽媽所創立，她在２００９年移居柬埔寨，傳播塗著甜蜜奶霜的福音。

巴拉圭首都亞松森總共有兩家的杯子蛋糕專賣店；此外還有為數不少專門為特殊場合烘焙杯子蛋糕的人，這實在令我跌破眼鏡。我去過亞松森，那裡可說是全世界最不可能出現杯子蛋糕的地方。在這座被貧民窟包圍的小城市，總統府的圍牆外緊挨著臨時搭建的破屋，然而當地居民吉賽爾塔波達卻認定這是個做生意的理想地點，在２０１０年開張「甜蜜蜜杯子蛋糕」。塔波達在電子郵件中回憶：「我在網路上看到那些色彩繽紛、裝飾精緻的小蛋糕，便立刻愛上了它們。」

最初，甜蜜蜜從塔波達的自家廚房開始營業，她烘焙出的第一批杯子蛋糕相當樸素簡單，比較像灑了糖粉的馬芬或小時候我媽媽常做的幾種小蛋糕。然而隨著事業逐漸發展，塔波達廢寢忘食地研究**網路上的杯子蛋糕照片**，今天她的零售專賣店（２０１２年開幕）已可做出我所見過最精緻的杯子蛋糕，從立體的憤怒鳥角色造型、到整套壽司菜式一應俱全，無論是手捲或鮪魚肚壽司，都有著層層的細緻糖衣與翻糖。

就如同在北美，**世界各地的杯子蛋糕創業者大部分是年輕女性，具有做生意的背景，但往往並無專業的烘焙經歷**。在巴基斯坦的喀拉蚩，擁有經營管理碩士學歷的銀行高管芭絲瑪·艾茲法為了兒子的兩歲生日，親手烘焙了幾個以蘋果醬為餡料的芝麻街人物造型杯子蛋糕。這個開端引導她後來在２００８年開了自己的烘焙坊：「杯子蛋糕小餅乾」。艾茲法在電子郵件中告訴我：「這家店的發展遠遠超乎我的預期。我原本以為杯子蛋糕只是種流行，很快就會退燒，但它現在成了基本的甜點項目。」雖然她的店仍然只接客製化訂單，但巴基斯坦境內已經出現許多其他杯子蛋糕專賣店，包括首都伊斯蘭馬巴德的「糖與酥頂蛋糕」以及拉合爾的「芬芳烘焙工作室」。

跟美國一樣，每個國家的杯子蛋糕熱都有媒體的搧風點火，**讓這股風潮不只關乎美味，也關乎文化**。「在德國，任何一本主流雜誌都看得到杯子蛋糕的相關報導。」巴伐利亞部落格「爪哇杯子蛋糕」（JavaCupcake）是專門提供杯子蛋糕食譜的網站，其美國籍版主貝西·伊維斯（Betsy Eves）指出：「從生活風格雜誌、高端時尚雜誌到美食雜誌，杯子蛋糕可說無處不在。」她的朋友艾瑞絲·華格納在慕尼黑開了「守護神杯子蛋糕」烘焙坊，後者將生意大好歸功於媒體的專訪報導。杯子蛋糕具有新奇感，引來了各方矚目。「這對我們是新鮮玩意。」伊維斯說：「它很西方，絕對能吸引二十幾歲年輕人的目光。」

在巴黎，杯子蛋糕風潮興起於２００８年（現在大約有十來家專賣店）。美籍店主凱特．伯妮（Cat Bernier）經營的「甜蜜迷情」位於巴黎第九區，她表示這股風潮一開始的驅動力，確實是「慾望城市」影集的相關媒體報導，吸引了「那些在電視上看過杯子蛋糕或在時尚雜誌讀過杯子蛋糕狂熱的年輕單身法國女性」。隨著時間過去，這波時尚逐漸擴及法國主流觀眾；儘管伯妮上了一次電視，主持人在節目尾聲譴責不入流的美國甜品竟大舉入侵，甚至仰天長嘯：「法式點心萬歲！」

企業化經營

有鑑於國內市場日益競爭，許多城市甚至已呈現過渡飽和狀態，老美的杯子蛋糕企業對全球消費需求虎視眈眈。打前鋒的是木蘭烘焙坊，現今總部位於中央公園對街哥倫布圓環旁的一棟商業大樓。該公司的辦公室中央有個開放式廚房，新口味的杯子蛋糕都在那兒試吃。所有紐約分店（２０１３年有五家分店）的新進員工懷抱熱情來到這裡接受訓練，學習如何用奶油霜擠出形狀完美、木蘭烘焙坊的原創獨特漩渦花紋。多虧了重播、兩部續製電影以及其他國家的追隨效尤，**木蘭烘焙坊與「慾望城市」之間的連結竟然在影集下檔十年之後依然牢不可破**。這家企業在全球各地獲得的媒體報導，每年多達一千至一千兩百篇，而相較於他們婉拒的採訪次數，這還只是一小部分。

２００６年起，史帝夫．亞布倫斯（Steve Abrams）接手成為木蘭烘焙坊的老闆暨經營者。這位餐飲業界老鳥來自卡茨基爾，身形高瘦、滿頭銀髮，過去曾經當過服務生，熱愛跑車及他的妻子泰拉。亞布倫斯投資一百萬美元，從托瑞手中買下木蘭烘焙坊的股權（後者移居鄉下養乳牛去了）。當我在２０１２年與亞布倫斯碰面時，這家公司在美國境內已有七家分店，中東則有四家分店。「每天都有三至五家國外經銷商來探詢我們的意願。」２００９年，亞布倫斯開了杜拜分店試試水溫：「這為我們跨入那片市場提供不少助力。」他認為處處都有商機，從土耳其、日本，到盧安達、巴拉圭。沒錯，就是巴拉圭。「去西班牙開分店的話，或許會開六十家。巴西市場能容納十二家至二十家。我們打算五年內，在世界各地開三百家分店……雖然許多國家討厭美國，但我們的流行文化影響深遠，大部分外國人都樂於仿效，尤其是他們的中產階級。」

儘管杯子蛋糕風潮已開始消散，紐約西村和比佛利山這類菁英群聚的地方只不過是大眾市場的入口。「杯子蛋糕變得更主流了。」一位不願具名的康柏斯烘焙坊主管抱怨，該公司的展店計畫竟然鎖定美國中部的購物商場：「這些購物商場的消費者組成較不固定，有各種不同類型的來客。你是可以做出高品質商品，但那裡的顧客很可能只想買平價的杯子蛋糕，因為他們並不那麼富裕。平價商品才是最大商機所在，但不能因此而犧牲品質。所以我們只得調整售價，希望能做到薄利多銷。」

這裡有個大家視而不見的顯著盲點，那就是杯子蛋糕熱總會有退燒的一天，到時候市場絕對支撐不了數量仍在增長的杯子蛋糕專賣店。也有些人說民眾對它的興頭會轉移到甜甜圈或派餅，屆時這些店不是關門大吉，就是得轉型賣更多種糕點。「我本人就很懷疑這股風潮還能撐多久。」這名康柏斯烘焙坊主管認為：「**它究竟只是一時的流行，還是值得長期投資的事業？我們實在弄不清。這是個重要卻難解的問題。**」從康柏斯公司的立場來看，這問題涉及的金額不下數百萬美元。

媒體界打從杯子蛋糕剛開始風行，便不斷宣稱它很快就會沒戲唱。《時代》雜誌作者喬・史坦（Joel Stein）稱這股風潮為２００６年的「流行病」，《浮華世界》雜誌則在２００９年一篇談美國掀起可愛風的文章中，將品嚐杯子蛋糕比作當你一邊穿著毛毯衣坐在沙發上、一邊盯著網路上的貓咪照片的樣子（雖然《浮華世界》舉辦的奧斯卡派對也提供杯子蛋糕）。商業作家則預測這股風潮來得快，去得也快，就跟十年前的 Krispy Kreme 甜甜圈一樣。

「在美國，泡沫之所以形成，都是因為好的生意點子往往得到超過需求十幾倍的資金挹注。」網路雜誌《頁岩》（Slate）特約作家丹尼爾・葛羅斯（Daniel Gross）如此撰文表示：「這是典型的美國作風，**杯子蛋糕如今已顯現即將走入泡沫循環的所有徵兆**。**打前鋒的人賺得盆滿缽滿，營收顯著增長，然後這門行業開始急速擴張**。這又鼓勵了資本較少的第二波及第三波追隨者，後者相信這塊市場仍有足夠的掙錢空間，於是不少相關產業的公司也跟著爭相投入。」

葛羅斯預測景氣衰退將消除泡沫，因為民眾會轉而購買較便宜的替代品。另外有些人則忙於尋找

「下一個杯子蛋糕」，高舉屋比派（whoopie pie）、馬卡龍、蛋糕棒棒糖的大旗作為市場新救贖。但事情並未如預料般進展。杯子蛋糕逆勢成長，在不景氣中攻城掠地（許多剛失業的專業人士乾脆開杯子蛋糕專賣店），擄獲食客的心。倒是蛋糕棒棒糖和屋比派成了曇花一現。每回有人預言杯子蛋糕就快沒戲唱了，後來都得硬生生把話吞回去，因為杯子蛋糕的銷售盛況竟然又再創高峰。

流行熱潮趨緩

其實我本人已經對這股風潮感到疲倦。曾經一度，住家附近開了杯子蛋糕店令我興奮不已；但如今新開的杯子蛋糕店只令我搖頭嘆息。兩年前我搬到新家，距離我家最近的店面原本是一間髮廊。但髮廊在我們搬進去的幾個星期前，變成名為「小甜品」的杯子蛋糕店。我們入住新家的第一晚，有個朋友買了這家店的蛋糕當伴手禮，它們的味道像巧克力棉花糖夾心餅和墨西哥萊姆。蛋糕上的糖霜佔去一半的重量，且設計過於繁複。其中一塊蛋糕是巧克力口味，在巧克力糖衣上還加了一層奶油糖霜，並且用濃濃的巧克力醬做出漩渦裝飾，最後擺上幾小塊布朗尼。整塊蛋糕簡直像巧克力工廠贊助的成品。

這跟我幼年時代的那種美味、罪惡的甜點已經不是同一回事了。它現在成了召喚全球潮流的魔法師，將烘焙食品變成追求可愛的軍備大賽，並且不惜犧牲細緻口感，拼命用糖粉和炫技花招來轟炸市場，儼然是甜點界的男孩團體。當我在幾個月後聽說多倫多開了一家杯子蛋糕馬丁尼酒吧，讓顧客自行挑選迷你杯子蛋糕來搭配甜酒；我不禁祈禱喜樂快快到來，讓這股要命的潮流停止興風作浪、並將之丟入地獄火湖洗清罪惡。

或許我的祈願終將發生。２０１３年４月17日，我坐在喬治城杯子蛋糕店吃著櫻花霜（香草蛋糕加上真正的櫻桃，以及一坨櫻桃口味的奶油起司）。當時我剛去過附近的思品客，試了幾種迷你杯子蛋糕，還差點為了他們的招牌同心圓翻糖咬斷牙齒。我哥哥將華爾街日報的一篇文章用電子郵件轉寄給我，標題是「別想著淘金了，杯子蛋糕市場即將崩潰」。

康柏斯烘焙坊的２０１２會計年度營收出現顯著下滑，股價在一天內暴跌34％，從２０１１年的每股13美元，跌落至1.7美元。這家連鎖企業被迫取消原本野心勃勃的展店計畫，而其他同業也紛紛坦承銷量衰退。當晚，我到朋友蓋兒的家聚餐。她兒子札克瑞那天剛滿六歲，問媽咪可不可以先行離開餐桌，因為他想玩新入手的樂高玩具組。「札克瑞，吃完飯後有杯子蛋糕耶。」我的朋友試圖哄他，但得到的反應跌破所有人眼鏡。他說他不想吃杯子蛋糕。竟然連六歲小孩都吃膩了，這當然是杯子蛋糕的喪鐘。

杯子蛋糕業者對此相當不以為然，其中包括愛莉森．羅畢伽利（Alison Robicelli），她經營的烘焙坊正以杯子蛋糕馳名。她對康柏斯的負面報導迅速做出反擊，在部落格撰文仔細分析、駁斥唱衰者的論調，並提出深入的社會經濟層面評論。「知道杯子蛋糕的風潮為什麼經久不衰嗎？」羅畢伽利如此寫道：「因為你需要『下一個杯子蛋糕』來取代。**這不是泡沫，而是一種風格類型，一種擁有獨立**

地位的的甜點。你想大談特談女性主義、慾望城市影集或懷舊風都行，但事實就是每個人都愛吃蛋糕，這根本不是什麼深奧學問。」

當我詢問木蘭烘焙坊的史帝夫．亞布倫斯對這股風潮能維持多久的看法，他表達了類似觀點：「美食報導媒體沒能消滅杯子蛋糕，全都氣得要死。當我收購這家烘焙坊時，我已經沒把它當成搶手商品了。」亞布倫斯指出，木蘭烘焙坊的銷售是杯子蛋糕與其他甜點各佔一半。「百年後，我們依舊會有女童軍舉辦募款活動，而她們義賣的甜食不會是馬卡龍或巧克力火鍋。」

杯子蛋糕的熱度終究會逐漸遞減。有些杯子蛋糕專賣店和過度擴張的連鎖店不是勢必關門大吉、就是縮減營運規模，但他們將為商業界及文化界留下遺澤。我們可以說，杯子蛋糕創造了所謂「聚焦個人特級享受」的零售市場。這個業界術語，基本上是指消費者願意花更多錢來換取的小甜頭。杯子蛋糕為1990年代中期以來，追求精緻手藝的甜甜圈、起司夾心烤麵包以及迷你漢堡包鋪平了坦途。星巴克並未創造卡布奇諾與拿鐵，且這家連鎖店雖然在2008年營運達到頂峰，後來卻因景氣衰退而被迫關閉數千家分店。但星巴克培養出的飲用咖啡風尚，就如木蘭烘焙坊促成杯子蛋糕熱一樣，徹底改變了全球咖啡市場。它在便宜即溶咖啡一度稱王的地方，**創造出對高價咖啡產品的消費需求**。如今你可以在住家附近看到充滿藝術感、獨立經營的小型「第三波」拿鐵專賣店，也可以在任何一家餐廳看到按鍵即沖的義式濃縮咖啡機。喬．史坦雖然在《時代》雜誌對杯子蛋糕無甚好評，卻告訴我杯子蛋糕如今已成為「必備美國甜點」，就如同一個世紀之前的派餅。

至於杯子蛋糕本身，我相信它會逐漸變回我幼年時代的兒童生日派對甜點，畢竟這是比較合理的結局。「無論是買現成的或自己烘焙，杯子蛋糕都比較便宜。」我表妹凱洛琳在多倫多開了「兩個老媽」烘焙坊，差不多壟斷了該市的猶太潔食認證杯子蛋糕市場，尤其是在學校（好吧，我承認我的婚禮蛋糕也是她做的，而且我對她的成品非常滿意）。杯子蛋糕的優勢主要在於它的形式：工本費較一般蛋糕便宜，不需要提供或使用刀叉，可以為團體量身訂做（十二個香草、十二個紅絲絨、兩個不含堅果類的、兩個不含乳製品成分的，諸如此類）而且樣子好看。凱洛琳最近帶著孩子去華盛頓哥倫比亞特區旅遊，順便造訪了喬治城杯子蛋糕店。她說：「我喜歡杯子蛋糕，但我實在想不通它為什麼能紅成這樣。要是我，才懶得為了買個杯子蛋糕大排長龍。」這股杯子蛋糕風潮儘管光鮮耀眼，魅力萬千，其實也只是反映出杯子蛋糕自身的完美與親和之處，而這兩者是我打從生平嚐到第一個杯子蛋糕就已經體會的。這股風潮之所以能吹得如此廣泛，原因正在於此。**將杯子蛋糕這種大家所熟悉、能夠帶來歡樂的食物轉變成一種風尚，僅僅是品味創造的作法之一**。

接下來我想探討味蕾達人如何從無到有，從一個概念、一小塊土地、一顆種子開始，將幾乎無人嚐過的食物培養成遍及各地的風尚。

貳　農業：開往中國紫米的慢船

培育植物或動物是個不斷嘗試錯誤的累人過程，研究人員得做幾千次的實驗，長時間累積研究成果，最終才得以生產出可以食用的原型。這就是為什麼農業界的味蕾達人往往是異常積極、想法十分執著的人。

要在查爾斯頓古色古香的市中心找停車位，著實不是件容易的事。這一點沒有任何人比格蘭·羅伯茲（Glenn Roberts）更了然於心了。他對這座城市熟悉到每經過一處地點都有故事可說，像是某棟建築原屬於他的老友，但這位朋友已經蒙主寵召了；另一棟則是他的第一間房子，這個高級地段當年住著崇尚波西米亞風的怪咖、保守的南卡羅來納州大家族、以及文化影響甚深的非裔美國勞工。「管他的，就停在這裡吧。但願警衛在亭子裡打瞌睡。」羅伯茲把車停進私人停車場。「反正我們不會待超過一小時。」他高高的身子跨出車內，然後走向行李廂。

羅伯茲雖然已六十來歲，卻有一頭淘氣阿丹式銀髮，穿著石洗牛仔褲和厚重工作靴，這讓他看起來比實際年齡年輕許多。他嗓門洪亮，走到哪兒都是他說話的聲音。一路上他聊到個人經歷（我以前常開一台大型拖拉機經過這裡！），講述當地秘史，提到他深愛的傳統南方腹地及美國食物時更是滔滔不絕。羅伯茲是頂尖探險家與漫遊者，**就像一度被送上太空的那種典型美國男子漢**。這並非因為他是物理學家，而是因為他敢於不顧一切跳上火箭，駕駛這鬼玩意兒。他出生於加州，落腳在紐約，但他的心牢牢繫在南方。他可說是美國食物界的傳奇人物，不僅因為他人格突出，也因為他苦心孤詣的栽植成果，而後者正是我來到查爾斯頓親身體驗的原因。

羅伯茲在行李廂翻了一陣，終於找到他要的東西：裝著四磅墨黑米粒的透明夾鏈袋。他手上的紫米品種代號為ＩＡＣ600，又稱為「中國黑」。這款品種費了他近十年的功夫，才總算引進至美國的餐飲市場，即將由少數經過精挑細選的味蕾達人首度品嚐。今年的實驗田收成中，有十磅將特別預留給羅伯茲認識的主廚、以及他繼承的穀物公司安森磨坊（Anson Mills）常客。而他手中的這四磅，也就是所有可用收成的五分之二，已確定要交給名廚尚恩·布洛克（Sean Brock），即南卡羅萊納州南方料理的領導人物。由於這批中國紫米產量稀少，羅伯茲估計它們每磅值五百美元，幾乎是法國黑松露要價的一半，而後者可是食材界所謂的黑鑽石。

「好啦。」羅伯茲喜孜孜地關上行李廂門。「咱們去賄賂一位大廚吧。」

我們繞過街角，走上一條鵝卵石小徑，便來到麥奎帝餐廳入口，即該市名氣最響亮的餐廳。這裡一開始只是喬治·華盛頓不時來喝個兩杯的小酒館（據羅伯茲的說法，華盛頓還會偷偷穿越小徑，到隔壁的妓院找樂子），但自從尚恩·布洛克在２００６年接手廚房後，這個紅磚拱門下的富麗堂皇用餐室，已成為南方食物的復興重鎮。布洛克出身自維吉尼亞州鄉村，從小就開始幫忙打點幾乎全家人的三餐。他的廚房有個堅守不渝的原則，那就是**料理食材必須直接來自農場，而且著重在傳統南方元素**（許多食材是附近農場栽種養殖的，包括穀物、蔬菜和豬隻）。他結合了歷史悠久的烹調技巧（在麥奎帝餐廳，爐子裡燒的是柴火，而且他大量使用自己醃漬的食物）、以及現代烹調方式（他採用分子料理工具，譬如乳化劑和脫水機）。２０１０年，布洛克以美國東南最佳廚師之姿贏得料理界奧斯卡「詹姆斯比爾德獎」，同年他在查爾斯頓開了一家較平易近人，逐漸以南方料理為主軸的「果殼」餐廳。包括《美食與美酒》在內的許多刊物，在它開張後便將之封為全美最佳餐廳。

我們進餐廳時，布洛克正站在吧檯後，接受兩名瑞典記者的訪問。他穿著印有黑色安息日圖樣的T恤，頭上的網帽印了一排字：「維吉尼亞州是情侶天堂」。手臂上色彩鮮豔的刺青十分顯眼，刺了許多種南方蔬菜。

「嗨，格蘭。」布洛克輕聲招呼，伸出一隻手。「你今天幫我帶了什麼好東西？」

羅伯茲還沒走到布洛克跟前，就直接回答：「這是中國黑。」他隆重地舉起手上那袋紫米，模樣像個藥頭。「在中國，你可以找到一大堆文章說它原本是專屬皇帝的貢米。白米每個人都吃得到，但紫米太稀有了，得納糧上繳國庫。」

「哇，真漂亮。」布洛克把手伸進米袋，撈出了一些米粒，放在掌心仔細檢視。「我等不及要煮來吃吃看。」

「我也是。」羅伯茲說：「但這些已經是差不多所有收成的一半，所以價格並不便宜。」他沈默了一會兒，企圖製造戲劇效果。「這麼辦吧，我把這些給你，但你得答應今晚煮一些給我跟大衛嚐嚐。」他和布洛克會意地相視微笑。

布洛克拿走米袋，回答：「這應該沒什麼問題。」這遊戲兩人以前就玩過了。

羅伯茲與布洛克已經合作了好幾年，將內戰之前的南方穀物品種從滅絕邊緣拯救回來，加以培育栽植、烹飪調理。這些食材形成了布洛克的料理核心，他就在餐廳的潔淨廚房裡進行各種實驗。廚房的置物架疊至天花板，架上容器仔細標記著內容物。他在這裡與「發酵大師」喬許．佛拉東尼（Josh Fratoni）共事。一塊大黑板上，列出了六十幾種醋、味噌、以及**採用當地穀物進行發酵試驗的成品**，其中大部分都由安森磨坊負責供應。布洛克給我們幾個塑膠小瓶，裡頭裝的是美國東南海島紅豆釀成的液體。我們用舌頭嚐了幾滴，感受它散發的獨特芬芳。它像是比較甜、口感比較溫和的醬油。

接下來，這位主廚拿了幾把塑膠湯匙，從一個缸子裡舀出紅豆和醬油糊。它氣味濃烈、口感偏甜，但嚐起來像麥片粥；這是因為長達一年的乳酸菌發酵將天然糖份帶了出來，雖然布洛克還不確定究竟要發酵多久才算足夠。他拿出另一口缸，用湯匙舀了些給我們：「說說看，味道如何。」我嚐到牛油般的滑潤感和鹹味，但當中也帶點甜。它給我的感覺異常熟悉，彷彿是我吃了一輩子的某種東西，只不過口感更豐富。「這是爆米花，用爆米花玉米和爆米花高湯做成的味噌。」布洛克臉上掠過一絲魔術師的笑容。「說真格的，這是原生種的阿帕拉契硬粒甜玉米。」

味噌一般是用米或黃豆發酵製成。若加入高湯，就變成日本餐廳經常供應的味噌湯。布洛克不僅用爆米花玉米熬高湯，還找出讓玉米粒發酵的方式。我閉上眼睛，再嚐了一小口，立刻被送進電影院裡黏乎乎的座椅。

我們又試了其他幾種味噌，包括用胡麻籽做成的（羅伯茲說它像「正在風流快活的花生醬」），以及真的用花生醬發酵的（羅伯茲得意地說「像味精在上方體位的花生醬」）。「我有個好主意。」羅伯茲突然轉過頭看布洛克，頭髮也跟著擺動。「這種米煮的時候，會有種黑櫻桃的氣味。你想想看。」他示意我們看看爆米花味噌，然後盯著桌上的米袋：「味道一定超讚！」

投資農業的風險

在本書前一章以慾望城市為主題的杯子蛋糕旅程中，我們很容易認為食物風尚是由10%的創意和90%的流行所組成；觀眾每個禮拜看到什麼新的，就會一窩蜂跑去買。**雖然杯子蛋糕花了幾年時間變成瘋狂熱賣的人氣商品，但這波風潮在本質上終究是相對較單純的**。幾個人決定在紐約烘焙杯子蛋糕，而這些蛋糕變得頗受歡迎，流行至世界各地後激勵了其他人也競相投入烤蛋糕行列，整個過程便是如此。雖然要讓杯子蛋糕流行起來也得付出大量心力、用上足以填滿整個大峽谷的奶油，但終究不需要像格蘭．羅伯茲經常一大清早就得出門，划著獨木舟渡過鱷魚及毒蛇肆虐的水域，然後親手揮舞鐮刀收割稻穗。杯子蛋糕也不會因為某年風災、淹水或害蟲肆虐而頓時間全部泡湯，導致沒有半塊能拿得出來擠上糖霜湊合著賣。杯子蛋糕更不會發生失去原有基因的問題，以致於整個產業倒退好幾年。對羅伯茲來說，這些慘事如同家常便飯，他看成是將心愛穀物推向世界所必須歷經的風險。

從農作物開始創造食物風尚，可說是最具風險、也最需要膽識的創業方式。然而無數的農人、科學家、園藝夢想家手持泥鏟，日復一日掘土撒種，期盼自己種下的生命終有一天能改變人類飲食。農業界的味蕾達人，可說是飲食世界、以及歷代人類文明中能力最強大的潮流領導者。上萬年前，某個生活在肥沃月彎的人想出了把野生雙穗小麥和單粒小麥的種子拿來培植的點子（羅伯茲最近才復育了這兩種穀類），將它們種在控制範圍內的開墾地，方便日後澆水、保護及自行採收。同一時期，中國潮濕低地的農人在蒐集到的多種野生米當中，選擇最強健的水稻種植於形狀可積蓄雨水的田裡（羅伯茲也用了類似的栽種技術）。

這些屬於農耕最初形式的創新，不僅為富有創業精神的農人帶來更充足的食物供應，也將原本不斷遷移的狩獵採集部族生活，徹底轉變為定居一處的農耕社會。我們之所以建造鄉鎮與城市，不是因為我們喜歡某個地方，而是因為那裡種植著米麥糧食，我們得待在附近守護照料。穀糧來源一旦穩定可預期，人類便開始有能力畜養動物、提供食物給牠們，這使得蛋白質來源大幅增加，人類的存活率及繁衍力也因此提高。除此之外，人類也有了餘力可有效耕種更大面積的田地、並遷移至更遠的距離。而多餘的糧食產能，形成了金融系統前身的骨幹。村子裡的農人可互相交換穀物及多餘食物，而新推出或較佳的主食品種在交易時佔有明顯優勢，可讓栽種的部族或群體享有更多**權力**。賈德．戴蒙在他的暢銷書《槍炮、病菌與鋼鐵：人類社會的命運》指出，歐亞文明的崛起及其長期主導性優勢，原因可追溯至農耕文明最初興起的食物風尚。人們培育出更適合人工栽植穀類的群體，使得產能逐漸茁壯成長；因此他們有了比較多的空閒時間發展專門技術，像是教育、科技與政治結盟。他們也可以飼養牲畜，並透過交易及戰爭來取得權力。隨後的每一種農業創新，從搾油、用發酵乳製作起司和乳酪到保存食物的技術，都促進了人類的長途旅行的能力，並徹底改變世界的面貌。任何新的農耕潮流，無論是新品種香料、蔬菜或更強健的牲畜，**皆爲人類社會的相互連結與文明進程向前推進了一大步**。

隨著技術發展，農業越來越著重在生產效率上。大學裡的農學院教職員促成了更大量的動植物品種研究，而新興的農業科學則偏重於篩選培育更新、更有獲利空間的動植物品種。化學研究拓展了我們對植物生理學的瞭解，也帶來了殺蟲劑與肥料。這些技術發展推動了英格蘭的農業革命，而後者則為工業革命開啟一道大門。**待工業革命登上舞台之後，先進機械又催生了現代化的高產能農業**。雖然工業化農業在社會及政治上造成巨大影響，從全球各地的飢荒情形減少，到農村社區凋零、自然環境遭受破壞；但它仍讓許多產業內部人員得以潛心研究新產品的開發，像是培育蔬果及牲畜的新品種或把一小段魚的基因轉殖到稻米中，提升稻米對乾旱與害蟲的抵抗力。

到了二十世紀，對土壤侵蝕與農藥污染的擔憂促成了有機農耕。開創這波風潮的是英國的霍華夫婦（Albert and Gabrielle Howard），而他們的概念是建立在印度觀察到的傳統農耕方式。雖然經過了幾十年，有機農耕仍僅限於利基市場，但它在１９９０年代間突飛猛進，如今已成為這塊產業當中成長最快速的部分。這主要是因為越來越多消費者開始相信，**有機農產品是比較健康的攝食選擇**，而且它的耕種方式也有助於環境永續發展。

農業味蕾達人

現今的農業潮流奔騰流向許多領域。它有可能是工業化帶來的改變，譬如農業巨頭孟山都公司推出了基因改造種子；也可能是培育出更肥、生長速度更快、抗病能力更強的新一代品種。有些潮流則涉及帶有政治意涵的特定耕作方式，像是１９７０年代之後興起的人道畜養，主張用比較符合自然的方式來飼養牲畜及奶牛。其作法包括讓牛隻生活在開放式牧場、透過能夠維護海洋生態的方式來管理漁場。現今農業潮流也聚焦在如何創造更多樣化的食材及風味。**每回我們走進超市的農產品區，我們都可以看到作物育種的最近創新**。原本甘藍菜還只有一種，但沒多久架上就出現五種大小、三種顏色的甘藍菜了。秋季一到，世界各地的果農便送來全新的蘋果品種，當中有許多是由大學的培育實驗室與農人聯手研發，譬如威斯康辛大學的蜜脆蘋果或紅王子（本書稍後將有進一步說明）。這類工作得花上許多年，經常是數十年時間，才能夠開花結果（這是種比喻）。培育植物或動物是個不斷嘗試錯誤的累人過程，研究人員得做幾千次的實驗，長時間累積研究成果，最終才得以生產出可以食用的原型。**這就是爲什麼農業界的味蕾達人往往是異常積極、想法十分執著的人**。他們的投入到了幾近瘋狂的程度，但我們絕對不可將他們的追求輕看為浪漫幻想。他們是煉金術士與創業家的綜合體，懷抱著戰士的滿腔熱血。基本上，他們與杯子蛋糕烘焙師恰恰相反。

格蘭·羅伯茲完全屬於這一類的人，而他身為農業界味蕾達人的影響力，發揮在政治與烹飪之間。他創立的安森磨坊在過去十年來，已成為全美國最出類拔萃的栽植者與美味穀物供應商，這裡出售數百種傳統品種的小麥、米、玉米及其他穀物給世界各地的消費者及餐廳廚師。他本人則是美國有機及永續穀物耕種的領導人之一，**透過環保的傳統方式來耕作、收割、碾磨**，當中每個步驟都需符合標準。為了讓已經被遺失或忽略的美國本土穀物重新問世，羅伯茲付出的努力在國內無人可比；而他也是重振南方傳統料理文化的重要大將。所謂南方，指的是南卡羅萊納州沿海平原低地區，而這邊的料理則被稱為「卡羅萊納米飯廚房」。

「在美國，完全不受外來影響的本土料理當中，卡羅萊納米飯是歷史最悠久的一個。」羅伯茲如此表示。他曾針對這個地區的食物及農業，與幾名歷史學家共同做了幾年的研究。我們回到他的車上，駛離了饒富歷史的市中心及內港。自從英國人在１６７０年建立查爾斯頓這座城市，它便一直是主要的貿易港，而多元文化的影響也在數百年間形塑了當地的飲食文化。車子開到市郊時，我們經過了3K黨成員經營的燒烤店以及一家兼賣槍枝的高檔自行車行。

這一路上，羅伯茲興致勃勃地描述**全球風味料理大融合**、前所未有過的盛事美景。最早是威尼斯人在1670年代，把米帶來這個地方。他們在灣區沿岸種植六種米，讓作物接受潮汐的灌溉，並且設計了沿著海岸分布的灌溉渠道。英國殖民者也帶來了他們的主食作物，其他被引進的農作物還包括印度、牙買加等地遠道而來的穀類。這裡的塞法迪猶太人（注：源起自伊比利半島的猶太族群）人口一度超過紐約市的猶太族群，他們帶來了地中海米飯料理，包括將米磨成粉烘焙而成的麵包。法國移民亦不遑多讓，他們使燉菜成為查爾斯頓美食文化的核心。除此之外，愛爾蘭、德國、蘇格蘭、西班牙的移民也都帶來了各自的家鄉味，更別說附近那些切羅基族及克里克族的美洲原住民，他們正是靠田裡的活兒維生呢。

查爾斯頓除了包容各國移民，也是非洲奴隸買賣的主要地點；而這些奴隸對卡羅萊納米飯廚房的影響亦不容小覷。部分曾經在其他英國殖民地種稻的非洲奴隸，後來被送至卡羅萊納州的農地，為的就是他們的耕作知識與勞力。市區內的豪宅、飯店、餐廳皆雇用不少黑人廚師。他們一開始是奴隸身份，解放後成為服務生。**於是他們成爲融會貫通各國移民分歧文化，創造出所謂卡羅萊納米飯廚房的料理達人**。對此羅伯茲流露出深深的嚮往之情：「這是一種全方位的料理。」然而這種料理如今只剩幾份零星食譜、以及褪色的回憶。內戰之前，這片地區種植了上百種米，從出口到歐洲的大宗商品種（這裡曾是全球稻米供應的主要產地）、採用義大利耕種方式，沿著海灣種植的數個品種、到所謂的秘密稻米，即黑人農夫偷偷在隱密處耕種，準備用於非洲傳統宗教祭典儀式的米。

但羅伯茲說，內戰使得這種多元文化融合過程戛然而止。「謝爾曼將軍炸掉儲存種子的穀倉房，殺了參戰的農人。此外，解放黑奴也造成擅長務農的勞動力流失。」再加上二十世紀初期的幾次暴風雨和洪水毀壞了許多良田，隨著農地荒廢，當地碾米廠也被迫停業。換句話說，**懂得如何處理米粒才能保存最佳風味口感的專家，從此失去了表現傳承技藝的舞台**。之後，棉花田取代了稻田，因為棉花更有利可圖，只不過種植棉花會耗盡地力。多元化種植就此變成單一作物栽培，而原本以多樣方式耕作的上百種米，被少數幾個商業化品種取代。雖然後者比較健壯、也更容易儲存，但比起原生的卡羅萊納米，它們既沒有芬芳氣味，也缺乏文化上的意義。

到了１９８０年代，最後一小片稻田也開始逐漸縮減面積。原本在這片土地上辛勤耕作、維繫傳統食譜的農家們（大部分是非裔美國人）紛紛遷移至城市，沒能將他們的知識傳承給下一代。無數食譜就在歷史洪流中遺失，僅靠殘存記憶、及學界的不懈研究將少數食譜保存至今。就在車子開到市郊外的克萊姆森大學沿海研究和教育中心時，羅伯茲遺憾地說：「『卡羅萊納米飯』這個名詞指的是內戰前的多元品種。**如今我們已經失去對這塊土地的認同、自我身份的認同及一個原本大有可為的市**

場。」

「中國黑」蓄勢待發

而中國紫米的引進，只是羅伯茲重建卡羅萊納米飯多樣性的第一步。他來到這裡，是為了瞧瞧重建進度進行得如何。克萊姆森大學在美國農業部的協助下，負責耕作這片稻田。羅伯茲開車經過幾個小型建築及溫室，來到了一側種滿整排高大桉樹的田地，附近大池塘沿岸的木蘭花開正茂。這些樹上棲息著數十隻嘎嘎叫的白鷺鷥，引來兩隻鱷魚在下方虎視眈眈，垂涎不已。羅伯茲發現我緊張兮兮地盯著鱷魚看，於是安慰我不必擔心，鱷魚見到我們自然會走開，除非牠們另有打算；到時候就是我們先閃人啦。「這座島很像非洲。」羅伯茲興奮地說著，一邊走出他租來的豐田冠美麗（Camry）汽車，一邊向農場經理海爾．哈維打招呼。哈維蓄著一大把白鬍子，戴了頂褪色迷彩帽。他們站在面積約兩個停車空格大的耕地旁，周遭全是一小堆一小堆的泥巴和伏倒的蘆葦。

在接下來的幾個星期，他們將在這一小片土地栽植五種稻米，其中也包括中國黑，耕作面積大約只有總面積的二百四十分之一英畝。這次的試驗性栽植範圍僅一個浴缸大小，因為他們只是想看看這些米是否種得起來。他們也在兩小時車程外，靠近喬治亞州邊界的地方、以及德州與阿肯色州，進行較大面積的中國紫米試驗性栽植，研究這種穀物是否能**適應不同的氣候與生長條件**。

中國紫米當中，有幾個品種的歷史可追溯至數千年前，而羅伯茲的ＩＡＣ600號米可說是相當新的發明。1994年，一位名叫坎迪多・巴斯托斯（Candido Bastos）的巴西農作物育種專家從中國引進了幾種紫米，並從中篩選出適合種植在聖保羅州的品種。雖然當時市面上已經有幾十種紫米，且大部分都是在中國土生土長；然而巴斯托斯挑出的品種在巴西栽植後，竟有了出人意表的芳香風味。**堅果的香氣與獨特口感，使得它成爲廚師們之間的搶手貨**。

後來巴斯托斯聯絡上阿肯色州戴爾邦珀斯稻米研究中心（美國首屈一指的稻米育種權威機構）主任安娜・麥克朗博士（Anna McClung），請教對方該品種紫米是否能被美國市場所接受。於是麥克朗進行了試驗性栽植，觀察栽植過程中發現的問題。此外，她也詢問了一些稻農的意願，但他們全都興趣缺缺，因為**深色會造成品質管控上的麻煩**。「由於它是黑的，若是跟一般的米混在一起，看起來就像雜草種子。」麥克朗博士在電話中表示：「它會在處理過程中混進你的白米，而且反之亦然。大家都說這麻煩實在可以免了，除非你只種紫米，否則光是設法讓它和白米完全不相摻雜就是個大工程。」最後麥克朗找上安森磨坊及羅伯茲，先前她曾過測試過這家公司販售的其他品種稻米。「你需要一個像羅伯茲這樣的人，他會說『我知道這東西有市場，我會咬緊牙關，不計代價讓它被市場接受』。」

試驗性栽植該品種紫米的隔年，麥克朗將育種的母株一分為二，其中一部份栽植於阿肯色州，另一部份則種在波多黎各，觀察它們在不同氣候與時節下的生長情況。這批嬌客搭上貨運頭等艙飛往加勒比海，等到春天又返抵故土，然後重新種植在阿肯色州。到了第四年，試驗性栽植仍持續進行，麥克朗與自掏腰包資助大部分試驗的羅伯茲將ＩＡＣ600號送往路易斯安那州的食品科學實驗室，測試其營養成分、澱粉含量、碾磨精度等各項特質。**所有測試結果都相當令人滿意，其中有些項目，譬如抗氧化能力，更是格外出色**。「走了這麼遠的路，直到這一刻才真正明白自己是否真的想讓別人栽植這種米。」羅伯茲說：「接下來就是找出那些願意接受它的稻農了。」

到了第五年，他們終於種出足夠數量，可以進行口味的測試了。於是羅伯茲將一部份寶貴收成拿進廚房，放到鍋子裡煮。「我對自己說：『哇，這可是進獻朝廷的貢米，真美！』它有漂亮的墨色，釀出來的米酒棒極了。」羅伯茲的紫米產量逐漸穩定下來，從春耕到秋收，生長週期約為六十六天。２００９年，當羅伯茲還差一季就能夠穩定供應時，他開始透過自己的廣泛人脈，向大廚們推銷他的中國黑。最初他接觸的對象，都是此**圈子內最受信賴**、**最有影響力的味蕾達人**，包括加州名廚湯瑪斯・凱勒（Thomas Keller）、紐約二星主廚張大衛（David Chang）、芝加哥名廚查理・特羅特（Charlie Trotter）、紐奧良名廚約翰・貝許（John Besh）及尚恩・布洛克等人。他承諾下次帶食材來時，將包括最適合他們有意發展的烹調風格、且香氣迷人的紫米。這番話激起了名廚們的莫大興趣，全都等不及要弄到幾把「中國黑」顯顯身手了。

「後來，我的種子全完蛋了。」羅伯茲苦笑著搖頭。他的種子存量原本就相當有限，但不知為何，負責儲存種子的單位竟然誤將育種專用的種子，即具有基本基因型的（老爸老媽）寄給羅伯茲下種；而這些種子是無可替代的。**羅伯茲在不知情的狀況下播種這批種子，後來才發現自己竟然把中國黑的**

整個家族全埋進田裡了。這下事情不但無可挽回，他也很難再培育出具備同樣基因型的種子。「這就像宰了我的上等種牛，煎成牛排端來給我吃。」

到現在，羅伯茲一想起這樁慘劇還是心疼得要命。所有努力都得重頭來過，而且直到2013年春季，他才總算進展到培育出足夠讓少數幾位大廚試用的數量。不僅如此，過去一年中國黑在克萊姆森大學研究中心的測試結果都令人失望。農場經理海爾．哈維坦承：「它大概是既有的六個紫米品種當中，表現最差的一種。」他說這話的當下，一隻鱷魚正緩緩爬至附近，在渾然不覺的白鷺鷥下方伺機而動。「去年耕作環境不佳，田地無法整平。」大部分稻子都沒能存活下來。然而中國黑的命運就託付在這幾塊小小的土地上，就算把全美各地的耕作面積全部加起來，總共也只有幾英畝大。

羅伯茲說：「要是來個颶風，我跟海爾會坐在這裡說：『太好了，咱們再重頭來過吧！』」

我們離開稻田，開車回查爾斯頓，中途在「玻璃洋蔥」吃午餐。這家專賣南方傳統食物的餐廳，採用了安森磨坊的部分產品。在我們享用酪奶炸雞潛水艇三明治、啤酒、一大盤鮮蝦玉米粥之際，羅伯茲娓娓道來他如何成為享譽全國的本土穀物味蕾達人。

羅伯茲出生於德瓦拉州，但他母親的家鄉在南卡羅萊納州，家族成員包括傳道士及農夫。成長階段的大部分時間，他都生活在加州舊金山附近的拉荷亞。他的父親身兼專業歌手及航太產業工作者，母親則在拉荷亞經營餐廳，但後來轉戰舊金山附近的馬林郡。羅伯茲在這些餐廳的廚房裡長大，接觸的全是些說法語的廚師及歐陸式料理，但他從來沒能掌握烹飪要訣（他說自己只能一次做好一道菜，沒辦法弄出一桌菜來）。然而母親盡自己所知，向他傳授了卡羅萊納米飯廚房的菜餚，一些幾乎家家戶戶都會做的傳統料理。

個性積極不懈、擁有冒險精神的羅伯茲，多年來幹過不少壯舉，包括駕駛空軍軍機、開遊艇環遊世界、騎馬、開長程卡車、從查爾斯頓搭捕蝦船出海。他甚至還試過種玉米、到棉紡廠幹活、自己釀酒（直到現在他仍偶爾會忍不住釀個幾缸）。最後羅伯茲安身立命成為餐廳顧問，為廚師及經營者提供觀念上、菜單上、以及營造裝潢與硬體設備方面的建議。這份工作需要他投入全副精神，緊盯著最新的食物風尚趨勢。他在加州、華盛頓哥倫比亞特區及美國南方開過餐廳，**因而在湯瑪斯．凱勒這些名廚成爲家喻戶曉的人物之前，就已經與他們建立了交情**。到了１９９０年代，他來到查爾斯頓落腳定居。

風雨生信心

安森磨坊之所以創立，要歸功於一場不幸事件。１９９８年，史密森尼學會（Smithsonian Institution）打算展出一系列歷史性菜餚，主題為內戰後的火車餐廳料理。他們請人在查爾斯頓的羅伯茲協助提供當地菜式，於是他與一名歷史學家進行研究，進而認識了歷史學家凱倫．海斯（Karen Hess）所稱的卡羅萊納米飯廚房。羅伯茲想提供這類食譜經常用到的「卡羅萊納黃金」米，終於在喬治亞州薩凡納北邊的「騰布里齊農園」找到這種米。如今美國境內生產這種米的地方已經寥寥可數了。

他在近傍晚時才抵達當地，夕陽餘暉下，放眼望去盡是粼粼波光映襯的卡羅萊納黃金米，不禁令他感嘆眼前風景如畫：「天啊！太美了。」這幅景象如今仍深深烙印在他的腦海，彷彿就在眼前。羅伯茲自此愛上了種稻。離開騰布里齊農園後，他做的頭一件事就是寄些卡羅萊納黃金米給母親鑑定：「她樂壞了。打從大蕭條以來，她就沒見過這樣的好米。」

遺憾的是，史密森尼的展出計畫竟淪為一場災難。共同主辦這次展覽的教會團體不懂得如何妥善保存米粒，所以在活動開始的一小時前，當羅伯茲在廚房打開米袋時，整袋的米象（一種常見的積穀害蟲）讓他傻了眼。他先是驚慌失措，接著冷靜下來，叫廚房工作人員調整出菜順序，然後召集了幾個雜役急救這批米。「想像一下，我穿著昂貴西裝和古馳休閒鞋，在米堆裡撈了三個鐘頭的蟲屍，樣子狼狽透了。」當晚活動結束時，美食打動了參加者的心，**他們對黃金米的激賞讓羅伯茲的不愉快完全一掃而空**。「當下我就相信，一定有很多廚師會喜歡這種米。」羅伯茲說：「那是真正的好東西。」隔天，他創立了安森磨坊。

羅伯茲一開始先種植玉米，因為他在這方面有經驗，而且玉米容易快速生長收成，這麼一來他就能早點賺到培育卡羅萊納黃金米的資金，畢竟後者較需要投入勞動力。他參考歷史記載、拜訪種子專家及遠地農民，逐漸蒐集到一籃子傳統南方穀物，其中大部分已經沒有商業化生產了。安森磨坊帶回消費市場的穀物包括本土藍玉米、去梗脫皮黃玉米、硬粒黃玉米、傳統北非小麥米、海島紅豆、卡羅萊納格雷漢小麥、索諾拉白小麥、單粒小麥；幾種義大利穀物如綜合麥片糊、法老小麥、塔朗嘉喬麥；以及多種卡羅萊納黃金米的製成品。所有穀物皆以符合有機標準、有助於環境永續發展的傳統方式來栽培，為了保留穀粒風味及農田地力而**不用機械、改爲徒手收割**，並藉此讓古法耕作得以傳承。

他們在同一片土地上輪流耕種不同穀類，一來是為了讓作物彼此的風味相互提升，二來是這種耕作方式可以改善地力。安森磨坊沒用大型碾穀機來壓碎玉米、為米脫殼、研磨小麥，而改以花崗岩研磨石輪這類老祖宗的工具來處理，所以他們的產品保留了粗糙的傳統質地。除了胚芽，這種研磨方式也保存了穀物的許多其他精華，因此烹調後的風味絕對不同於一般。

安森磨坊的產品需要特定的貯藏與烹煮方式（無法在貨架上久放），所以都是在簡單包裝後，直接送往羅伯茲過去經營餐廳時認識的廚師們手上。他請這些廚師幫忙宣傳，而他們對安森磨坊產品的熱愛，也很快就在美國美食界的味蕾達人之間生根發芽。

安森磨坊推出的第一款產品是玉米粥。技術上來說，這是一種非常簡單的產品，起源自美國原住民文化，簡單來說就是把玉米磨成較粗的碎粒。但隨著時代演進，現在用來做玉米粥的幾個玉米品種以高效方式栽種，使得產品本身風味盡失。更糟的是大型工業化磨坊將玉米磨得太細，導致成品顆粒過小、也過於一致，而且保存最多風味的胚芽被破壞殆盡。不過安森磨坊在三個州的有機農場栽種的玉米，即該公司玉米粥產品所用的原生種玉米，像是卡羅萊納葫蘆籽白、約翰霍克黃、布里斯白、以及布恩郡白，都是經過手工收割、以石輪研磨，而且天生較軟的品種，所以研磨後的顆粒較粗，而且外觀不一致，保存了豐富的口感及風味。

幸運桃餐飲集團（Momofuku）的主廚暨經營者張大衛，在1999年於名廚湯姆·柯里奇歐（Tom Colicchio）的「高藝」餐廳（Craft）工作時，初次見識到安森磨坊的玉米。「當時沒人會用這種粗玉米粒。」張大衛指出，柯里奇歐與馬立歐·巴塔利（Mario Batali）是率先用這種產品來製作義大利式玉米糊的主廚。「它代表著已然失落的美國本土傳統飲食。原本沒人會把玉米粥放進高檔餐廳菜單，但在那之後，高檔餐廳開始朝質樸粗食靠攏，逐漸朝追求天然的方向演進發展。」張大衛自己的鮮蝦玉米粥便是採用安森磨坊的產品，並淋上拉麵高湯與醬油，呼應了他的韓裔美籍及南方文化根源。這道料理也是他的紐約旗艦餐廳，幸運桃麵館（Momofuku Noodle Bar）最初的招牌菜之一。

安森磨坊玉米粥的名聲從張大衛等人的廚房傳開來後，**不但變成廚師界的搶手貨，也使玉米粥成爲全美各地餐廳菜單上不可或缺的一道菜**，進而促使其他同業紛紛效法羅伯茲，推出自家的石磨玉米粉產品。

口碑行銷

「幾年前，格蘭·羅伯茲向我們介紹理想的玉米粉及卡羅萊納黃金米，結果他的名聲像野火燎原一樣傳開。」紐奧良名廚約翰·貝許回憶當時情況：「這都是因為高級餐廳的廚師們之間口耳相傳。」貝許有個會自己研磨玉米粉的祖父，他已經幾十年沒看過令他滿意的玉米粉了。「安森磨坊橫空出世，鼓勵了其他人也開始用傳統方式來研磨。**但羅伯茲不僅爲我們帶回傳統研磨，他對於南方食物及文化的復興也有著一份功勞。**」位於這波復興運動中心的查爾斯頓，很快便成為與舊金山齊名的美食聖地，吸引來許多到此一遊的饕客。在此同時，油炸玉米球、鮮蝦玉米粥和炸雞開始成為全美各地的菜單要角，無論是名廚查理·特羅特在芝加哥的高級餐廳、街頭巷尾的小餐館、或甚至「起司蛋糕工廠」這類連鎖餐廳，全都少不了這幾道菜。

在「玻璃洋蔥」午餐時，我嚐了羅伯茲點的鮮蝦玉米粥，寬碗內堆滿平底鍋煎的肥嫩明蝦和辣燻腸厚片。這份玉米粥的材料來自安森磨坊，是由附近種植的約翰霍克黃玉米研磨而成。烹調方式則屬於查爾斯頓當地風格，將玉米粉放進煮滾的牛奶中快速燙熟。這種玉米粥的顏色較深，接近奶油黃，帶了些棕色與焦糖色的斑點。我對這道菜其實沒什麼期待，畢竟以前吃過好幾次了，總覺得它的口味介於嬰兒穀片粥和沒加糖的燕麥粥之間。沒想到，這道菜完全超乎一般玉米粥，不但口感滑潤、帶著天然甜味、吃起來有嚼勁，稠度也近似完美的炒蛋。吃到最後，我甚至把明蝦和辣燻腸推到盤子的一邊，就為了把最後一丁點玉米粥舔乾淨。

如今，安森磨坊由羅伯茲與他的妻子凱·藍契勒（Kay Rentschler）共同經營。藍契勒既是記者，也是食譜作家，2004年為《紐約時報》採訪羅伯茲和他的玉米粥時認識了他。當羅伯茲帶著僅有的一袋黃玉米粒送她回家時，她愛上了這個男人：「我對他佩服得五體投地。」她平時會到紐約及瑪莎葡萄園島，測試能夠搭配該公司旗下兩百多種穀物的食譜。她找來的食譜一方面得吻合歷史、另一方面又必須顧及烹調上的可行性；這項任務著實不易達成。儘管消費者可透過網路訂購安森磨坊的產品，但羅伯茲指出該公司三百萬美元的年營收中，直接販售給消費者的比率僅佔百分之四，他們的主要營收來源還是四千家左右、最遠至義大利與日本的餐廳。

安森磨坊每年的營收成長在百分之二十至二十五之間，幾乎全靠越來越多大廚及餐廳業者前來採購他們的穀物。除了田裡的活，羅伯茲也與購買產品的廚師們密切合作，有時候是透過電話，有時候則親自到他們的廚房。**除了說明產品的烹調方式，他也會解釋當晚菜式背後的文化遺澤**。這樣的合作與對人際互動的關注，讓他的一切努力得到了報償。「我們知道廚師們想要什麼，知道如何以他們希望的方式滿足他們的需求，因為我們已經在餐飲業打滾多年，跟國內頂尖高手有過合作經驗。我自己的廚藝差勁透了，但由於我和大廚們共事，他們提升了我的程度。」羅伯茲點了第二杯啤酒：「我們所做的一切，背後支持的理念就是我們只關注對美國同胞有意義的事。我們偶然發現某些事可能是有意義的，於是我們拒絕受既有潮流侷限，我們要自己開創潮流。」

每年，羅伯茲都會挑出一種新食材向客戶推銷。若今年收成順利，他希望推出的新產品是中國黑。憑藉著那樣的芬芳、那樣的黝黑光澤、以及如此不凡的歷史背景，他相信這種米必定能創造上百萬的年營收。雖然「蓮花食品」等其他米商也販售多種進口紫米（大部分產自中國），但多半沒有安森磨坊的美國有機紫米來得香氣迷人。在「中國黑」紫米能夠上市銷售前，安森磨坊的公司官網就已經列出幾款相關產品，從袋裝「中國黑」紫米到紫米粥、紫米粉、紫米糊、紫米霜、以及烤過的紫米粉。

由於羅伯茲的紫米抗氧化能力強，他尋思或許能賣些副產品給營養補充品製造商。**此外，他也打算以糕點師傅為跳板，引領新的食物潮流、開創另一個潛在市場。**他滿腔熱情地說：「這就得靠他們掀起某種新奇粥類料理的大流行了。」

羅伯茲之所以如此積極，部分原因在於他想彌補2009年的那次打擊。「中國黑的種子全沒了之後，廚師們對我痛罵一頓。我向他們做出供貨的承諾，而他們希望立刻就能拿到。他們不想等待。」為了羅伯茲本人與安森磨坊的聲譽，「中國黑」必須成功，並成為餐桌上的新潮流。「當時我沒能履行向廚師們做出的承諾，如今我要捲土重來。」我問羅伯茲，他打算如何為中國黑創造市場需求？他回答行銷計畫早就有了，這套策略很簡單：挑出能引起廚師們關注的穀物，然後把貨交到他們手裡；接下來就靠他們的明星魅力與人脈來開創潮流了。簡單來說，就是讓客戶幫你做行銷。「我把價值兩千美元的米交給了尚恩．布洛克。」他會心一笑：「跟你打包票，不到兩個禮拜內安東尼．波登和張大衛就會一起坐下來，吃著我今天給尚恩的米。」

名廚引領潮流

幾個鐘頭後，我們動身前往麥奎帝餐廳吃晚餐。隨著夜色降臨，餐廳裡逐漸坐滿衣著講究的查爾斯頓當地居民。穿著泡泡紗面料西裝、打上領結、以優雅紳士風度為妻女開車門的男士們，領著家人走進餐廳入座。羅伯茲還沒換掉一身髒兮兮的牛仔褲與工作靴，但餐廳服務人員待他宛如英雄大駕光臨。畢竟，他的大名出現在菜單中的當地農產專頁，等於是為主廚尚恩・布洛克所選用的食材背書；**讓餐廳因爲他本人與安森磨坊的穀物、知識、及啓發性而增色**。

「這三者當中，至少其中之一發揮了影響吧。」羅伯茲輕聲一笑。

這頓飯吃了幾個鐘頭，我們在微醺中欣賞布洛克使出看家本領，拿出私藏食材（把自己養的非洲豚鼠製成火腿，碳烤自己種的紅蘿蔔），瞧瞧他能把安森磨坊的穀物做成怎樣的美味。他端出的菜包括煙燻鱒魚泥，上頭灑滿帶有海水鹹味的晶亮魚卵；而墊在魚泥下方的，是以加拿大古老原生種紅法夫小麥為原料，經烘烤而成的質樸脆餅。另外還有安森磨坊的爆米花，配上口感出奇滑順的味噌沾醬與豌豆湯。而塗上了奶油，吃起來紮實、有嚼勁的麵包，是由安森磨坊的玉米粒、燕麥及白芝麻揉製而成。巧克力派也加了白芝麻、以及一層白芝麻醬。最後我們以海島紅豆粉做成的「羅伯特・李將軍香橙檸檬蛋糕」結束這美好的一餐。

這些樸實無華的菜餚，**帶有極簡風格的優雅**。其中有一道菜，陶盤上似乎只擺了兩小片薄脆米餅，上頭淋了些看起來像奶霜的醬。但餐廳侍者慎重其事地解釋，這道菜其實是脆煎牛腱，淋在牛腱上的是松露霜。我嚐了一口，立刻感受到這片看似輕盈的牛腱，竟散發出濃郁的牛肉高湯香氣；而來自森林的松露則將我帶回泥土、感受它的芬芳。那是我多年來享用過最美妙、最不尋常、卻也最不賣弄的一餐。

在雞尾酒與葡萄酒的觥籌交錯之間（這描述不誇張，我們在第一道主菜上桌前已喝了三種酒），羅伯茲暢談他不斷推出新品、打造「中國黑」這類新食尚潮流的背後動力是什麼。這年頭，種子研究已進入數位化時代。農業專家可坐在電腦前進行穀物的ＤＮＡ定序，根本不必親身務農就能培育出新品種。我們逐漸失去與土地的連結，同時失去了農耕帶來的鄉土意識與文化情懷，也不再關心餐桌上的農產品是怎麼來的。

誠然，安森磨坊銷售穀物的對象是高端顧客（他們的產品較競爭者貴上許多），但羅伯茲懷抱著「俠盜羅賓漢情結」來看待自己的使命。２００３年，當這家公司剛起步的時候，他成立了「卡羅萊納黃金米基金會」。這個非營利組織資助卡羅萊納米飯廚房傳統穀類的研究，**並且將穀物免費送給全美各地感興趣的農人**。該基金會也與農業部共同資助研究計畫，譬如「中國黑」的多項測試。「我的使命是復甦瀕臨絕跡的作物，並確保這些作物被擴大栽植的管道暢通。」迄今，他已經免費送出七十噸的種子，包括捐贈小麥至日本福島核災波及的輻射農田；並協助美國西南部霍皮族原住民復育幾近絕跡的藍玉米。對羅伯茲來說，安森磨坊只是為基金會籌資、進行推廣的一項工具。

「公眾完全不關注農產品是如何耕作飼育的，他們只在乎東西好不好吃。」羅伯茲總結了他從事的產業有著極為分歧的兩端：「公眾在意的是味道，若他們對食物有鑑賞力。這就是為什麼我們要訴諸於菁英，先讓這百分之一的人產生興趣。」**這可說是透過食尚風潮，自上而下推動的社會改變**。安森磨坊生產的穀物，僅佔南卡羅萊納州總產量的極小部分，更別說在全美國的市場佔比了。但由於羅伯茲鎖定全世界最受推崇、曝光率最高的主廚，讓自己的公司名稱印在他們的菜單上；他也提升了這些主廚的知名度、以及身為味蕾達人的影響力。他將自家穀物推向潮流前端，然後運用這股潮流的成功（及獲利）來達成復興卡羅萊納米飯廚房、拯救美國本土穀物的使命。他創造的食尚就如同特洛伊木馬，在潛移默化中促成了他一心想實踐的社會、環境、與歷史趨勢。

「我到了年紀大的時候才進入這一行。」羅伯茲說：「但這是好事，**假如我是年輕的時候就投入，我可能得花工夫證明自己是對的**。但我只是希望能培育出足夠的種子，讓任何有意栽植、販售的人都能得到中國黑種子。考慮到自己的年齡，我可能還是得多少賺點錢。這次創業足足花了我十五年呢。」

此時布洛克走出廚房，端來兩只深色的手工陶碗，旁邊擺著錫湯匙。碗裡飄出甜甜的堅果香，送到面前後，我們才看到每個碗都盛著約半杯的中國黑，米粒晶瑩飽滿。「我們僅用水來低溫蒸煮，最後加一點點奶油。」布洛克顯然對這項食材相當滿意：「廚房裡的工作伙伴根本不敢相信。它不需要添加任何東西，自然就會釋放出美味。這是世界上最棒的食物。」

我從來沒嚐過這樣的米：純淨質樸，口感實在、有嚼勁。它帶有乾燥土地的幽微香氣，澱粉成分則為米粒表層帶來滑順質感。我可以理解中國帝王為何將它指定為貢米，像囤積金銀珠寶般收藏起來。這種米吃起來像糖，是臻至藝術境界的穀物。

在我們大快朵頤時，站在身後的餐廳侍者說：「布洛克只讓我們每個人試吃一小湯匙，幾粒米而已。它的味道讓我聯想到冰淇淋，真的太不可思議了。」

「尚恩，我三年沒吃過這個了。」羅伯茲聞著碗裡的香味，臉上露出燦爛微笑。多年來的辛勞、盼望、與沈痛打擊，都在瞬間隨著米粒散發的熱氣一同消失無蹤。

我們的晚餐到十一點才結束，五個小時的用餐時間內喝了太多酒，於是羅伯茲點了濃咖啡，然後一飲而盡。我已經幾乎意識不清，但他還得開兩小時的車回哥倫比亞鎮的磨坊，在那兒睡兩小時後，凌晨三點起來碾種子，隔天早上準時把訂單上的貨運送出去。接著他會到另一處田地跟我碰面，然後再開四小時的車去夏洛特市，當晚從那裡搭飛機返回紐約的家。當大部分和他同年齡的男人想著退休生活時，他正以二十來歲的精神大步向前。在羅伯茲看來，他要創造的食尚風潮才剛剛萌芽。身兼農人、鼓吹者與夢想家，他懂得**借用名廚引領潮流的影響力**，藉此改變餐飲界食用穀物的方式。他駕車駛入夜色，毫不理會車上的安全帶警示燈一路作響（他從來不綁安全帶）。這讓我想起，當我問安娜．麥克朗博士，羅伯茲究竟是潮流先驅、抑或是純粹失心瘋，她是這麼回答的。

「這個嘛……」她想了一會兒。「我想大部分潮流的奠定者，都是**行事異於常人的瘋子**。」

參　主廚：點菜成金的魔法師

每個由主廚引領的食尚風潮，背後緣由皆不盡相同，有可能是主廚自身的天分與性格，也可能是時機、運氣或媒體矚目。要讓某樣東西流行開來，光靠單一因素是無法成立的，必須有多種機緣因果合力促成。

在我初次造訪皮卡（Picca）餐廳時，服務生向我推薦：「請務必嚐嚐我們的藜麥蔬菜燉肉湯！」這家位於好萊塢的熱門餐廳，是由秘魯出生的主廚李卡多·薩拉德（Ricardo Zarate）負責經營。好萊塢餐廳侍者的口才令人嘆為觀止，可說是服務業的拔尖人才：**這是一群態度積極，比任何其他城市侍者外型更出色、表演更到位的演員**。他做了五分鐘的菜色介紹，同時解釋皮卡餐廳的概念（基本上就是秘魯小菜的升級版）、招牌飲料（葡萄釀成的皮斯可白蘭地）、以及使用食材（黃辣椒）。之後他向我們透露一個小秘密：「你們星期一晚上來是最好不過了，因為這時候會出現許多**專業人士**。」

他眼光灼灼地看著我和三個朋友，用熱忱籠罩我們。「所有大廚和美食部落格作家都會在這天來我們餐廳。」在他說這番話的當下，舊金山一位難求的「龍山小館」主廚丹尼·包溫（Danny

Bowien）無巧不巧地走了進來，身邊伴隨著一群衣香鬢影的朋友，看起來全像家裡開了高檔古典服裝精品店。他們在我們後方的桌子坐定，餐廳服務生露出微笑，再度向我們推銷藜麥蔬菜燉肉湯：「相信我，這是所有美食部落格都大力推薦的一道菜。」

出於好意，我們點了這道菜，另外再點了十來種小菜；這些菜充分展現出經過薩拉德點石成金的秘魯風味。餐廳裡人聲鼎沸，氣氛有著熱烈的拉丁風格，但裝潢卻走日本式的簡約路線，譬如他們在原木吧台後方擺了一個串燒烤爐。我先點了一杯由義大利葡萄白蘭地、杏子白蘭地、檸檬、甘蔗汁、艾普羅香甜酒、氣泡礦泉水調成的雞尾酒。這杯酒還加了點杜松香，好讓顧客喝第一口時就能嗅到森林的芬芳氣息。我的朋友馬可點的是秘魯國酒——皮斯可酸酒。這是一種由皮斯可白蘭地、萊姆、檸檬、以及蛋白霜調製而成的雞尾酒。餐廳菜單上宣稱它會「讓你樂到搖頭擺腦」。菜單上的描述大多異想天開，甚至有些故作可愛，要不是食物本身美味指數破表，這些文字其實還挺招人厭的。

我們第一道端上桌的菜是炸雞皮。盤子裡堆滿金黃酥脆的雞皮，配上胡椒大蒜蛋黃醬。其他菜餚還包括：烤南瓜沙拉搭配嗆鼻的味噌醬；用高溫噴槍炙燒表皮、刷上一層辣醬的生鮪魚，並以黃豆製素肉拌萊姆汁與檸檬汁做為裝飾；三種口味一組的馬鈴薯泥壽司，鋪了燻鮭魚並淋上黃椒優格。加了炒蛋、覆盆子果實大小的秘魯玉米粒、帕馬森乳酪、以及脆炸蕃茄片的南瓜燉湯，完完全全沒辜負它的盛名。我們大約點了十道小菜，每道都好吃得不得了，但那位服務生推薦的藜麥蔬菜燉肉湯（將清爽多汁的南瓜與藜麥一起燉煮）確實值得一嘗。豐美的食材經過精心烹煮，成為風味十足的宜人料理。

藜麥蔬菜燉肉湯可說體現了撒拉德的烹調風格。來自家鄉的樸素食物經過他的重新創作，成為出人意表、甚至構想大膽的美食。

「我這輩子沒吃過這麼好吃的菜。」朋友凱爾忍不住讚嘆。我們全都跟著附和，一邊讚美這道菜有多美味，一邊打量碗底剩下的藜麥，準備來個先搶為贏。

食尚風潮領航員

在創造下一個美食風尚的爭霸戰中，主廚的地位猶如海軍陸戰隊隊員。**許多人渴望晉升到這塊領域的最高階層，但最後能夠被挑中的人寥寥無幾**。大部分的人都熬不過魔鬼訓練、生理與心理的考驗以及成為菁英之前低得可憐的薪水。這個成為冠軍廚師的夢想，可能在他們初次上陣當服務生，應付不斷上門的顧客、把肉煮得太老、全身汗流浹背、忍受老闆辱罵的時候就煙消雲散了。

那些少數熬過來的人，也不保證就能獲得成功。大家都想當那個引領食尚風潮的人，但成功除了天分與歷練，還需要相當的運氣。引人注目的新趨勢通常來自籍籍無名的廚師，他們付出了汗水、眼淚和刷爆的信用卡；而名廚領銜的豪華餐廳經常一開幕就走向落幕，他們的最後遺澤是窗戶上貼的店面出租招牌。

主廚是飲饌世界的創意階級。誠然，大多數在餐廳裡忙活的主廚，都稱不上是烹飪界的畢卡索及貝多芬。他們僅僅是日復一日供應同樣的食譜餐點，因為上門的食客期待餐廳菜單保持不變，而這樣的期待是有理由的。沒有人希望每次點烤雞佐馬鈴薯時，吃到的作法都不一樣。但即使是控管最嚴格的廚房，依舊存在著一定程度的創新。

也許是主廚某天打開冰箱，發現蕪菁買得太多了，於是臨時想出一道今晚特餐；也可能是主廚臨時起意，不用橄欖油而改用芝麻油來拌沙拉。**這些出於機緣巧合、結合了經驗與想像的微小改變，偶爾會掀起一股食尚風潮**，為主廚及他們的餐廳創造可觀財富。但若影響力夠深遠，這股由主廚引領的風潮甚至能從根本上改變我們的飲食方式。

時值今日，主廚引領的食尚潮流掌握著前所未有的影響力與能見度。過去二十年來，媒體開始對他們大肆關注。螢幕上出現了「美食頻道」、以及「頂尖主廚大對決」（每季的播出，將產生二十一位新科名廚）這類廚藝競賽節目；網路上還有一整個由美食部落格、評論網站及社群媒體構成的生態系。它們不僅強化了主廚也是藝術家與社會名流的觀念，更為主廚們帶來實際走進餐廳的饕客之外的廣大觀眾。主廚文化變得流行，帶給餐飲的衝擊就如錄音技術發明為音樂家帶來的衝擊。在留聲機問世前，樂隊與歌手只能在舞台上吸引觀眾、發揮影響，一次表演一個節目。然而，當他們可以銷售唱片時，**只有銷售管道能夠侷限他們的影響力**。

現今的主廚亦復如此。他們不再受限於實體廚房，創造的食尚風潮比前輩們更快、更廣、影響更大。他們的創意從一間廚房出發，散播至整座城市的餐飲業，然後飄洋過海到了其他國家，直到某一天你不自覺地詢問超市肉品區工作人員，他們有沒有賣牛頰肉時。你甚至想不起來自己是如何培養出對牛頰肉喜好。

由主廚推動的食尚風潮有幾種形式。其中影響最深遠、最持久的一種，是**推出一套全新風格的烹調與飲食方式**。這類風潮與其說是技術上的革新，不如說是思考模式的轉換；影響所及不僅餐廳及其菜單，也包括食物如何被栽種、銷售以及在家烹調。而最佳的例子是名廚愛莉絲．華特斯（Alice Waters）與她的獨特人格帶動的烹飪新趨勢。１９７１年，她的餐廳「帕妮絲之家」在加州柏克萊開張。

「帕妮絲之家可說是嬰兒潮世代投入美國食物革命的終極展現。」《芝麻菜合眾國》（The United States of Arugula）作者戴維．坎普（David Kamp）寫到美國飲食史時指出：「**這些人十分自得於他們改變了整體飲食文化**。」華特斯的烹調有著高蹈理想，她重視食材來源更甚於料理方式與風味，並且建立了從農場直接到餐桌的新鮮、當地及當季有機標準。如今小至提供「加州式」料理的少數嬉皮精神餐廳、大至「奇波雷墨西哥燒烤」（Chipotle）這類全國連鎖店，無不以自身肉品與農產品食材符合上述標準為賣點。這股風潮也催生出「亨式有機蕃茄醬」這類超市商品。

除此之外，主廚們引領的食尚風潮為餐飲服務業創造了全新的經營模式。１９８９年，洛杉磯甜點主廚南西．希維爾頓（Nancy Silverton）創立了「拉布列亞烘焙坊」（La Brea Bakery），專門販售純手工麵包。這家烘焙坊暴得大名後，希維爾頓被譽為天然酵母麵包女王，而手工麵包專門店與兼賣咖啡的烘焙坊也在世界各地紛紛出現。

也就是說，兩種過去幾乎不存在的新型態事業就此問世。接著，希維爾頓在1998年與合夥人創立了一家工廠，專門生產未烤熟麵包，這些麵包出爐後立即冷凍、配送至全國各地的商店與餐廳。這麼一來客戶就能將這些麵包放進爐子裡加熱，讓成品嚐起來像剛烤熟般新鮮。拉布列亞烘焙坊沒多久便成為全美最大手工麵包供應商，旗下產品的成功再次革新了烘焙產業，讓高品質的新鮮出爐麵包成為任何家裡有冷凍庫、有烤箱的人都能吃到的美食。「它提升了美國消費者對麵包的品味。」希維爾頓相信：「這種消費麵包的方式會一直延續下去。」

主廚開創食尚潮流的途徑，可能是**研發新口味**，**或推廣特定食材與調味方式**，然後將之融入在餐廳菜餚或超市販售的洋芋片中。紐奧良名廚保羅．普魯東（Paul Prudhomme）在1980年代，讓「肯瓊」（Cajun）料理成為風行全國的熱門菜式。雖然肯瓊料理內含豐富的路易斯安納州文化歷史，融合法國、印地安、以及非裔美國人的烹調方式與風味，但普魯東的最大影響似乎是在他所謂的「香料按摩入味」，即把魚或其他肉類浸在黃油中，然後灑上一層百里香、奧勒岡、紅辣椒、胡椒粒、鹽、大蒜粉、洋蔥粉混和而成的香料，再放進已經預熱的長柄平底鍋煎熟。

雖然肯瓊料理當中的黑血腸和烤小龍蝦，從來沒能在明尼阿波利斯市或溫哥華這類地方成為家常主食，但幾乎每家海鮮餐廳都會供應香煎黑魚柳；而且只要一提到「肯瓊」這兩個字，就會令人聯想到濃濃香氣、重口味和焦黑表皮的菜餚。

最後，主廚的食尚風潮也可以是**單一經典菜餚**。熔岩巧克力蛋糕在1991年有如維蘇威火山爆發，一躍而上世界各地的甜點菜單。儘管紐約的法式餐廳主廚宣稱他們是這款甜點的創始者（主要是賈克．多雷斯、以及尚．喬治．馮格瑞希登），但也有人認為想出讓熱巧克力舒芙里蛋糕中央爆漿的，應該是法國的新浪潮廚師，包括米榭爾．布赫及阿蘭．杜卡斯。

這種蛋糕製作起來非常簡單，而且材料便宜、永遠都討人喜歡（誰能抗拒香濃暖口的巧克力醬？），所以在推出二十年後仍是菜單上的主要甜點。**跟杯子蛋糕一樣，它們自成一個宇宙，也衍生出無數種類**（酷辣墨西哥巧克力、白巧克力、覆盆子巧克力）以及一個以熔岩巧克力為主軸，上至「蘋果蜂」（Applebee's）連鎖餐廳的餐後甜點、下至好事多冷凍食品區加熱即食商品共同構成的經濟體系。

成功絕非偶然

李卡多．薩拉德相信自己有潛力、也渴望著開創像這樣的潮流。打從2009年開始，這位年屆四十的名廚在洛杉磯開了三家高檔餐廳，以不同面向展現他帶有日式風格的現代秘魯料理。他的手藝頗受當地美食評論家喜愛，也獲得了其他主廚的讚賞；這讓薩拉德成為洛杉磯料理界的一號響噹噹人物。後來，他的名氣也逐漸在全美國傳開。他是野心勃勃的味蕾達人，**但他也凸顯了廚師要能真正帶**

動食尚風潮，得先克服多少困難。

薩拉德生於秘魯首都利馬，有著寬闊的肩膀與光澤黑髮。他笑容燦爛，圓鼓鼓的兩頰如新生兒般，臉上蓄著絡腮鬍。他的母親是養育十一個孩子的家庭主婦，父親則是計程車司機；他就在一間擠滿兄弟姊妹的簡陋屋子裡長大。這家的孩子到了十二歲，就得負責下廚為全家人做菜，每做滿六個月交接給其他手足。「我們沒有選擇，這是一項責任，不過我在那之前就開始喜歡做菜了。」我們坐在薩拉德於洛杉磯市中心開的莫奇卡餐廳（Mo-Chica）喝咖啡，他回憶道：「當年我總想變個法子，把掌廚的工作偷渡過來。」

在薩拉德滿十二歲，開始進廚房負責餵飽全家後；他立刻迷上了做菜，也迷上了做出一桌好菜、受到家人讚賞的感覺。為了滿足自我肯定的欲望，每次下廚他都設法做得比上次更好，並發誓每晚都要有新東西端上桌。他向朋友的媽媽們討教做菜技巧與訣竅，甚至存錢去上報紙廣告裡的烹飪課。到了十六歲，他在一家大企業擔任警衛，公司裡有許多日籍主管（利馬有為數不少的日裔人口）。薩拉德偶然間聽到兩名主管談起一年一度的聖誕節員工烤肉會，於是他立刻自告奮勇，表示自己願意為全公司八百名職員打點這次活動的餐飲；儘管當時他唯一的經驗僅限於自家廚房。

隨著聖誕節的腳步越來越近，他向一名朋友的母親學了幾道料理，因為她當時正在一個日本家庭裡當幫傭。最後他在烤肉會上，端出了以醬油、芥末、芝麻和檸檬辣椒（一種秘魯料理常用，帶有柑橘香味的辣椒）調味的章魚大餐。

這次經驗，可說決定了薩拉德往後的烹調風格。他辭掉警衛工作，前往餐飲學校完成三年學業。這時，秘魯政府正陷入與左派游擊隊「光輝道路」的血腥衝突，大部分秘魯平民的生活陷入愁雲慘霧。「我很憤怒。」薩拉德說：「國家發生戰爭，到處都有炸彈。整個國家被毀了。」到了1994年，他在逼不得已的情況下取得學生簽證、飛往倫敦，來到一切皆如此陌生的城市。時值壽司當道，他在一家日式餐廳找到了工作。接下來的幾年，他在幾家日式餐廳的廚房一路往上爬，直到2004年搬到洛杉磯，才終於在一家壽司餐廳當上了主廚。

2009年，薩拉德開始感到心煩意亂。雖然工作已經很上手，閉著眼睛都能做出手藝精湛的壽司；但他三十六歲了，總渴望能做出更貼近內心理想的食物。他相信自己有能力，讓秘魯料理擺脫像外送烤雞這種**廉價異國家常菜**的形象，而當時大部分美國人確實是如此看待秘魯料理。將秘魯料理推廣到全世界的聲音在當時業已存在，首開先河的是利馬名廚嘉斯東．阿古里歐（Gastón Acurio）。他在拉丁美洲與其他國家開了不少頗受歡迎的塞維切（Ceviche）酸醃海鮮餐廳，並得到媒體界的矚目，連《經濟學人》這些非美食類刊物也競相報導，預告秘魯料理將在二十一世紀風行全球。「阿古里歐對秘魯的貢獻太大了。」薩拉德說：「他讓同胞們頭一次能夠為我們國家感到驕傲。」

薩拉德拿出三萬美元的積蓄，買下洛杉磯市中心美食街一個拉丁美洲料理區的小攤子。那裡可不是洛杉磯饕客打牙祭時會想去的地方。他將自己的攤位取名為「莫奇卡」，料理的核心概念是薩拉德所謂的「秘魯，很高興認識你」。菜單上有六道菜，都是薩拉德在家最愛做的料理。若他能買到更好的食材，他便會將菜色更新。店裡賣的有燉牛尾、雞肉飯、燉海鮮、藜麥燉飯、羊肉乾、炒牛肉。他也向日本魚貨供應商買來生魚片等級的鮮魚，以萊姆和檸檬汁醃製成酸橘汁腌鱼。「我不擔心成本。」他說：「**我只希望大家吃了一口後，能發出讚嘆聲。**」

當幸運來敲門

可惜沒有任何顧客誇獎過任何一句話。薩拉德原本指望附近的南加大學生能成為他的主要客源，但他們對他推出的菜絲毫不感興趣。當地的拉美籍服裝廠工人則認為他賣得太貴了。莫奇卡開張的第一個月，每天營業額平均僅兩百美元，這讓薩拉德沮喪不已。所幸口碑逐漸傳開，有心尋訪美食的饕客競相走告某個意想不到的地方，出現了一家專賣絕佳秘魯料理的好店。

他們在Yelp這類社群網站或自己的部落格，上傳讚不絕口的評論（特別是對酸橘汁腌鱼這道菜）。有一天，薩拉德看到「貌似喬治華盛頓」的男子在窗外拍照，於是上前問對方是否為部落客，但得到的回答模稜兩可。沒多久《洛杉磯週刊》出現一則關於莫奇卡的美食評論，薩拉德才明白那天來拍照的神秘男子，竟然是曾獲普立茲獎的美食評論家強納森．高德（Jonathan Gold），**即洛杉磯餐飲界最受歡迎、最有影響力的味蕾達人**。

「自從松久信幸二十多年前闖出名號後，洛杉磯就不難找到高水準的秘魯海鮮料理了。但莫奇卡的菜更樸實、更有感覺、也更具秘魯特色，同時融合了高山與海洋的風味。」高德在他的評論裡如此寫道，並指出曾經在秘魯掌廚、後來建立了餐飲帝國的日籍名廚松久信幸，在1990年代開創了一股新潮流：**融合異國風味的創意壽司料理**。「薩拉德以親民的價格，提供手藝精湛的秘魯料理；而他目前為止呈現的菜餚，口味鮮明、食材搭配絕妙的程度，沒有任何其他洛杉磯秘魯餐廳能夠匹敵。」

高德的這番評論刊出後，薩拉德的事業變得不可同日而語，餐廳的營業額頓時暴增三倍，店外排起長長的人龍。其他當地媒體聞風而來，紛紛刊登對莫奇卡的相關報導及評論；而有意投資薩拉德的金主們也前仆後繼地登門造訪。「高德真的救了我一命。」薩拉德坐在2012年於市中心重新開張，裝潢如閣樓的莫奇卡餐廳裡，回憶這次的命運轉折：「我會永遠銘記在心。」

薩拉德創造食尚潮流的野心，建立在發揚特定口味的信念上。「我想開創一種新趨勢。」他解釋：「創造出全新、但不走極端的料理。你會對它們感覺到熟悉，卻又想不起來為什麼熟悉。」他有意發揚的口味以經典秘魯食材為基礎，像是黃辣椒、黑薄荷、全穀藜麥、以及亞馬遜河流域的巨骨舌魚。若這個想法能成功，薩拉德不只希望能在洛杉磯、紐約、芝加哥等大城市開設多家分店，也期待其他廚師能受到鼓舞，接受並運用他所提倡的調理口味；直到全國家家戶戶的廚房裡都有黃辣椒、每個人烤肉都用羊駝排時。「秘魯料理是有待磨光的鑽石。」薩拉德對我說這番話時，臉上流露出希望的光彩。

薩拉德的燦爛笑容，讓這一切聽似注定成真，尤其在我剛品嚐過他的豐盛炒牛肉之後。這道秘魯菜用的是牛的嫩腰肉，放進煎鍋裡和黑胡椒、大蒜、青蔥一同拌炒，再搭配濃稠、香甜的紫玉米汁烹調而成。然而廚師要能達成開創食尚潮流的野心，**必須經歷一段漫長崎嶇的道路**，忍受夢想破滅的挫敗、時運不濟的打擊、毫無成就感的工作。擁有開創食尚風潮夢想的廚師，不見得就能做出足以掀起流行的菜餚。食尚風潮雖沛然莫之能禦，卻也無從預測，比在股市裡挑選高獲利股票更為困難。每個由主廚引領的食尚風潮，背後緣由皆不盡相同，有可能是主廚自身的天分與性格，也可能是時機、運氣或媒體矚目。要讓某樣東西流行開來，光靠單一因素是無法成立的，必須有多種機緣因果合力促成。

美食風尚的流行法則

首先，你需要一名廚師。這名廚師必須有天分、年紀輕（和音樂家一樣，開創新風潮的很少是資深主廚）、獨立自主、帶點傲氣。「**你需要信念和勇氣，才能捍衛自己的想法、嘗試別人不做的事。**」洛杉磯的南韓籍名廚相佑（Sang Yoon）如此表示。相佑可說在千禧年初開創了兩股食尚風潮：美食級漢堡及所謂的「美食酒吧」（基本上就是以食物為主角的燒烤店）。「現在的東西不是極度講究有機，就是根本不來這一套。」相佑在洛杉磯土生土長，也在洛杉磯幾家頂級餐廳的廚房裡幹過活，包括名廚沃夫岡．帕克（Wolfgang Puck）的「麥可中國菜」（Chinois and Michael's），這是一家位於好萊塢的餐廳，以牛排及芝麻菜沙拉聞名，後來成為加州料理的發展重鎮。不過在相佑於１９９９年買下他最喜愛的聖塔莫尼卡潛水酒吧（取名為「老爸辦公室」）、準備將其改造成供應正統西班牙小菜的酒吧前，這家餐廳還沒什麼名氣。

「我們提供道地的安達魯西亞小菜。」相佑描述餐廳最初的菜單：「鯷魚、臘腸、起司拼盤和任何可以在電話亭大小的廚房裡做出來的菜。」一開始餐廳生意冷清，直到某天相佑的一個朋友建議他把漢堡放進菜單。相佑是那種**具備追根究底的研究精神、會窩在實驗廚房裡拼命改良食譜**的主廚。當他決定把漢堡放進「老爸辦公室」的菜單，他便鐵了心要做出全世界最美味的漢堡。他將漢堡解構成幾個基本要素（紮實的肉片、淋醬、漢堡包、起司、味道、口感），然後再把各別要素重新組合起來，凸顯各別要素的同時創造出完美的協調組合。這次研究花了好幾個月的時間，他試作出四十多種漢堡，並且鉅細靡遺地記錄每種漢堡的製作細節及口味差異。最後他將這些資料整理成一張表，依據自己的喜好列出各項標準的排名。接下來，他著手進行實作，透過不斷的實驗組合出心目中最完美的漢堡，終於在２００１年向顧客端上這份心血結晶。

他使用的牛肉，是取自前腰脊肉、用乾式熟成的紐約客牛排，在肉質新鮮時就絞碎做成漢堡肉，因此吃起來肉香十足，照相佑的說法是「紮實得可以自己站起來」。一般漢堡包由於質地太軟，泡到肉汁就很容易吸水、甚至裂開；因此相佑改用烘焙坊買來的半截法國棍子麵包，既經得起烘烤又容易咀嚼。

此外，他在漢堡肉上鋪了稍帶辣勁的新鮮芝麻菜。這是因為他在「麥可中國菜」餐廳工作時就發現，口感略嗆的生菜與牛肉十分搭配。至於起司，他混用了梅塔格藍起司（Maytag）和瑞士葛瑞爾起司（Gruyere）；兩者的結合不但讓起司入口即化，也散發出濃烈香氣。而在肉餅與起司的上方，則鋪著混培根碎片的燴洋蔥，創造出雙重驚嘆號的絕佳味道！做好的漢堡被放進小籃子裡，伴著堆得像小山高的薄脆薯條。

當食客狼吞虎嚥享用「老爸辦公室」的漢堡時，鹹香滑潤的肉汁從他們的嘴邊流到下巴，也流入他們的心（情感上及血管內）。這裡的漢堡比大部分同業賣得更貴（剛開始每個漢堡標價10美元，如今漲到12.5美元了），而且相佑堅持「老爸辦公室」的漢堡配料**不能更動**。洛杉磯人點菜的時候通常會帶上一句「起司保留，把麵包換成生菜，牛肉換成魚」這類台詞，養生原則簡直成了飲食戒嚴令。「大家都說，我們的作法未免太大膽。我們遭受到相當多抨擊。」相佑回憶這件事時，我們正站在已搬遷至斑鳩市的「老爸辦公室」店門外。但他依舊堅持作風，而「辦公室漢堡」也在許多方面深深地影響了美國人的用餐選擇。

首先，「老爸辦公室」掀起了一波**美食級漢堡**的軍備競賽，戰火從洛杉磯擴及紐約。法籍名廚丹尼爾·布呂（Daniel Boulud）在他位於紐約的db現代餐廳（db Bistro Moderne）推出了「原味db堡」，絞肉餡採用頂級肋排，文火燉熟後佐以鵝肝醬與松露，夾進自家烘焙的帕馬森起司口味漢堡包。布呂的這款漢堡表現出典型的**美式奢華**，雖然一個要價三十二美元，卻點燃了舉國上下對美食級漢堡的狂熱。而其他餐廳有樣學樣，也爭相做出比同業更花俏奢靡的版本；從淋上魚子醬的漢堡、到紐約市一個標價六百六十六美元，用金箔包裹肉餡、以玩笑態度推出的「愚人堡」（Douche Burger）。

就連「漢堡王」也加入了這次戰局，在倫敦西區分店推出標價九十五美元的美食級漢堡，奢華用料包括神戶牛肉、白松露、西班牙伊比利火腿薄片、酥炸以路易侯德爾水晶香檳醃過的洋蔥圈（幸而這次的宣傳噱頭收益全數捐出，作為慈善用途）。

家常菜精緻化風潮

相佑的漢堡除了激發奢華食材爭霸戰，也讓整體餐飲業的漢堡品質在各方注目下，有了相當程度的提升。漢堡在**戰後美國文化**中，可說佔據著最核心的地位，近年則在連鎖快餐業者的把持下變得高度商品化，以致於很少有人會去思考他們賣的漢堡品質為何。但如今全美境內，無論是高檔餐廳或家庭式小館子，幾乎每家餐廳的菜單都會出現美食級漢堡；再加上媒體的主動報導，就連最不起眼的酒吧、或規模最大的連鎖快餐店，都開始回頭檢視自己的漢堡品質。

過去廚師用的漢堡排是冷凍肉餡，現在他們開始試驗各種絞肉組合，譬如牛裙肉混牛小排或熟成沙朗牛排混牛臀肉。他們為這些漢堡烘焙出口感最佳的漢堡包，並研發了各式各樣的調味方式與淋醬。就這樣，**漢堡從不入流的食物一躍而成值得矚目的佳餚**。相佑幾年前造訪香港，在一間購物商場的美食街吃到美食級漢堡時，他才真正體會到這波食尚風潮的影響力。「店外大排長龍。」他回憶那次經驗：「這真是太棒了。我灑下一粒種籽，如今親眼看著它遍地成長。」

更重要的是，「老爸辦公室」讓我們知道手藝精湛的廚師只要有個能好好做菜的廚房，就可以在任何毫不起眼的地方以合理價格提供頂級美食。「我的漢堡開創了一個影響廣泛的潮流。」相佑說：「這是頭一回有系出名門的主廚走出鋪著桌巾的高檔餐廳，到家常小館裡做菜。我正是首開先河的那個人。」

當然了，其他主廚或許會對他自詡為精緻家常菜以及美食酒吧的先驅不以為然；然而他那廣受歡迎的漢堡與「老爸辦公室」的經營模式，確實在百年來庶民飲食的重大改變中扮演了頗具份量的角色。自從他開了這家餐廳，才華洋溢的年輕廚師們**不再受限於階級分明、花俏昂貴的歐式料理**，紛紛轉而投入更平易近人的家常菜餚，做出自己真正想呈現的美食；無論是老祖母的義大利麵、完美的烤雞或精心製作的燻鹽醃牛肉。對於這些不屬於高級餐廳菜單的料理，饕客與美食評論家給予了它們同等的尊敬。相佑的「辦公室堡」可說為餐廳的民主解放革命打響了第一槍。饕客不必再西裝筆挺走進餐廳，安安靜靜享用高級料理。**如今外食變得更普遍，甚至成了一種全民運動**。除此之外，「老爸辦公室」間接促成了一些熱門餐廳的興起，像是張大衛的幸運桃麵館、波特蘭市的泰國街頭料理聖地「帕卡帕卡餐廳」（Pok Pok）、以及舊金山市絕不可錯過的龍山小館。這類餐廳的成功受到廣泛矚目，竟使得鋪著白桌巾的餐廳淪入瀕臨絕種名單。

韓裔美籍名廚崔洛伊（Roy Choi）是這波家常菜精緻化風潮的另一名受益者。他的家族從南韓移民至洛杉磯，在當地開了幾家小餐館、超市及酒類專賣店，因此崔洛伊在成長過程中都繞著食物打轉。高中時代他到餐廳裡打工，二十幾歲時則前往紐約闖蕩，在法式海鮮餐廳「樂貝納當」（Le Bernardin）等知名餐廳的廚房裡待了幾年，然後回洛杉磯的飯店裡工作。若非命運之神降臨，他可能得繼續在不同餐廳的廚房裡奮鬥下去。

２００８年中，金融風暴重創美國的餐飲業，崔洛伊也因此丟了工作。不久後，一個娶了韓國妻子的菲律賓人馬克·芒格拉（Mark Manguera）主動找上他，提議兩人合作推出韓式烤肉，譬如燒烤牛肉、辣五花肉、薄脆牛小排，然後用玉米捲餅包起來，淋上墨西哥莎莎醬和韓國泡菜；**等於是把洛杉磯最著名的兩種異國風味結合起來**。

這兩人攜手創業，向洛杉磯的外燴宴席承辦業者租了一輛墨西哥捲餅快餐車，在感恩節過後不久推出他們的韓墨烤肉快餐（Kogi Korean BBQ）。他們每天把快餐車停在不同的幾處地點，並且提前將行程公布於**推特專頁**。結果他們吸引到一群**死忠粉絲**，甚至促成了「韓流烤肉」（Kogi Kulture）這個新詞的問世。這群韓墨烤肉捲餅的愛好者追著他們的快餐車滿洛杉磯跑，就像當年嬉皮追隨「死之華樂團」般虔誠。餐車旁的排隊人數可多達八百人，他們耐心等上兩小時，只為了在街頭享用韓墨烤肉捲餅。

崔洛伊現在有了四部以韓流烤肉為招牌的快餐車，在洛杉磯幾個固定地點流動販賣。此外，他也開了三家能夠讓顧客坐著吃的餐廳。他被《美食與美酒》雜誌捧為全美最佳新進主廚之一，同時也成了享譽海外的名人；而這一切僅僅發生在一個月內。芒格拉提出點子，崔洛伊發想食譜，兩人將餐車開到街上，**結合兩大食尚潮流**的韓墨烤肉捲餅就此精彩誕生。崔洛伊的韓墨烤肉捲餅就跟相佑的漢堡一樣風靡全美，很快便進了各地餐廳的菜單中。

短短四個月內，其他韓式烤肉餐車也紛紛出現在街頭；而不到一年後，「加州創意廚房」、「南方新鮮」（Baja Fresh）甚至「星期五美式餐廳」這類大型連鎖店也開始為主流顧客提供韓式烤肉玉米捲餅。更重要的是，崔洛伊帶頭示範了主廚也能為流動餐車創造美食，並透過**社群媒體**號召粉絲，最終發展成一門賺錢的事業。

韓墨烤肉捲餅推出的幾個月後，洛杉磯新進廚師們也開始走上街頭，購買二手餐車或租用閃亮的新餐車，販售品項從以培根為主的小吃到「思品客」杯子蛋糕都有。其他城市的廚師注意到這一趨勢後，同樣推出了自己的餐車，於是北美以至全世界均掀起了一股**美食餐車風潮**。這不但使許多城市的餐飲經營門檻降低，同時也孕育出一種新型的創業；而韓墨烤肉捲餅可說是它們的共同鼻祖。

成功模式的改朝換代

由主廚引領的食尚風潮，在今日已與上一代有了絕大的差異。現今的風潮與廚房內發生的事較不相干，而是更受媒體報導的影響。**主廚是最仰賴媒體的味蕾達人**，因此他們的個人性格以及是否擅長在鏡頭前表達，變得與刀工或烹調技巧同樣重要。誠如我們在杯子蛋糕熱潮中所見，美食媒體上至新聞報導與評論，下至觀眾或讀者回應；無數訊息猶如引發森林大火的夏季狂風。它們使主廚引領的食尚風潮出現本質上的改變，並加速其演進，甚至扭轉了主廚們推出創意料理的方式。

現今的美食媒體，可說是相對晚近才出現的現象。克雷格．柯來波恩（Craig Claiborne）是《紐約時報》第一個將美食版從以女性讀者為主的家庭烹飪，轉變為專門報導餐廳、主廚以及新菜式的副刊編輯。柯來波恩從１９６２年起推出米其林星級餐廳評論，這為外食添增了競爭成分。

頓時之間，主廚們都渴望擊敗對手、贏得讚賞。而閱讀媒體評論的民眾也受到影響，格外偏好那些榮獲最高等級的餐廳。這種現象的副作用就是跟風盛行，業者們一致模仿受歡迎的菜色、烹調技巧及風味。少數美食刊物，譬如現已停刊的《美饌》雜誌，會特別介紹爐子後方的廚師；但在大部分的時候，廚師們只是一群**沒沒無名的員工**，偶爾才會從廚房走出來，戴著大白帽站在菜色多到離奇的自助餐檯旁接受拍照。要是他們身上有刺青，他們便會設法遮掩。早些年的時候，沒人會把他們當成名流看待。

在這樣的環境氛圍下，**主廚引領的食尚風潮得花很長的時間才能擴展至餐廳之外**，對社會大眾產生較廣泛的影響。他們必須等到有人走進餐廳來實際品嚐，發現某道菜或某種烹調方式與眾不同，然後以口耳相傳的方式把話傳開，直到某家報紙的美食評論家特地前來光顧。若這位評論家的文章刊登在閱讀率高的重要媒體，譬如《時代》雜誌或《華盛頓郵報》，這間餐廳才可能突破既有市場、將新風潮傳播到其他城市。「１９８０年代，保羅・普魯東的香煎黑魚柳花了兩年時間，才從紐奧良流行到奧勒岡州的波特蘭市。拜網路之賜，如今這一切只需十分鐘。」餐飲顧問麥克・懷特曼（Michael Whiteman）和我在「迷迭香餐廳」共進午餐時，做了上述表示。「迷迭香餐廳」是紐約格林威治村一家標榜採用當令本地新鮮食材的餐廳。

懷特曼的「鮑姆與懷特曼餐飲顧問公司」（Baum +Whiteman）創造、培育並追蹤過去四十年來的美食風尚。合夥人喬・鮑姆（Joe Baum）出謀策劃，促成了紐約傳奇性餐廳「四季」（Four Seasons）、「太陽客棧」（La Fonda del Sol）和「十二個凱撒之廣場」（Forum of the Twelve Ceasars）的問世，他也因此被譽為**主題餐廳之父**。這類餐廳使得炫技賣弄的法式餐廳以及愛擺俱樂部派頭的牛排館，原本堅不可摧的地位開始動搖。鮑姆與懷特曼早在西班牙酒吧小菜與經典雞尾酒風行全球的二十年之前，就開始嘗試這兩方面的創新了。然而到了１９９０年代末，隨著**傳統和線上媒體**開始大量報導主廚與餐廳，懷特曼發現**食尚潮流的起落輪迴變得意想不到的快**。「食尚的生命週期變得耐人尋味。」懷特曼一邊說著，一邊享用羽衣甘藍與甜菜沙拉。他認為這款沙拉在全美標榜本地當令食材的餐廳中，已成了菜單上絕對不可或缺的前菜。「若肯瓊料理是現在才發展出來，你大可將它視為一時的流行，因為它會在三年內就退燒。」

現今的主廚與餐廳受到了持續不斷的媒體矚目。電視上不但有「美食網」（Food）與其姊妹頻道

「烹飪達人」（Cooking）全天候介紹主廚與菜餚；其他電視網也充斥著大量美食節目（「頂尖主廚大對決」、「地獄廚房」、「廚神當道」、「細細品味」、「蛋糕天王」、「波登不設限」、「費爾瑞帶你吃平民美食」等等）。此外還有報紙上的美食專題報導、以及多到氾濫的國內外美食雜誌（《美味》、《好胃口》、《美食與美酒》、《幸運桃》）。

全國性的美食部落格每天上傳數十篇報導（「食客」、「葛拉布街」、「開飯了」、「認真食記」、「給優」），而幾十萬美食部落客也選定自己的主題，分享關於杯子蛋糕、素食名廚、食譜、各地外食資訊等等。為數不少的社群網站，包括「貪吃論壇」、「城市特搜」、「都會湯匙」、Yelp 及其他興新網站，皆大量刊載對餐廳的推薦與評論。**我們的飲食世界就在這片資訊汪洋中，被鉅細靡遺、從不間斷、永無止境地紀錄、拍攝、評價**。

時值今日，我們將名廚與天才和偉大藝術家相提並論，而且是打從心底這麼認為。他們被狗仔隊偷拍，像好萊塢明星般被索取簽名，每年出版多如牛毛的自傳與食譜。名廚不時談到他們的「個人品牌」，並授權讓第三方將他們的臉孔印在鍋具、服飾、以及包裝食品。最頂級的主廚不需要再每晚下廚，而是到雪梨、香港、新加坡、拉斯維加斯開餐廳，建立他們的帝國。

他們每天忙著上電視、參加慈善活動，終年難得進餐廳巡視。就連名氣不若馬利歐·巴塔利（Mario Batali）、張大衛、或高登·蘭姆齊（Gordon Ramsay）的廚師，一些剛竄出頭來的年輕新秀，只要他們的推特專頁人氣夠高、菜式夠出格，就能在各自的領域被視為**性感象徵**，並受當地媒體與饕客們熱烈追捧。曾幾何時，廚師們的最大野心是開設自己的餐廳；而如今開餐廳卻只是闖出全球名號的敲門磚。

「現在有為數不少的廚師，從一開始就打定主意要出名。」懷特曼認為美食節目與媒體改變了廚師對工作的態度。外界的矚目使得越來越多主廚把滿門心思放在創造媒體感興趣的新流行，而非為顧客做出好吃的菜。年輕後進們不再滿足於耗上十年光陰在廚房裡力爭上游，他們一從餐飲學校畢業就企圖端出最令人驚豔的傑作。「他們都加大了賭注。」懷特曼說：「由於媒體亟需賣點，主廚可能會問：『你需要下筆的題材嗎？我可以來個蛋包燻鹽醃牛肉。你需要下筆的題材嗎？我把淡菜殼磨成粉，混入輕木來燻肉！』總歸一句，何必讓卡戴珊家族獨佔版面呢？所以主廚們無時不刻感受到壓力，覺得有必要展現創意爭取媒體注目。」

照懷特曼的說法，這股趨勢發展的結果，就是食物的價值只在於是否搏得媒體版面。這些主廚端出的料理吃在嘴裡格格不入，進了肚子裡隱隱作怪；食材之間互相衝突，搭配起來口感欠佳。他們可能會用蠔油配血腸，以泰式甜辣醬淋春雞。他們也可能大費周章地將雞肉以真空低溫烹調後，再下鍋爆炒；而不是用新鮮香草與檸檬簡單做出完美烤雞。他們追求的是創造風潮，而非做出更美味的食物。在薩拉德發家致富的洛杉磯這類大城市，當地人對**新奇的創意料理**尤其趨之若鶩。「帶動洛杉磯餐飲業的是食尚風潮。」長期關注當地餐飲發展的《洛杉磯雜誌》美食版編輯萊絲麗．舒特（Leslie

Shuter）如此表示。舒特相信，我們談到的餐廳與食尚風潮，其實都是由一**小群菁英與部落客**所催生。他們發揮絕大影響，主導了熱門餐廳的走向；而九成民眾就往風潮吹過去的地方覓食。「網路部落格改變了一切。」部落格宛如螢幕上不斷流動的新聞跑馬燈，即時分享大量美食訊息。也正因如此，部落客們只關心當下的流行。「假如當下最熱門的吃法是在露台烤全羊，那麼一年後不會有任何部落客再對它感興趣。他們不在乎一種食尚是否能持續或持久。」

這使得食尚風潮變成一場沒有懸念的自導自演。只要有某個媒體或網誌提及一道菜，就會有其他同行爭相跟進，為同樣報導炮製自己的版本，無論主角是美食級漢堡、行動餐車或秘魯料理。其他廚師注意到這些報導，於是也跟著搭上這波順風車，因為這不但是民眾樂意買單的料理，而且自己勢必能藉此搏得垂涎許久的媒體版面。接著，隨著媒體報導越來越多，盛況發展到足以羅列全美十大最佳韓墨烤肉捲餅或死前必吃的五十款漢堡，直到所有人都再也變不出新花樣。這時候媒體會往其他地方尋找新題材，甚至公然宣稱這波流行已死，即便食物本身依舊美味、而且許多人還是吃得很開心。這就是為什麼一家原本天天高朋滿座的餐廳，六個月後卻門可羅雀，儘管供應的食物完全沒變。**媒體享用了這道題材，把賣點消化殆盡，最後毫不客氣地將它沖進馬桶**。

廚師與媒體的美味關係

到皮卡餐廳用餐的兩天後，我回到那裡參加記者與部落客的新菜試吃活動。薩拉德與他的合作夥伴深刻瞭解媒體形塑趨勢的力量，經常主動接觸洛杉磯當地的味蕾達人。貴賓出席的一個小時前，薩拉德和事業夥伴史蒂芬．邦貝特（Stephane Bombet）坐在廚房櫃臺上。邦貝特是法籍音樂製作人，他在第一家莫奇卡餐廳吃了酸橘汁醃魚後，主動向薩拉德自我介紹，深談了五個鐘頭。最後薩拉德握手點頭，同意兩人成為餐廳事業夥伴。「主廚有兩種。」邦貝特說：「有些主廚純粹是**廚藝過人**，譬如保羅．博庫斯、或喬業．侯布匈這些法國名廚。有些主廚則**兼具領導與開創風潮的才能**，像是薩拉德。」薩拉德花了兩個禮拜的時間構思新菜單，而這些新菜將取代三分之一的季節性舊品項。新菜單大部分的靈感來源，是薩拉德在講電話時匆匆記下的。可能是他在其他地方吃到的東西，或供應商送來的食材激發了想法。這些零星想法羅列起來彷彿俳句，譬如「燒烤真空低溫鵝脂茴香、絲蘭章魚帕馬森蛋黃醬」。餐廳主廚李卡多．羅培茲不時從廚房裡端出成品給薩拉德與邦貝特試吃，薩拉德一邊在電話中商量該預先準備什麼照片，一邊指著看起來太樸素的藜麥燉飯，用西班牙語指示羅培茲：「這盤應該要看起來像沙拉，而不是吃起來像沙拉，懂嗎？」他建議廚房為這道菜淋少許阿根廷香芹醬，一種以橄欖油、檸檬汁與新鮮牛至製成的鹹味牛排醬。

「我構思菜單的時候，會先考慮到目標顧客。但我也會針對味蕾達人設計三、五道菜。」薩拉德看著放在日式碳烤爐上，烤得香脆略焦的秘魯堅果紅椒醬燴牛舌，繼續解釋：「他們希望看到具有挑戰性的菜餚。知名作家不會想寫雞肉沙拉，但如果要做出讓他們大為驚奇或讚嘆不已的菜，你就顧不到一般客人了。這就像足球隊，所有的調度都得配合明星球員。」薩拉德將部落客、美食網站評論者及其他數位媒體參與者，視為洛杉磯的餐飲偵察先鋒隊。他們以連篇驚嘆號的評論及 Instagram 照片主題標籤「好好吃」引發熱烈迴響，吸引了主流媒體與評論家的注意。由於後者的權威更勝部落客與網民，他們的助陣鼓舞了一般民眾共同投入這波食尚風潮。莫奇卡餐廳的酸橘汁醃魚正是因此而爆紅，使得美食評論家強納森・高德聞風而來。今晚，薩拉德期待同樣的魔法能再度發生：「但願這些新菜當中，至少有一道能擊出全壘打。」顯然他希望能重啟最初的動能。

不到一個小時內，餐廳樓上已經坐了十來個人。他們圍坐在手工原木桌旁，桌上擺著祈願蠟燭和幾個顆粒黑白相間的碩大秘魯玉米。有些賓客有自己的部落格，其他人則是美食新聞網站或雜誌的特約作家；另有少數賓客來自公關行業。在每位來賓都就座後，薩拉德與邦貝特向他們撥冗蒞臨表示感謝，然後便開始為大家上菜。薩拉德針對每道菜做了相當直接明白的說明。每回廚房裡端出一道新菜上桌，譬如龍蝦雙層馬鈴薯餅，現場的人就拿起手機或超大鏡頭攝影機拚命拍照，簡直像明星走紅毯。薩拉德問：「各位熟悉雙層馬鈴薯餅嗎？」然後他解釋這是以檸檬汁與黃辣椒為冷馬鈴薯泥調味。接著邦貝特徵詢來賓們的意見：「燈光要不要再亮一點？」在部落客們點擊離開貼文時，他調整了上方的照明。

我坐在麥修・康（Matthew Kang）的隔壁，他是全國性美食網站「食客」（Eater）的洛杉磯分部特約作家，也是當地高級冰淇淋連鎖店「杓子」（Scoops）的幕後老闆。打從薩拉德開第一家莫奇卡餐廳時，他就已經是薩拉德的忠實顧客，並且認為薩拉德讓秘魯料理擺脫了廉價異國食物的形象。

「開創這股風潮的是薩拉德。」康一邊說著，一邊享用香氣撲鼻、灑上秘魯黑薄荷醬與涼拌捲心菜的鱸魚串燒。「他把高檔美食變成一般人也吃得起的料理。他的菜份量較小，平均每人五十美元的消費金額也是顧客願意承擔的限度。」接下來眾人前往皮卡餐廳。康認為這家餐廳不僅在洛杉磯餐飲界位居最頂尖之列，你也能在這裡吃到全美國**絕無僅有**的獨特美食。「從部落客的角度來看，薩拉德已經是具有全國性地位的大廚。所有部落客都樂於支持他經營的餐廳。」當時薩拉德的第二次創業，即位於洛杉磯瑪麗納德爾瑞區，以海鮮為主的秘魯式居酒屋「巨骨舌魚」（Paiche）在開幕的六個月前，便已經在部落客間造成轟動。

食尚風潮需時等待

儘管媒體與饕客們對薩拉德好評不絕，但他還沒能看到自己的菜餚真正形成食尚風潮。的確，秘魯料理的國際能見度已經有了提升，尤其是在歐洲與拉丁美洲，但這都是拜名廚嘉斯東·阿古里歐之賜。在美國，秘魯料理的人氣還沒能散播至薩拉德自己的餐廳之外。一般民眾對辣醬生魚、馬鈴薯泥壽司、黃辣椒、巨骨舌魚並不熟悉，僅能偶爾在少數菜單上見到。無疑的，薩拉德已經營得相當成功，旗下餐廳無論週間或週末，每晚皆賓客雲集。然而他對於羊駝將成為美國人餐桌上主流紅肉的預言，卻還沒能成真。薩拉德本人對這一點倒不是很在意，他也不急著戴上味蕾達人的桂冠。「我把它當成一波浪潮。」他在試吃活動中場休息的時候說：「這還只是開端而已。**任何食尚風潮都需要十年的時**

間來蓄積能量。」

就算薩拉德沒能讓自己的料理風格贏得食客普遍熱愛，這說不定反而是件好事。開創出食尚風潮的主廚們往往得承受盛名之累，甚至因此陷入困境。若你因為某個特定菜式、風味或概念而受到追捧，那麼你就永遠擺脫不了它了。它最多提供名片上的頭銜與高超廚藝的代表，一方面作為廚藝的認可，一方面讓廚師得以在這基礎之上精益求精。但它也可能讓廚師一炮而紅之後，無法再推出任何代表作。「身為一個普通人，我對韓墨烤肉捲餅感到自豪。」崔洛伊告訴我：「但身為專業廚師，我花了很長時間才克服它造成的尷尬。這就像每場演唱會都唱『甜蜜凱洛萊』這首歌一樣。大家看到我，就只想到泡菜墨西哥捲餅。其實在此之前，我從來沒用韓式泡菜來做料理。我花了很長的時間才放下罣礙，學會欣賞這件事。這真的很難，**創造出形象鮮明的事物，但同時不受到它的侷限**。最難的是要讓別人瞭解，它不代表我的一切。當年做捲餅的我，跟現在的我已經不是同一人了。但大家現在才要開始認識到這個改變，所以我勢必得重複經歷這種尷尬。這是一段漫長的旅程。」

幸運桃餐飲集團張大衛的盛名，催生了上千家五花肉刈包店、時尚風格拉麵館以及拌韓式泡菜料理。他很早就發現自己成了味蕾達人，並且對此深感不自在。若他走進丹佛市一家新開的餐廳，他會發現廚房裡端出的食物有半數沿用他的菜單，而裝潢也模仿幸運桃麵館的極簡風原木夾板。「我對這種現象持保留態度。」他說：「我盡量不去那些餐廳，對它們敬而遠之。那種感覺就像聽**翻唱歌**手表演，而非原唱本人。感覺太詭異了。」有一陣子，張大衛甚至厭惡自己領引的風潮以及應運而生的種種。但隨著他心態日益成熟，餐廳生意順利擴張，他才體會到自己身為味蕾達人所具備的影響力，其實也帶來了自由解放：「我們因而得以做其他嘗試，將資金投入在新菜的開發及其他更有趣的計畫上。現在我衷心擁抱這一切，我想做出有史以來最棒的刈包、最棒的拉麵和最棒的烤雞。」

張大衛也擔心，主廚與餐飲業對食尚風潮有越來越大的左右能力，這會使得年輕廚師如懷特曼先前所說，比較不願意在製作經典菜餚的廚房裡學習基本功，一心只想端出能夠搏得喝采的酷炫作品。他還擔心美食報導如今變得過度氾濫，幾乎每份菜單一問世，就會立刻被曝光在網路上，連小細節也不放過。

當他第一次聽說加泰隆尼亞廚神費朗．亞德里亞（Ferran Adrià）的大名時，他還不知道這位在西班牙北部超現實主義餐廳「牛頭犬」（El Bulli）掌廚的分子料理先驅究竟做的是什麼菜、這些菜長什麼模樣、更別說這些菜是如何做出來的。想知道答案，就得親身前往西班牙，到亞德里亞的廚房實際操作，從中學習相關知識。「現在有了網路，廚師們不必再大老遠取經，看某道菜是怎麼做出來的。」他們只須按照網路照片和食譜依樣畫葫蘆就行了。「食尚風潮其實挺危險的。」張大衛提出警告：「**它們能激發創新**，**也能扼殺創新**。」

張大衛相信，飲食文化是一種**演進過程**，就算是最愚蠢的流行也或多或少能推動飲食文化的進展。在這個過程當中，沒有任何人能夠憑空產生想法。就算某個廚師有樣學樣，也把熔岩巧克力蛋糕放進菜單中，但只要他加上自己的創意，譬如在巧克力放進墨西哥辣椒與肉桂、甚至大膽嘗試豬血（我真的吃過，味道還挺不賴），那麼他就為我們的味蕾開創了一條新的探索之路。風潮是飲食喜好的反饋過程，也是才藝上的彼此較勁，亦可說是追隨趨勢、滿足顧客、揮灑創意三者之間的平衡結果。沒有了食尚風潮，餐廳將日復一日端出四十年不變的菜色，而我們每天的晚餐都只能見到烤牛肉、馬鈴薯泥和冷凍蔬菜。

薩拉德發揮全力，打破了原有的**反饋過程**；或至少在其中注入了自己的影響。廚房裡端出來的東西能不能創造潮流，就看他自己的廚藝以及命運之神是否青睞了。在一連吃了十八道菜後，一桌子的部落客與作家看著緬因大龍蝦隆重上桌。對剖的龍蝦塞滿蝦肉，淋上黃辣椒白醬及酥烤過的拌香料麵包粉。「吃起來像秘魯版的熱月龍蝦。」康一邊說著，一邊拍下今晚不知第幾張照片。薩拉德回答：「你說對了。」

他看著在場每個人放下手機，開始嚐第一口。我得說這龍蝦肉實在太讚了，不但口感鮮嫩，就算在濃郁的白醬中也不失其辛味。薩拉德想讓賓客印象深刻的各種努力，最後成了桌上一堆殘羹剩餚。由於吃得太撐，大家紛紛婉拒接下來的甜點。雖然我覺得這樣做不太合理，但不吃甜點儼然已經成了洛杉磯饕客的標準動作。這些人總在追逐最新的養生食尚，**而養生食尚在許多方面，甚至比主廚食尚更具影響力**。

心滿意足的康放下餐巾，說出他的評斷：這頓飯非常美味，但「薩拉德似乎沒能端出殺手級菜色。」他認為：「得要有五花肉刈包的那種**犀利**程度才行。」

肆　健康：先吃兩粒奇亞籽，明天早上再掛號

在這些令人頭昏目眩的食尚風潮中，或許最有說服力、也最令人困惑的莫過於養生食尚了。它之所以有說服力，是因為它承諾我們只要小心攝食，我們就能享受更長壽、更快樂的生活。而它之所以令人困惑，是因為這股潮流似乎不斷轉向，讓我們在得救與犯罪間來回擺盪。

「麩質就是任何對你不好的東西，譬如熱量或脂肪，全都算是麩質。」

——加拿大喜劇演員 賽斯・羅根

「就拿維他命來說，假如我每餐都吞幾顆維他命，幾年下來就可以在最新研究證明它們沒用之前吃進好幾斤了。」

——美國導演 伍迪・艾倫

在皮卡餐廳吃了馬拉松式晚餐的隔天早上，我駕車前往洛杉磯北部山區，來到位於西湖村郊區的「都樂食品公司」（Dole Food Company）總部。都樂公司是**全球最大農產品供應商**，主宰了新鮮蔬

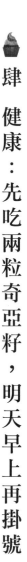

菜與水果的交易，而且販售品項包羅萬象，從香蕉、鳳梨到水果杯和水果冰沙機不等。我在有著高聳天花板的大廳內等候，欣賞高達三層樓，繪滿新鮮水果與豐盛田野的幾片壁畫。大廳還有精緻的都樂公司運輸船隊模型、早期公司廣告以及所有能夠蒐羅到的鳳梨畫作。大廳的正中央立著一個巨型鳳梨雕像，像珠寶般展示在玻璃櫃裡。

都樂食品的整合行銷傳播副總馬提．歐爾曼（外表與喜劇演員湯姆．史姆瑟出奇相似）來到大廳跟我會面。我們走至建築後方的一間大型交誼室，「都樂健康生活風格部落客高峰會」正在這裡舉行第二天的活動。在享用過自助早餐吧的香檳橙汁雞尾酒、咖啡、水果拼盤和藍莓司康後，十名部落客（全數是女性）聊到昨天的晚餐。她們的年齡與背景相差懸殊，有洛杉磯養生部落客艾琳．海絲雷格（Erin Haslag）、亞歷桑納州連鎖超市營養專家芭芭拉．若斯（Barbara Ruhs），也有芝加哥的「媽咪大發現」版主珍妮佛．達馮德（Jennifer DaFonte）。都樂食品**不但贈送每個人機票，還招待她們在附近的四季酒店住上兩晚**；雖然她們並未實際收到酬勞，也沒有義務要在自己的部落格提到都樂食品。

吃完早餐後，這行人前往建築中央的一間實驗廚房。這間廚房沒有窗戶，而且內部空間不大，擺著米黃色美耐板櫥櫃、白色電器、堆滿鳳梨罐頭的層架。懸吊式天花板周邊貼了一圈水果圖案壁紙，頗有１９８０年代郊區住宅的味道。這群人圍著一張料理台，看都樂食品的產品經理展示新的商品、食譜、廚房用具等等，包括雞胸肉如何醃芒果與柳橙汁（味道不會很突兀）、健康版的都樂經典鳳梨倒翻蛋糕、能把冷凍香蕉或其他水果打成雪泥的「Yonanas 水果冰淇淋機」以及大家嚐過都讚不絕口的冷凍巧克力香蕉片。

早上的活動進行到一半時，都樂食品新系列「營養加分」的產品經理娜歐米．韓森（Naomi Hanson）走上前發表談話。這位身材窈窕、自信洋溢的女士問在場的人：「你們有沒有聽過奇亞籽？我說的可不是玩具喔。」大家都笑了，立刻聯想到「奇亞寵物」廣告中那句耳熟能詳的「奇、奇、奇、奇亞」。韓森是來向大家介紹**奇亞籽**這種保健食物，因為都樂「營養加分」系列剛推出相關產品，包括罐裝的完整顆粒奇亞籽與粉狀奇亞籽，以及剛好能放進皮夾或口袋的小包裝單次份量奇亞籽（基本上，約一個迷你夾鏈袋的容量）。另外還有奇亞籽水果方塊酥，也就是把烤過的奇亞籽，與莓果、蔓越莓、蘋果和熱帶水果混和烘焙成一口大小的甜脆餅，讓人吃了就上癮。現場的人全忙著輪流交換品嚐「營養加分」系列產品。

「我有點受夠這類保健食品的誇張噱頭了。」在場的一名女性如此表示。特別是她本人或她的讀者都不常光顧「健全食品超市」（Whole Foods）這類有機食品專賣店。

韓森回答：「市面上確實有許多關於保健食品的錯誤資訊、謠傳和迷思。」

「我過去接收到的訊息是，奇亞籽比亞麻籽好，因為奇亞籽不必研磨就可以食用。」另一名部落客回應。

「但如果是吃進嘴裡，被牙齒磨碎呢？」東洛杉磯美食部落客妮可．普萊絲麗（Nicole Presley）

提出異議：「我知道拉丁美洲盛行用完整顆粒的奇亞籽打檸檬汁。他們也會奇亞籽來做某種果膠。」

第四個人出聲了：「老實說，我以前**從來沒聽說**過這種東西。」

於是，韓森開始滔滔不絕傳播奇亞籽的福音：奇亞籽的 Omega—3 不飽和脂肪酸成分中，α-亞麻油酸含量是核桃的兩倍；纖維是燕麥片的兩倍；鈣質是卡達起司的三倍，也比一杯牛奶多了68%。一人份奇亞籽含有的蛋白質相當於一顆雞蛋；含有的鐵質則相當於菠菜。「你可以把它加進冰沙或麵包，想怎麼吃都行。」韓森的表演顯得越來越生動：「你可以把它灑在沙拉或義大利麵醬上，就算揉進肉丸裡吃起來也很棒！」

「我今天就要把它買回家！」在場有個人忍不住大喊，他對韓森的說法立刻買單了。

歐爾曼端出一個托盤讓大家傳，盤子上擺的是幾杯混了奇亞籽的都樂鳳梨汁。奇亞籽漂浮在果汁中，逐漸脹成一團沒有味道的灰色泥球。「顏色看起來確實不太吸引人。」韓森說：「奇亞籽看起來像**青蛙卵**，但鳳梨汁的滋味完全不受影響。」她說得沒錯。由於奇亞籽本身完全沒味道，頂多是額外增加果汁的嚼勁，否則喝起來就跟一般鳳梨汁沒什麼兩樣。

「Pinterest 網站有一些很棒的奇亞籽食譜。」芭芭拉．若斯提醒大家。過去幾個月她已經試吃過芒果奇亞籽冰沙、奇亞籽煎餅以及奇亞籽布丁。

韓森告訴大家，名醫歐茲（Dr. Oz）、脫口秀主持人歐普拉及生活時尚女王瑪莎．史都華（Martha

Stewart）都曾在網站中特別介紹奇亞籽食譜：「現在已經有許多人迷上奇亞籽了。」她臉上掛著推銷員的會心微笑。

快速變換的養生食尚

多吃纖維，少吃碳水化合物。每天喝三杯不含乳糖的牛奶，但要避開乳製品。牛肉有人體需要的鐵質與蛋白質，但紅肉最好還是別碰。吃魚有益健康，除非你吃到（幾乎一定）含汞的魚。人造奶油是取代牛油的革命性產品，但最後我們發現應該躲它跟躲瘟疫一樣，還是多吃點牛油吧。巴西莓、香蕉、藍莓、糠、椰子汁、亞麻籽和枸杞子是完美的食物，應盡量多吃。巧克力和紅酒也有益健康（**但兩者都要適量……吃到身體出現變化就是攝取太多了**）。你可以選擇甜甜圈和有機肉品，早餐尤其適合吃培根與雞蛋。最好避開白色食物、棕色食物以及任何會損害血管，造成手淫癖與失明的壞東西。也有人說你可以想吃什麼就吃什麼，只不過別把它吃完；而且要注意食物是否含麩質，吃到就死定了。買食品要注意標籤，但千萬別相信上面印的資訊。總之避開任何包裝食品就對了。

在這些令人頭昏目眩的食尚風潮中，或許**最有說服力**、**也最令人困惑**的莫過於養生食尚了。它之所以有說服力，是因為它承諾我們只要小心攝食，我們就能享受更長壽、更快樂的生活。而它之所以令人困惑，是因為這股潮流似乎不斷轉向，讓我們在得救與犯罪間來回擺盪。人類打從飲食充足開始，就老在操心自己吃的東西對不對，進而設計出特定攝食方式、對特定食物發出禁令。西元前二世紀的中國秦始皇為了追求長生不老，吃進方士煉製的含汞丹藥，最後反而因此送了命。十一世紀的癡肥英王征服者威廉靠禁食與喝酒來減重，這套作法如今還有不少英國人仿效。大約在同一時期，波斯學者阿維森納（Avicenna）建議胖子大量吃進沒什麼營養的食物，如此一來他們就得格外努力地勞動，把身體裡那堆囤積脂肪甩掉。十六世紀的義大利人則會建議你多喝酒、少吃食物。現今流行的低碳水化合物、低糖飲食，開創者是法國律師暨政治人物尚・安特爾梅・布里亞－薩瓦蘭（Jean Anthelme Brillat-Savarin）。他被尊為現代美食家之父，常吃進大量家禽與啤酒，狼吞虎嚥程度不輸康尼島「熱狗大胃王」的參賽者。

在人類的覓食過程中，我們不斷嘗試新發現的莓果、樹葉、草、飲品等等，設法將它們混和調製成有益身體的食物。過去的醫師或藥劑師會建議顧客飲用可口可樂、七喜或任何市場上的知名蘇打水，並宣稱它們療效廣泛，從解除宿醉不適和抑鬱症狀，到營養不良與噁心反胃都有效果。「舒味思」通寧汽水甚至被說可以預防瘧疾。從十九世紀末開始，養生攝食風潮越來越著重在**減重與增進活力**。傳列契飲食法鼓吹每口食物要咀嚼三十二次至八十次，直到它被嚼至接近液態。舊石器時代飲食法的理論是人類身體的進化，其實還停留在原始人的階段，所以我們基本上應該盡量多吃食草牲畜的肉。此外還有葡萄柚飲食法、餅乾飲食法、全麥餅乾飲食法、馬丁尼與牛排飲食法、捲心菜湯飲食法、長壽飲食法、低熱量飲食法（基本上就是把自己餓瘦）。甚至有人主張生吞活迴蟲，理論上這隻蟲可以幫你吃掉體內多餘養分。常人的攝食取捨並非出於個人選擇，而是像羊群一樣容易被**集體驅使**。過去十年來，我的親友當中有不少人突然發現自己有乳糖不耐症，紛紛購買 Lactaid 品牌的乳糖酵素丸、去乳糖鮮乳及其他產品。現在這同一批人又開始吃無麩質食品，只買不含麩質的麵包、麵粉、義大利麵，以及成分其實沒變，但標籤強調不含麩質的產品，譬如有機果汁，只因為這一來產品就會變得更暢銷。在我認識的這些人當中，**只有一個人**確實罹患名為乳糜瀉的自體免疫疾病，也就是身體對麩質不耐所引發的過敏症狀。而其他人選擇無麩質飲食只因為他們相信，這套飲食法有助於他們減重、增強體力、改善皮膚。當中有個人甚至相信這類飲食有助於受孕。

每個新飲食法或養生風潮，都會觸動到消費者的心底。受到不安、希望以及恐懼等等這些強烈情緒的驅使，他們期待市場能夠提供解答。多年來，我目睹家父咬緊牙關嘗試十來種減重飲食法。其實他身材適中、飲食健康，而且有固定運動的習慣，每週騎腳踏車上百英里。只不過他太喜歡甜甜圈與漢堡了，只得不時設法甩掉多餘的幾磅肉。他試過體重管理、阿金減肥法、南灘飲食法、全穀飲食（基本上就是狂吃纖維到成天跑廁所的程度）、特製奶昔、熱量控制飲食法。對於任何新的養生風潮，他全都熱情擁抱。為了舒緩氣喘症狀，他會泡上一壺濃烈的中國茶；為了少吃糖，他改用阿斯巴甜、蜂蜜或龍舌蘭。他也吃了幾年的無乳糖起司，那玩意兒連我們家的黃金獵犬都不想碰。有陣子冰箱裡塞滿了蔓越莓汁，而一年後蔓越莓汁被石榴汁取而代之。再過一年，盤據冰箱的變成希臘式優格。他曾經只吃白煮蛋，但後來改為微波蛋白來吃。這是為了減重，也是為了保護心臟；但養生潮流**每季唱不**

同的主打歌，最後我們地下室櫥櫃裡塞滿過氣的健康食品，不但招灰塵，數量還越來越多。

而我過世的岳父對養生就更講究了，特別是他在五十幾歲被診斷出攝護腺癌之後。他只吃有機食品和莧菜籽、藜麥這類「原始穀物」。他還曾經用海龜熬湯，搞得滿屋子都是可怕的味道，結果我太太和她的兄弟不得不跑到朋友家借住一星期。當他十年後癌症復發，他前往佛羅里達一家養生會館接受治療，那間會館鼓吹顧客吃生蔬菜，整天喝小麥草汁。家裡頓時之間擺滿一袋袋的綠豆芽和一罐罐的堅果奶，還有紅蘿蔔、甘藍等製成的乾燥蔬菜。冰箱被小麥草塞爆了，這堆東西看起來跟割草機清出來的雜草差不多，打成的汁有濃濃草腥味，喝起來簡直像瓶裝葉綠素。此外，我們會固定造訪幾家新開的生食餐廳，生食在當時算是新興的健康飲食潮流。我們在那些餐廳吃生的「千層麵」、生「漢堡」和生「起司蛋糕」，食材都是些經過脫水、乳化、擠壓、重新賦形的東西，從椰奶、腰果醬到櫛瓜薄片都有。

我岳父的親友和醫師們，原本都把他熱衷的健康食品當成是一時的流行，完全沒想到這些東西遲早會進入養生攝食的主流。十五年前，他得特別跑一趟飄散著廣藿香芬芳的健康食品專賣店和當令農夫市集，從冷凍櫃裡拿出有機羊肉與牛肉。如今，幾乎每家超市都可以買到有機肉品。市面上也已經有了現成的瓶裝小麥草汁，甚至可以選擇各種好喝的口味。標榜生食的能量棒、食譜和餐廳所在多有，而且這類餐廳不斷有生力軍加入。由於養生風潮有**強大的訊息與誘因**（譬如：假如你不吃這個，就直接等死吧），所以其中最具影響力的風潮以捲起千層浪的勢頭盤據了主流。食品餐飲業者注意到這個現象，搭上了這些風潮的便車。他們有的調整了菜單（麥當勞推出麥克林瘦身堡）、有的推出新的包裝食品（有機蛋、純品康納的純柳橙汁、添加Omega－3不飽和脂肪酸的燕麥能量棒）。

養生風潮可為我們的飲食方式帶來**整個市場板塊的改變**。幾年前，當我正著手寫一本關於猶太熟食業的書時，熟食店老闆能賺多少錢全看當時流行哪一種飲食法。１９７０年代末至１９８０年代低脂飲食大行其道時，保留全脂的鹽醃牛肉被淘汰出局，顧客轉而青睞燻鹽醃牛肉三明治。由於銷量大跌，猶太熟食店只得增加低脂火雞與雞肉菜式的供應。此外，當時顧客會詢問店家有沒有脂肪較少或全瘦肉的鹽醃牛肉，因此店家不僅主動除去脂肪，還要求供應商只送牛胸肉來。供應商面對客戶需求改變，把話傳到養牛場那兒，後者便轉而飼養瘦肉較多的品種。低脂飲食風潮退燒後，取而代之的是阿金減肥法。這時候碳水化合物成了眾矢之的，於是猶太熟食店開始賣生菜捲和類似墨西哥玉米捲餅的手捲。然而同一批顧客這回卻抱怨肉質太柴（脂肪都被剔除得乾乾淨淨），這家店的東西沒以前好吃了。幾千家猶太熟食店因此關門大吉，店主將倒閉原因歸咎於養生膳食風潮。如今店家們再度絞盡腦汁，重新推出包心菜捲和不含麩質的菜式，甚至設法做出不放無酵麵團的無酵麵團湯。

超級食物搶攻市場

當今的一大養生風潮是攝取**單一成分食物**。這些所謂的超級食物比成分複雜的攝食更有益健康，因為後者會造成食物中不同成分的作用相互抵銷。超級食物風潮的訊息很簡單：如果有什麼東西能促進你的健康，基本上儘量多吃就對了。「超級食物」這個名詞出現得相當晚，營養作家亞倫．摩斯（Aaron Moss）在1998年的一篇文章讓它變得廣為人知：「人類為身體添增能量的方式有許多選擇，但有些選擇的營養價值高到足可被稱為超級食物。」後來營養師、營養專家、食品公司都借用了這個名詞來推銷他們的產品與服務，使得它不僅僅是高明的廣告詞，也很快地傳遍了整個食品界。

2004年，史提芬．普拉特（Steven Pratt）博士出版了《超級食物：14種改變一生的食物》，書中稱超級食物需符合以下三個標準：（一）大眾容易取得，（二）含有能夠延年益壽的營養成分，（三）對健康的益處必須經過科學研究證實。鮭魚、青花菜、菠菜、莓果、綠茶是他的最愛，因為「它們含高濃度的必須營養素，而且熱量多半較低。」普拉特的官網（SuperFoodsRx.com）宣稱：「含有這些營養素的食物已經被證實有助於**預防老化**帶來的疾病，有些人甚至能逆轉病情。這些病包括心血管疾病、第二型糖尿病、高血壓和部分癌症。」這些食物所含的營養素已成為大家耳熟能詳的名詞，像是類黃酮、Omega—3不飽和脂肪酸、多酚，其中當然也少不了抗氧化物。那些有意賣保健產品給你的人，往往會把它們捧成防癌聖品。

儘管許多養生風潮在觀念上根本**互相衝突**，我們對於任何新風潮依舊是興致不減。奇亞籽是最新浮上檯面、被捧得最厲害的「超級食物」。這個學名為芡歐鼠尾草（Salvia Hispanica L.）的植物屬於薄荷類，最初在瓜地馬拉和墨西哥的中部及南部被發現，後來遍植於中美洲其他地區。幾千年來，它一直是阿茲特克與馬雅人的主食。他們將奇亞籽磨成粉、用來搾油或直接摻入水中喝下去。奇亞籽是阿茲特克臣民**獻給統治者的貢品**，也是宗教儀式的重要一環。在西班牙人征服拉丁美洲後，大部分地方就越來越少食用奇亞籽了，因為這群**天主教征服者**禁止當地人在宗教儀式中使用奇亞籽；他們從歐洲進口麵粉、穀物和食物，這改變了拉丁美洲人的膳食內容。而墨西哥人仍舊會製作奇亞籽冷飲（加了奇亞籽的甜檸檬水），但多數地區都已經忘記了這種食物，僅極少數農場還有栽植。

奇亞籽的食用價值被嚴重低估，墨西哥瓦哈卡的手藝人甚至只把它當成裝飾材料，將種籽弄濕後灑在赤陶塑像上。待種籽發芽抽葉，陶像看起來就像長出綠色毛髮。１９７７年，美國廣告行銷專家喬．培德（Joe Pedott）在一次商展看到奇亞籽陶像。後來他取得授權，於１９８２年推出以「奇亞寵物」（Chia Pets）為商標的產品，還在電視廣告裡加了那句到處聽得到的「奇、奇、奇、奇亞」，使產品一炮而紅。他的公司「約瑟夫企業」（也生產Clapper拍手聲控開關）光靠奇亞寵物就賺進數百萬美元，產品造型包括卡通邦尼兔中的獵人艾默福德、HELLO KITTY、兩種版本的歐巴馬總統和他的競選對手羅尼。然而，**從來沒有人想過把奇亞寵物拿來吃**。

亞歷桑納州立大學農業工程教授韋恩．寇茨博士（Dr. Wayne Coates）是奇亞籽飲食風潮的開創者。這名馬拉松愛好者對健康食品頗為用心，他的研究專注在**透過多樣化來源栽植新作物**，包括許多來自拉丁美洲的藜麥、莧菜籽、和數個品種的蒿苣。１９９１年，他與阿根廷西北部的幾個學術機構合作，嘗試為貧窮農人引進比傳統玉米和豆類獲利更高的穀物。當時瓜地馬拉和墨西哥仍有少數農地種植奇亞籽，但研究團隊有個成員建議到阿根廷試種看看。所以在１９９２年，卡塔馬塔省的三十五英畝實驗農田便開始栽植奇亞籽。

「起初我們把奇亞籽拿來**餵雞**，讓牠們產出富含Omega－3不飽和脂肪酸的健康雞蛋。」寇茨說：「一切就是從這裡開始的。」當時Omega－3不飽和脂肪酸正逐漸成為引領養潮流的重要角色，所以寇茨及研究團隊成員把重心放在把奇亞籽加入飼料，餵養雞、豬、乳牛和實驗室大鼠。經過了幾年之後，他們才開始考慮拿它當成食物，進而著手研究它的營養價值。他與阿根廷農業專家李卡多·艾葉沙（Ricardo Ayerza Jr.）合作，針對奇亞籽的抗氧化物、纖維與蛋白質成分做出多項研究。奇亞籽有特別高的Omega－3不飽和脂肪酸含量，而寇茨與艾葉沙越深入研究，就越認為他們可能挖到了金礦。**奇亞籽保存容易，也不像亞麻籽一經研磨就開始腐壞**。此外，它沒什麼味道，也經得起高溫，所以很適合用於烘焙食物、肉類料理或加工處理程序複雜的食品。２００５年，寇茨與艾葉沙出版了《奇亞籽：重現世人遺忘的阿茲特克作物》（Chia- Rediscovering a Forgotten Crop of the Aztecs），書中總結了他們的研究結果，並且熱切鼓吹食用這種健康食物。在此同時，寇茨也投注心力於奇亞籽的北美市場推廣。得到食品藥物管理局的食用安全許可後，寇茨開始在網路上和北美的保健食品專賣店銷售奇亞籽。

差不多在同一時期，多倫多一家保健食品企業的老闆賴瑞·布朗（Larry Brown）也展開了他自己的奇亞籽事業。這位自謙樣樣通、樣樣鬆的老闆，從1980年代中起販售多種全穀麵包至加拿大各地的保健食品專賣店，在因緣際會下聽說奇亞籽這種作物。「我記得那是1972年，我在一家保健食品專賣店讀到《認識奇亞籽》這本書。」我們坐在布朗家附近的星巴克，他回憶道：「但奇亞籽很難找得到。我偶爾會在保健食品專賣店，看到它被裝在小小的塑膠袋裡，上頭貼著手寫的標籤。」布朗的妹妹楚蒂上網搜尋手上有奇亞籽的人，最後他們找到阿根廷的一個農戶，他們拿奇亞籽來餵雞（很可能是寇茨研究計畫的參與者）。此外，布朗也把寇茨的初步研究拿給一個經營保健食品專賣店的朋友看。「這會改變世界。」布朗記得他的朋友這樣回應：「**但你得先做足研究**。」

於是布朗拿著一小袋奇亞籽，登門拜訪堪稱營養界權威的多倫多大學教授佛拉德米爾．烏克桑（Vladimir Vuksan）。他敲了烏克桑辦公室的門，詢問對方式否願意研究這些種籽。「你不能就這樣憑空冒出來。」烏克桑勃然大怒：「我根本不認識你。」但布朗畢竟是韌性十足的銷售員，他說服了烏克桑收下那些種籽，有興趣的時候再稍微看一下，無須勉強，也沒義務回答問題。

五天後，烏克桑打電話給布朗，說這是他看過**營養成分最高**的食物。他已經開始對奇亞籽進行研究，而研究結果顯示這些鼠尾草籽（他跟布朗都不想用奇亞籽這個名字，因為這令人聯想到奇亞寵物）有助於降低血糖與血壓，減少體內發炎與纖維蛋白溶解現象，對第二型糖尿病患者尤其有幫助。接下來，烏克桑與布朗開始研究各個品種的奇亞籽，包括白奇亞籽、紅奇亞籽、黑奇亞籽以及不同地區栽植的奇亞籽有哪些特性差異。最後他們鎖定兩個營養成分最穩定的品種，在2002年為芡歐鼠尾草

（就是俗稱的奇亞籽）申請了醫療方面的臨時專利。接著布朗創立公司，在千禧年後推出首批品牌化的奇亞籽到市場上。

隨著奇亞籽的銷售在保健食品圈子逐漸成長，布朗向丹佛市一家賣全穀墨西哥玉米片及其他產品的公司投石問路。這家公司的老闆是雷利．瑞斯東（Rally Ralston），他和哥哥從１９９９年起就開始尋找奇亞籽，因此他們與布朗一拍即合，旋即開始研發加入奇亞籽的玉米片、莎莎醬、蝴蝶餅與其他餅乾，並且以「莎巴」（Salba）做為這系列產品的品牌名稱。

而市場上也開始出現一個個同類型產品的其他公司，特別是在多倫多。該市在這波風潮初期，儼然成了奇亞籽的麥加聖地。在此同時，**媒體界也趕上時髦**。創立近兩百年之久，如今鎖定銀髮族讀者的《週六晚報》在２００５年的報導中大量引述烏克桑教授的研究，將奇亞籽描述為重返文明舞台的「超級穀物」。長島植物學家暨科學教育者瑪格麗特．科諾佛（Margaret Conover）甚至為奇亞籽開了一個部落格，她吃驚地發現八十歲的老母親讀了那篇報導後，在全家團聚的場合烤了奇亞籽馬芬當點心。「『對，我在《週六晚報》讀到這些奇蹟種籽。』」科諾佛記得母親這樣說：「『它們有如此這般的功效……每磅花了我三十二美元呢。』我媽可不是會花三十二美元買東西的人！」科諾佛說：「我聽得目瞪口呆。她是頭一個我聽過買了奇亞籽的圈外人，而且還是郵購買來的。」一年後，安德魯．威爾醫師（Andrew Weil）在他的個人網站寫了篇關於奇亞籽的文章，後來這篇文章成為全世界的保健營養領域中，最多人閱讀的文章之一。

奇亞籽風潮媒體效應

在消息傳開後，２００７年及２００８年間開始有更多的奇亞籽供應商進入市場，健康食品貨架上也出現了越來越多的奇亞籽相關產品（飲料、能量棒、營養補充品）。由於奇亞籽不屬於廣泛流通商品，價格與品質不但波動幅度大，而且也難以預測。**這塊市場簡直像當年的西部拓荒：新競爭者不斷湧入，每個競爭者都佔著一塊開墾地，但沒人能拍胸脯保證最後的成功。**布朗與瑞斯東對「莎巴」的經營方向出現歧見，兩人的合作破局；但後來他們又聯手控告阿根廷的種籽供應商擅自使用「莎巴」商標（基本上商標權屬於瑞斯東）。

韋恩．寇茨博士則與佛羅里達一家叫「極限生命」（Lifemax）的公司合作，開發以「米拉」（Mila）為名的奇亞籽，並透過類似安麗的直銷方式賣給會員，然後會員再把袋裝種籽賣給親朋好友、分享銷售利潤。「米拉」產品價格是其他品牌的好幾倍，許多圈內人（沒錯，市場上有個奇亞籽圈子）抱怨這根本是金字塔式的銷售模式。科諾佛在她的部落格（chiativity.org）轉述傳聞，她聽說「極限生命」公司刊出了一篇「專家」研究報告，但這名所謂的專家曾經在聯邦監獄蹲過苦牢；此外寇茨也指控「極限生命」欠債不還，而這正是他離開那家公司的原因。

接著，到了２００９年，作家克里斯多福．麥杜格（Christopher McDougall）出版《天生就會跑》

這本書，書中提到墨西哥銅峽谷遺世獨立、被譽為世界最偉大長跑者的「塔拉烏馬拉」族人。他們跑步時穿著鞋底極薄的夾腳涼鞋，從而避免了跑者常出現的運動傷害，而且他們吃奇亞籽。雖然書中只提過幾次奇亞籽，但字裡行間洋溢著對新進教徒傳道般的熱忱：「**假如你在荒島上只能挑一種食物，沒有比奇亞籽更好的選擇了**。吃了可以增加肌肉量，降低膽固醇，減少罹患心臟病的風險；若連續吃上幾個月，說不定你就可以從荒島游泳回家了。」《天生就會跑》很快便風靡全球，不但賣了幾百萬本，還掀起一波慢跑熱潮。我記得有一次到紐約水牛城推銷新書時，隨行同伴是個慢跑迷，他在整個行程中欲罷不能地談這本書。他已經扔了慢跑鞋，改穿幾乎沒有任何支撐力的「裸足」涼鞋（隨著這本書應運而生的新產業）。當我坐在「船錨酒吧」裡啃雞翅的時候，他把小塑膠袋裡的奇亞籽倒進水杯，嘴裡還唸著我實在應該寫一本談跑步的書才對。相關留言板與網站有許多對奇亞籽的熱烈討論，而其他運動領域的人也開始嘗試這種穀物，他們可是許多新養生風潮的急先鋒。

《天生就會跑》的出版催生了許多**奇亞籽創業家**。在南加州種植酪梨與鳳梨，個性積極活潑的珍妮．霍夫曼（Janie Hoffman）從個人健身教練那兒聽說了奇亞籽。這名教練以奇亞籽取代亞麻籽，是因為前者的保存期限較長。她將奇亞籽做成瓶裝飲料（基本上就是奇亞籽檸檬水）給她的瑜珈學生試喝，結果大家愛得不得了。２０１０年，霍夫曼推出了「奇亞媽媽」飲料產品線，在官網首頁的顯著位置**引述**在前段中出現的《天生就會跑》句子作為宣傳。「奇亞媽媽」的首批客戶全是美國南太平洋沿岸地區的健全食品超市分店。由於產品十分熱賣，不到一個月間「奇亞媽媽」產品就出現在全美各地分店貨架上。這對任何企業而言都是絕大成就，更遑論是一家新創公司。「奇亞媽媽」的飲料如今遍佈北美數千家店面，其中包括韋格曼斯食品超市（Wegmans）、克羅格超市（Kroger）和喜互惠超市（Safeway）等這類主流零售商。「奇亞媽媽」產品推出一年後，紐約市兩名年富力壯、熱愛健身的避險基金經理人丹·葛拉克（Dan Gluck）與尼克·莫瑞斯（Nick Morris）投資創辦了「健康戰士」公司（Health Warrior），銷售完整顆粒奇亞籽與奇亞籽能量棒。起初他們將客群鎖定在金融業的其他運動迷，同時也贊助清晨五點於中央公園進行的高強度健身訓練；在現場供應奇亞籽飲料、奇亞籽燕麥能量棒以及其他「健康戰士」品牌能量棒。後來華爾街交易員們迷上了這些「健康戰士」產品，將它們帶回辦公室。他們逐漸把奇亞籽當成能量補給聖品，在連串放空衍生性金融商品的馬拉松式交易後吞一把奇亞籽或來一條「健康戰士」能量棒，好讓自己在高速運轉的市場中保持頭腦清醒；就像前輩們靠狂灌咖啡和紅牛能量飲料、甚至吸食古柯鹼來提振精神一樣。此外，販賣「奇亞寵物」的玩具公司亦不落人後，推出了「奇、奇、奇、Omega—3 奇亞籽」系列產品；而他們的電視廣告依舊是預算極低，有著**朗朗上口的廣告詞**。

幾年前還幾乎不存在的奇亞籽市場，頓時間變得熱鬧滾滾。越來越多經銷商、進口商與生產商開始收購數量有限的奇亞籽。智利「班尼西亞」公司（Benexia）是全球規模最大的奇亞籽供應商之一，該公司執行長珊卓拉·吉樂（Sandra Gillot）指出市場需求「從零到上萬英噸，但供應量每年只有六千英噸。」在這波熱潮的頂峰時期，**南美洲的旱象與天災影響了收成**，導致奇亞籽在２０１２年飆漲至天價。眼看著每磅奇亞籽的價格竟然比菲力牛排還值錢，有些地方甚至在幾個月間就大漲三成；新的供應商紛紛蜂擁入市，打算從中海撈一筆。而且只要能種活，大家都開始到處栽植奇亞籽；除了秘魯與玻利維亞，連美國與菲律賓也開始試驗性地種植。其中規模最大的「奇亞公司」（Chia Co.）從２００３年才開始於澳洲栽種奇亞籽，公司創辦人約翰・佛斯（John Foss）是西澳農家的第四代，在研究全球養生食尚風潮時發現了奇亞籽。

都樂食品進入奇亞籽市場的時間相對較晚，但他們的加入改變了整個市場生態；而這樣的例子在食尚風潮中所在多有。在都樂食品於２０１２年末推出「營養加分」系列產品之前，奇亞籽製造商都是「奇亞媽媽」這類新創公司，或是專門販售天然食品的品牌，譬如「自然之路」（Nature's Path）早餐穀片製造商或「海恩時富集團」（Hain Celestial）。他們的產品僅見於保健食品專賣店或健全食品超市這類高端零售商。都樂公司卻截然相反，這家市值七十億美元的上市公司營運遍及九十個國家，在全球推出了三百多項產品，大至超市、小至社區雜貨店都可見到該公司的產品。當這樣的龐然巨獸涉足奇亞籽市場，即使只是試試水溫，都清楚地指出了**這股風潮已經進入主流**。猶在２００７年，賴瑞・布朗與「莎巴」的合作夥伴還得挨家挨戶敲門，拜託「金吉達」（Chiquita Banana）或「通用磨坊」（General Mills）這類食品公司將奇亞籽放進他們的產品，最後皆無功而返。如今，若都樂食品能在這塊市場有所斬獲，其他同業肯定都會跳上這趟順風車。

促銷商品的利器

拜訪都樂食品加州總部的兩個禮拜前，我搭機前往北卡羅來納州的坎納波利斯市。這裡原本是夏洛特市郊區的磨坊小鎮，全美房車大賽七度稱冠車神恩哈德的家鄉。自2008年起，這裡也成為北卡羅來納研究園區的設立地點，一列列建築裡進駐了大學、健康照護機構以及通用磨坊與孟山都這類大食品企業，在此進行健康與營養的相關研究；其研究經費大部分由高齡九十一的都樂食品執行長暨董事長大衛．莫達克（David H. Murdock）包辦。他不但打算健康活到上百歲，也已經投注了數百萬美元，希望能在他銷售的蔬果中找到青春泉源。他的同名研究機構是這處園區的核心，裡面有許多地點設置了都樂食品的營養研究實驗室，其產品營養成分的研究大部分都是在這裡做出來的，包括該公司經銷的水果、蔬菜及加工食品。整個園區都依照莫達克本人偏好的風格來裝潢，混和了恢弘的殖民時期建築、金色大象雕塑、沐浴在陽光下的超大型蔬果壁畫以及穹頂畫著一隻飛越老鷹的圓形大廳，看起來像大蕭條時期公共事業振興署（WPA）海報與俗麗澳門賭場的綜合體。

馬提．歐爾曼陪同負責領導都樂食品營養研究實驗室的英國科學家尼可拉斯．吉利特（Nicholas Gillitt）以及包裝食品部副總布瑞德．巴列特（Brad Bartlett）到那裡跟我碰面。巴列特在維吉尼亞海灘土生土長，有寬闊的肩膀，舉止充滿自信，蓄著大聯盟棒球總教練式的小髭鬚；食品界似乎頗多重量級人物偏愛這種造型。他邀請我參觀園區設備，展示了奇亞籽風潮演化的一個關鍵環節。「告訴大家蔬果裡有哪些營養是一回事。」我們坐進一張會議桌，上頭堆滿了各式都樂「營養加分」的奇亞籽產品。「但要**明確說出它們如何影響人體健康**，就是另一回事了。」奇亞籽之所以能發展至今日的盛況，要歸功於許多關於它如何有益健康的傳言，但都樂食品決心以自家的科學研究來為「營養加分」產品背書：「過去的聲稱皆缺乏真憑實據，但現在透過研究，我們讓這些說法成為了事實。」

吉利特告訴我目前為止的研究成果，包括奇亞籽磨成粉後服用，受測者體內的 Omega－3 不飽和脂肪酸成分中，α-亞麻油酸（據信可抑制發炎）濃度會升高。從統計數字來看，完整顆粒的奇亞籽對人體的效果，無異於完整顆粒的罌粟籽；這表示研磨過的奇亞籽營養價值較高。另一項研究則發現，食用奇亞籽粉的兩個半小時後，血液中的 α-亞麻油酸濃度會達到峰值，並且在體內停留六小時。吉利特想證明停留在體內的 α-亞麻油酸能為身體帶來能量，讓民間盛傳奇亞籽是**天然能量補給品**的說法得到科學上的證實。這麼一來，都樂食品就能輕輕鬆鬆地將旗下的能量飲料、果汁和能量棒賣給目標客群，包括馬拉松跑者、長途自行車騎士及其他運動愛好者。這些研究為都樂公司奇亞籽產品的未來打造了核心基礎，吉利特期望新的研究發現能夠源源不絕產生，持續為奇亞籽產品及其風潮創造新需求。

奇亞籽代表著食品產業所謂的功能性食物。這類食品添加物被聲稱具備有益健康的成分，不但被運用得越來越廣泛，同時也是廠商促銷的利器。幾年前我曾造訪加拿大曼尼托巴大學的一棟綜合大樓，裡頭的研究單位專門從事發掘及測試功能性食物。當時他們正為聯合利華的人造奶油品牌「貝賽爾」（Becel）進行大規模試驗；這項產品添加了蔬菜裡的天然成分植物固醇，研究人員相信它有助於**降低總膽固醇**。受測者每天前來曼尼托巴大學吃早餐，攝食內容包括添加了植物固醇的人造奶油（控制組則食用一般的人造奶油）。這項耗資數十萬美元的研究，每天在多個不同時段測量受測者血液中的膽固醇含量，觀察「貝賽爾」人造奶油對人體的影響。

世界各地的食品公司針對功能性食物做過無以計數的研究，絕大部分是在健康科學的名義下委託大學進行；動機無非是希望後者為資助這些研究的企業增加獲利。隨著心臟病、糖尿病、癌症等慢性病逐漸受到各界重視，消費者發現儘管他們很想改善自身健康，卻不見得知道該怎麼做才好。這時候，倘若有企業能說服他們相信都樂的奇亞籽早餐脆片、「貝賽爾」高營養奶油或最新上市的維他命健康水這類產品有益健康，他們就比較可能捨得花大錢購買這些產品。巴列特估計**添加功能性食物成分的商品，售價可比未添加的同類商品高出一成至三成**。既然食品界競爭激烈，一個百分點的市佔率都能讓業者們搶破頭，像巴列特這樣的零售梟雄就更不可能放過功能性食物帶來的優勢了。「我們相中奇亞籽，是因為它有多種營養。」巴列特說：「然而這門事業要做大，我們得讓奇亞籽進入更多食品供應市場，譬如薯片、早餐穀片、能量棒、燕麥脆餅、袋裝飲料。」這一切端看相關研究結果，能否得出足以左右消費者的結論了。

科學研究創造養生風潮

數十年來，食品公司向來是靠科學研究來搭養生風潮的順風車。１９２０年代，在美國培根市場佔據頗高比例的食品大廠畢其納包裝公司（Beechnut Packing Company）憂心於美國人的早餐攝食量減少，通常只喝咖啡、柳橙汁和土司；於是聘請人稱公關教父的艾德華．柏奈斯（Edward Bernays）來指點產品行銷規劃。柏奈斯請教了幾名醫師，詢問他們早餐應該吃得清淡些，還是應該來一頓包含培根與蛋的豐盛早餐。儘管他的調查稱不上科學（而且這些醫師由柏奈斯親自挑選），但最後豐盛早餐勝出。接著，柏奈斯聯絡許多新聞媒體，讓他們刊登了這項醫學「發現」的相關報導。最後他改變的不只是畢其納公司的業績；美國民眾讀了這些報導後，紛紛開始在早餐吃培根與蛋，仿效人數之多甚至使得培根與蛋成了美式早餐的標準菜色。瑪莉安．奈索教授（Marion Nestle）可說是美國學術界最早關注營養與食物政策的先驅，她在經典著作《食物政治》（Food Politics）一書中詳細闡述**食品業者爲了推銷商品，如何利用科學研究來爲尚待釐清的說法背書**。１９８４年，家樂氏在廣告和行銷中暗示他們的高纖系列穀片可降低罹癌風險，結果該系列的市場佔有率因此暴增將近五成。此外，口香糖生產商宣稱嚼口香糖能清潔牙齒，桂格則找來大鬍子演員威爾福德．布林利（Wilford Brimley）嚇唬電視觀眾，勸他們乖乖吃燕麥片以免得心臟病。純品康納（Tropicana）推出了高鈣柳橙汁，號稱能為兒童和青少年打造強健骨骼。

食品業者利用科學研究來創造新的養生與攝食風潮，還有個最廣為人知的範例，那就是位於加州的石榴紅公司（POM Wonderful）。這家公司把原本沒人當回事的石榴，包裝成嬰兒潮世代與講究養生的人奉為至寶的仙液。石榴紅公司的創辦人是雷斯尼克夫婦，這對創業異常成功的賢伉儷名下有一家提供代客專送服務的網路花店（Teleflora）、百貨商場「富蘭克林鑄幣廠」（Franklin Mint）以及後來創立的「斐濟天然深層礦物水」（Fiji Water）。1987年，史都華．雷斯尼克在加州買下面積達一百英畝的石榴園，並種植了數百棵石榴樹，幾年後將大部分收成賣給加州東部地區的居民，後者則將石榴用於烹調及節慶裝飾。不過雷斯尼克夫婦仍希望能拓展石榴的市場，既然功能性食物與養生已蔚然成風，他們決定砸錢請海內外大學來進行研究，找出石榴當中的營養成分。雷斯尼克太太在回憶錄《果園裡的紅寶石》（Rubies in the Orchard）中提到最初的幾份研究結果：「令人瞠目結舌。首先他們發現石榴汁能降低發炎反應、抒解疼痛。此外，石榴的抗氧化成分高得驚人，可減少對細胞造成傷害的氧化反應。」石榴的抗氧化成分含量「超過任何人類已知的食物，而且研究顯示它能減少血管內壁形成斑塊和動脈粥樣硬化的發生。後續的研究則指出，石榴對於預防攝護腺癌也相當有效。」這家公司資助的進一步研究顯示，石榴對於糖尿病、勃起功能障礙及其他病症亦有相當的效果。

在有了這些初步研究後，該公司便開始拼命打廣告推銷以石榴紅為品牌的果汁、抗氧化茶、營養補充品、能量棒、冰咖啡和新鮮石榴果實，儘管廣告中承諾的保健功能不無誇大之嫌。我記得在紐約搭地鐵時，隨時都看得到石榴紅的廣告海報，其中一張標語寫著「逃過死神」，曲線玲瓏的石榴汁瓶身掛著一條斷裂的絞索；另一張寫著「對抗死神」，瓶身跨坐在高空繩索上；以及一張「維持生命」，瓶身像點滴袋那樣倒吊著。還有一張海報是瓶身飛越天空，活像漫畫裡的超級英雄，並且加上對白：「我要去拯救攝護腺了！」這張海報底下印了一小排相關科學研究的網址連結。

頓時間，石榴紅果汁、石榴果實和**抗氧化成分**無處不在，雷斯尼克夫婦將這種水果升級為百萬美元事業，同時也製造出大量競相仿效的對手。有好幾年的時間，每次我回父母家聚餐，都勢必會在冰箱裡看到石榴紅果汁或見到沙拉上灑著石榴籽。主廚們烤雞肉時先抹上石榴糖漿，烘焙師則製作石榴風味的馬芬。從販賣石榴口味產品到吃這些產品的每個人，都在吹捧它的抗氧化成分和對健康的益處；而這股風潮也擴散到其他種類的水果及食品，無論是果農、進口商或經銷商，全都競相搶奪這片快速成長的市場大餅。

接下來，枸杞被加進了早餐穀片與糖果；然後某種從巴西進口，味道苦澀的紫色莓果創造出一整個產業。我曾於2005年在里約熱內盧住過兩個月，衝完浪後就會吃上幾碗這些巴西莓做成的雪泥冰。那一年我回加拿大時，基本上還沒人聽說過這種莓果。然而不到三年的時間，巴西莓果就到處都有了，這些莓果被做成果汁、燕麥能量棒、營養補充錠或莓果粉，連溫蒂漢堡也主打含有巴西莓汁的沙拉醬。緬因州果農則受惠於藍莓的相關研究，後者指出藍莓富含抗氧化物，結果大幅帶動了市場需求。搶搭抗氧化列車的還有厄瓜多黃金莓進口商、加州胡桃的賣家等等，他們都**宣稱**自己的產品有益健康（還記得格蘭．羅伯茲怎麼說中國紫米的抗氧化功能吧）。市場調查機構「包裝食品調研中心」（Packaged Facts）預估到了２０１６年，美國抗氧化產品市場從石榴汁與石榴能量棒，到含有巴西莓成分的化妝品與營養補充品，每年銷售可達八百六十億美元的規模。

保健食品味蕾達人

「超級食物」風潮的崛起，媒體可說在一個行禮如儀的循環中扮演著相當重要的角色。石榴紅、家樂氏或都樂這類食品公司鎖定某種食物來進行研究，**其研究結果被濃縮成適合媒體報導的訊息，接著報紙、雜誌、部落格和早上的新聞節目就會一字不漏地轉達**。若研究顯示石榴含有X物質，而其他研究指出X或許有助於Y，那麼石榴、巴西莓、藍莓或奇亞籽就可能有助於說不定還能治療Y。沒有任何人比媒體名人歐茲醫師（Mehmet Oz）更熱衷、也更成功地傳達這類訊息了。這位心臟外科醫師從１９９０年代開始結合西方醫學與自然療法，並於１９９９年率先推出相關著作，在書中倡導兼顧運動與攝食的平衡生活，藉此對抗常見的慢性疾病。他後來成了家喻戶曉的人物，經常上歐普拉及賴瑞金的脫口秀節目，並從２００９年起主持評價頗高的「歐茲醫師秀」。在超市櫃臺結帳時，你很難不在雜誌架上看到他的英俊面孔和深藍色V領手術室服扮相。他不但出現在全國性雜誌的封面，也出現在他自己的雜誌《歐茲醫師：美好生活》（Dr. Oz: The Good Life）。

這個節目的觀眾會發現，歐茲醫師不時談到為了延緩老化、預防癌症或心臟病，我們必須攝取的前五大、前十大、或前十五大超級食物；有時候是他本人說，有時候則是由約翰・拉普瑪醫師（John La Puma）這類固定來賓來說，而拉普瑪可是超級食物宗師。歐茲推廣過南瓜籽（富含鎂，有助於降低血壓、減少心臟病或中風的風險）、韭蔥（研究證實，任何蔥屬植物都可減少多種癌症的罹患率，包括胃癌、大腸癌、攝護腺癌、乳癌等常見癌症）以及芝麻糊（由芝麻籽研磨而成，富含鋅，可促進瘦素分泌；瘦素這種荷爾蒙可強化新陳代謝並抑制食慾）。

他也推廣過奇亞籽，在２００８年的一次歐普拉脫口秀節目中建議婦女們將奇亞籽加入日常飲食（譬如烤南瓜馬芬時加一點），因為奇亞籽含有纖維、鎂、鈣、Omega－3不飽和脂肪酸。２０１１年，他說：「奇亞籽可取代膳食中的全穀食物……這將有助於穩定你的血糖指數。」而２０１２年他強調：「今年起你一定要將奇亞籽加入膳食之中。」他把奇亞籽稱為「最新的超級種籽」，是「不可或缺的營養補給」，還問大家：「奇亞籽是否有可能取代其他超級食物？」歐茲醫師的背書為奇亞籽風潮帶來的影響力不可小覷。他對超級食物的推廣助力，就如同歐普拉對書的推廣助力：假如歐茲醫師要觀眾多吃奇亞籽，他們隔天就會出門購買奇亞籽。「奇亞媽媽」飲料創辦人珍妮・霍夫曼表示：「他提升了民眾對奇亞籽的認識，這一點毫無疑問。我經常聽到有人這麼說：『對，我在歐茲醫師秀看過他們談這個！』他在這方面的貢獻甚至超過《天生就會跑》這本書，並大幅加速了奇亞籽市場開拓的進程。」都樂食品曾與歐茲醫師接觸，詢問他在節目中推薦「營養加分」系列產品的意願，而種籽出口商「班尼西亞」也與他旗下的製作公司合作，藉由他的背書增加奇亞籽的曝光率。在現今的保健世界中，他是**首屈一指的味蕾達人**。

無可避免的，這股影響力導致各界開始質疑歐茲醫師說法的可信度以及超級食物的概念究竟有沒有根據。對許多人而言，歐茲醫師這群超級食物倡導者終究是為了大眾的福祉，因此才特別強調多攝取健康的「全食物」；他們的目的在於鼓勵民眾留意飲食內容。西方國家有太多人的蔬果攝取量嚴重不足，同時還吃進大量加工食品，所以就算多吃奇亞籽這個說法有什麼問題，影響程度也遠不及它帶來的益處。但某種食物的營養成分高到民眾應該大量攝取，這樣的觀念讓不少營養專家感到憂心。「這只是行銷上的噱頭。」瑪莉安．奈索教授在回覆我的電子郵件中如此表示：「營養學家們，包括我本人，不會為特定食物冠上超級頭銜。所有未加工食物都含有多種營養成分，只不過各別成分的比例不同。這就是為什麼**健康的攝食應該多樣化**，因為我們可藉此補足各別營養成分。當我們提到某種食物是『超級』食物，我們通常指的是它含有單一或特定類別的營養（抗氧化成分就是個好例子），但其實所有蔬果都含有抗氧化成分，所以從這個定義來說，它們全都是超級食物。我們可以說超級食物的概念與健康根本無關，它只是行銷操作所用的託詞。

我們也會為養生風潮中口耳相傳的故事買單，而這些故事將複雜的生活方式簡化為單一成分。許多超級食物的誘人力量來自**遙遠地方的神秘文化**，譬如希臘牧羊人、沖繩漁民、亞馬遜河流域部落或墨西哥印地安原住民跑者的長壽。但其實我們與他們之間的健康差異，絕大部分是因為我們開車、整天坐在電腦前面而且很容易就能買到超大杯汽水；而不是因為他們光吃優格、鮭魚、巴西莓果或奇亞籽（我們也很容易把異國的生活方式想像得太浪漫，實際上每天出門放羊可完全是另一回事）。超級食物的存在，只是為了讓廠商能多賣些石榴、奇亞籽或其他有益健康的食物，即使它們並沒有回春的功效。然而只要被貼上「超級」標籤，這些食物的益處就必然有誇大不實之嫌。

石榴紅公司**過度吹噓**石榴的健康功效，結果被聯邦貿易委員會告上法院。最後法院裁定石榴紅公司廣告不實，為了推銷果汁竟大膽引援證據薄弱的科學研究。一名聯邦法官在２０１２年的判決書中表示：「深具說服力的專家證詞已指出，目前缺乏充分且可靠的科學證據，可支持石榴紅公司宣稱自家產品能治療、預防、或降低勃起功能障礙風險；而這項說法亦無臨床實驗證明。」最後石榴紅公司被判二十年內禁止利用同類廣告來促銷產品。歐盟則更進一步，早在２００７年就禁止使用「超級食物」這個名詞；除非有特定官方的背書，能解釋該產品為何有益於消費者健康，並且能釐清其他營養成分的功效。

若你覺得歐盟的規定未免過於嚴苛，不妨想想：大部分的人對於營養科學所知無幾，所以這些促銷噱頭實在太好用了。當你只有半小時可以採購，而你的孩子正坐在超市手推車裡鬼吼鬼叫，你不會為了挑選早餐穀片而拿起手機查什麼權威科學研究報告吧。你比較可能做的是挑出那個號稱富含抗氧化成分或添加了奇亞籽的品牌，因為你似乎在哪裡聽說過這些是超級食物，而且你也不希望得癌症死掉，對吧？針對抗氧化物對多種疾病有何影響的臨床研究，**就這麼創造出新的飲食風潮，並且在食物鏈中向下滲透**，直到市面上出現七喜抗氧化櫻桃可樂這種產品。這款可樂其實不含果汁，內容物也與一般的七喜產品大同小異，不過是精製玉米糖漿。「胡椒博士」飲料集團（Dr. Pepper Snapple Group）在２００９年推出這項產品，卻因為廣告不實遭到集體訴訟，被迫於２０１３年將產品下架。

「消費者相信食療，認為食物是治癒疾病的靈丹妙藥。」伊利諾州立大學食品科學暨人類營養學榮譽教授布魯斯．切西（Bruce Chassy）向來抨擊超級食物風潮不遺餘力：「他們想找出可以讓自己**更健康**、**更快樂**、**更富裕**的神奇食物，但這種食物或許並不存在。儘管改變膳食確實對健康有所幫助，但我懷疑奇亞籽這類超級食物的效果相當有限。十九世紀蛇油小販用的也是這套推銷話術，雖然現在商人懂得以科學做包裝，但本質上兩者並沒有什麼不同。」

健康飲食的要素

「從營養科學教育者的角度來看，我們只覺得『又來了』。」切西教授如此描述他對於每次新崛起的健康養生風潮之看法：「重點是要**均衡飲食**，但這跟超級食物的概念完全抵觸。後者基本上是在告訴大家『儘量多吃某種東西。』」我們都愛吃蛋糕，但有了奇亞籽蛋糕預拌粉之後（價格是普通預拌粉的兩倍），我們就可以擺脫罪惡感痛快享用了。「歐茲醫師立下很壞的示範，因為他**強化了神奇解答存在的迷思**。但真正的解答其實是老生常談：睡眠充足、多運動、飲食均衡。這些才是有科學文獻支持的養生之道。每次歐茲醫師向大眾推銷藍莓或石榴，他等於是在推銷蛇油。」

大學從事超級食物的研究，無論是都樂食品的奇亞籽、其他廠商的橄欖油、希臘優格或蘋果；都等於是把注意力與資源從更要緊的問題抽離。這基本上是浪費研究人員的時間，他們高高興興地接受經費贊助，只為了測試某款人造奶油是否能有效降低膽固醇。**這類研究嘉惠的不是整體人類，而是聯合利華或家樂氏的股東**。切西教授甚至質疑抗氧化物的價值。它雖然對人體健康多少有些益處，但尚未有科學研究證明它的益處大到值得形成養生風潮。「我們太習慣抗氧化物被添加至食品中，就因為製造商相信這是個賣點……它已經成為飲食文化的一部份。就算科學還沒能證實它的真正功效，大家也都視之為理所當然了。」

回到都樂食品公司。巴列特與吉利特對於上述現象頗有警覺，也看不慣超級食物的標籤被到處濫用。目前都樂公司僅在「營養加分」系列產品中使用奇亞籽，宣稱的健康益處也僅限於自家機構所做的研究能夠背書的範圍。在沒有明確證據之前，他們不會吹噓都樂奇亞籽燕麥脆片可治療癌症或是吃了就能跑馬拉松。雖然奇亞籽已被市場廣為接受，包括了供應端（大量需求造成價格居高不下，都樂甚至開始在香蕉園自行試種奇亞籽）與消費端，但**民眾願意爲食物額外付出的預算畢竟有限**。這或許表示都樂必須減少產品中的奇亞籽含量，進而在有效含量（能夠對身體產生可測量的影響）與產品價格之間求取平衡。該公司也得面臨其他同業紛紛進場，在他們的產品裡灑點奇亞籽的銷售競爭。全球最大加工食品製造商康尼格拉（ConAgra）推出了含奇亞籽的傳統穀物粉，消費市場研究機構英敏特（Mintel）的報告則指出含奇亞籽的商品銷售，在２０１２年較前一年增加幅度為78％。雖然當時的全美市場規模僅一千多萬美元，而都樂食品已享有14%的市佔率，但競爭只會隨著更多企業搶搭這趟順風車而益形激烈。

「市場已經開始**飽和**了。」巴列特說：「倘若可口可樂把奇亞籽放進他們的產品中，遊戲或許算是玩完了。這實在不是我們所樂見，因為這會造成消費者混淆，連帶使得其他產品也招來質疑。假如奇亞籽真的開始全面流行，這種情況便很可能會發生。」

有鑑於許多美國民眾吃得太差，連基本的營養也沒攝取到；都樂公司的奇亞籽產品若能成功推廣，說不定可鼓勵更多消費者留意自己的攝食內容，甚至進一步改善普羅大眾的飲食習慣。「嘗試過奇亞籽的消費者，只佔美國人口的百分之三。」我和巴列特在大衛．莫達克經營的健康食材餐廳共進午餐。他相信就算奇亞籽能跟亞麻籽一樣形成風潮，高價位仍可確保它的利基市場。「它是一種營養豐富多元的正牌超級食物，但你還是可以從其他較便宜的食物中攝取Omega－3不飽和脂肪酸、纖維、鐵質與鈣質。」

巴列特明確表現出審慎態度。但聽過切西教授與奈索教授的一番話後，我很難不對奇亞籽或這波最新的食尚風潮產生輕蔑之情。廠商持續不斷地吹捧特定成分、提出大量欠缺科學實證的營養理論，實在令人頗為厭煩。說不定牧羊人、荒漠跑者和漁夫給我們的最寶貴一課，是他們攝取**真正的食物**，而且飲食均衡，連麩質都吃下肚。真正富含抗氧化物的，不是添加抗氧化物的汽水，而是一顆新鮮水果。然而當我們再度造訪超市，**架上的各式最新流行仍會向我們的大腦施展召喚魔法**。

第二部
引爆食尚潮流

The Tastemakers

Why We're Crazy for Cupcakes but Fed Up with Fond

「潮流是如何從味蕾達人的想法最後進入我的嘴裡：剛開始只是一小群支持者建立了需求，後來他們自發性地把話傳開，最終推波助瀾成為主流風潮。」

伍 銷售：頒獎之夜

事後看來理所當然的食尚風潮，事實上都是混亂無序、不可預測環境之產物；猶如史前冒泡池水中演化出複雜的生命體。若這類重要時刻完全不是你所能夠控制的，那麼你要如何期望自己能夠在食品業出人頭地？

華盛頓哥倫比亞特區「華特華盛頓會議中心」大會堂的狹長包廂內，一群人在這裡緊張地忙碌穿梭，整個場景有如一個活動備餐室。穿著牛仔褲與T恤，來自紐約的酸黃瓜製造商，與穿著男士晚禮服的義大利巴薩米可醋製造商交頭接耳；甘薯脆餅烘焙師則穿著工作短褲與夏威夷T恤，在凱莉．莫瑞（Carrie Morey）的身旁喝啤酒。一頭金髮的凱莉是來自南卡羅來納州查爾斯頓市的餅乾烘焙師，她剛化好了妝、換上合身的小禮服，彷彿準備參加舞會。「我好緊張喔。」凱莉說：「心臟一直怦怦跳。」

「我覺得自己像個小孩。」西班牙乳酪商璜．費格洛亞（Juan Figueroa）穿著燙得筆挺的亞麻長褲，看似正準備上遊艇。「我緊張到發抖。」

一個安靜的角落裡站著路易莎．康拉德（Louisa Conrad）與盧卡斯．法洛（Lucas Farrell）這對年約三十的夫妻。他們是佛蒙特州的酪農，專門從事山羊的畜養；同時也是永續農業理想的最上相代言人。當晚他們從包廂上看著大會堂中央長長的紅毯，直抵有著巨大金色主廚塑像的講台。塑像中的主廚端著長形滾蓋式保溫鍋，身側是兩排造型一樣的較小塑像。路易莎低頭滑手機，翻看她飼養的山羊的照片，盧卡斯則與來自舊金山的印度食品鉅子桑育·西坎（Sanjog Sikand）閒聊。西坎身穿亮藍色紗麗，裡頭的橘色T恤印著「蘇吉食品」（Sukhi's）商標，那是他母親一手創立的公司。

上百名站在包廂的人，都是蘇菲獎（sofi™）的入圍者。這座獎旨在鼓勵特色食品創新，被視為特色食品產業界的最高榮耀。康拉德與法洛受邀來此，是因為旗下新公司「大景農場」生產的香醇羊奶焦糖，從全世界數千角逐者當中脫穎而出，可望奪得糖果類金牌獎。其他入圍對手包括席歐巧克力（Theo Chocolate）生產的精緻手工焦糖、印地糖（Indie Candy）的芒果口味「萬聖節南瓜燈」軟糖以及自然煎茶（Sencha Naturals）使用生物可分解包裝的芒果口味薄荷糖。

「我們好幾個禮拜沒睡了。」康拉德身材修長，雀斑與紅髮使她看起來有如休閒服裝品牌 J.Crew 的目錄模特兒。「光是要生產出足夠參加這次活動的焦糖，就是一件大工程。」她的手臂仍酸痛不已。為了這週末的活動，她得花許多時間連續攪拌、擠奶、趕羊、包裝、裝箱與運送，才能做好所有預備工作。她那登對的丈夫法洛說：「不過，羊其實比我們還累。」

大會堂的門打開了，數百名入圍者的親友、加油團成員與觀眾陸續進場入座，伴隨著樂隊演奏的輕快巴薩諾瓦音樂。一名主持人走上講台歡迎在場來賓，然後請來賓們轉頭往後看，以熱烈掌聲歡迎2012年的蘇菲獎入圍者。戴著耳機的帶位員提示包廂裡的人該他們上場了，於是入圍者紛紛走下台階，來到了紅毯，在如雷掌聲中（外加幾聲口哨與喝倒采）宛如準備征服世界的畢業生。

名利雙收的保證

美國的所有產業，從碳交易到雜誌出版，都有這種互示友好、皆大歡喜的頒獎典禮。典禮上杯觥交錯，刻意營造耀眼光彩，甚至模仿奧斯卡金像獎頒發小金人的作法；但這一切其實與外界無甚關連。蘇菲獎頒獎典禮在「夏季專業食品展」（Summer Fancy Food Show）的最後一晚舉行，是主辦單位「特色食品協會」（原「全國特色食品貿易協會」）特別為優質食品製造者及買家所舉辦的盛事，乍看之下與其他同類活動並無二致。然而，隨著精緻美食潮流逐漸影響主流市場貨架上的商品選擇，家家戶戶的烤箱裡出現杯子蛋糕，每個人的飲食中必有奇亞籽；這時候蘇菲獎已成為優質食品的催生者，不只打通了超市通路，最終也抵達你的餐桌。如今它可說是名利雙收的保證，**贏家不但能獲得大眾信賴、打響個人與產品品牌的名號，還能收到零售商大批訂單，進而在同類產品市場中拔得頭籌**。

總部位於紐約的特色食品協會屬於非營利組織，創立迄今逾六十年，服務對象為特色包裝食品及飲料（譬如茶和巧克力）的製造商與專賣店。「夏季專業食品展」創始於1955年，當時僅有少數參展者，且大部分展出的是歐洲進口食品。由於主導特色食品市場的多半是小型獨立生產者與商店，因此這項展覽提供了集結同業的寶貴服務，讓買賣雙方得以在此接觸聯繫、建立網絡。這也是個相對而言較為特殊的活動，高檔乳酪與巧克力製造商們在此齊聚一堂，銷售自家產品給特定市場。這些食品之所被被冠上「特色」一詞，是因為會來買這些食品的往往是閱歷豐富、財力無虞的饕客。他們知道各地區生產的法國葡萄酒有哪些差異，懂得辨別不同乳酪的香氣，而且能叫出心儀主廚的全名。他們是美食家，傳承了西方文化中一支令人反感的分流，平時喜歡戴領巾，態度則普遍高傲勢利。他們若非具有歐洲血統，就是與歐洲搭得上關係。真正的北美人（魁北克與路易西安納州除外）對食物沒那麼講究，冷啤酒和大塊牛排都是他們的心頭好。他們認為上述那類人根本是「愛吃鬼」，而且前面通常還會加上「龜毛」兩字。

到了1980年代，情勢開始逐漸轉變。特色食物文化以及在背後推動的愛吃鬼們，逐漸成為了主流。多虧了日益頻繁的**旅行和移民**，歐陸之外的飲食與口味開始在北美人的餐桌上佔據越來越重要的位置。壽司最初出現在美國時，不但希罕，而且貴得嚇人；但如今已成為國內常見菜色，甚至還攻佔了世界各地的菜單。一度被視為大膽食材的山葵、醬油、咖哩和墨西哥辣椒，現在也變得很常見了。加州的後嬉皮時代農業改革運動，使得當令本地新鮮食材逐漸成為熱門口號，就連麥當勞這類快餐鉅子也得響應口號變更菜單。過去的沙拉僅僅是蔬菜加培根、淋上千島沙拉醬；但如今的沙拉創造出產值百億美元的有機農業，連帶使得巴薩米可醋與初榨橄欖油成為每間廚房不可或缺的調味品。在千禧年之初，美食家們便已拋開領結、揚棄高姿態，進而征服了大眾文化。電視節目上的名廚如安東尼·

波登（Anthony Bourdain）、埃莫里．拉格斯（Emeril Lagasse）、甚至蓋．費爾利（Guy Fieri）坐在營火旁大談如何把肉烤得恰到好處，也讓整個社會開始接受男人下廚。

現在，隨便走進任何一家郊區超市，裡面提供的食物及商品種類遠遠超過二十年前，光是烤肉醬或芥末醬的口味與品牌選擇便多不勝數；但你其實還未真正意識到特色食物已深入家家戶戶。過去亨氏食品公司只賣蕃茄醬，如今你可以在架上發現亨氏的巴薩米可醋、墨西哥辣椒醬、各種有機、無鹽、減糖、全天然產品，除此之外還有競爭對手生產的咖哩、蔓越莓等等口味的蕃茄醬。這些產品不僅在狄恩（Dean）或德路卡（Deluca）這類特色食品專賣店販售，也出現於勞夫（Ralph's）、衛格曼（Wegmans）和喜互惠等一般超市，或沃爾瑪及好市多這些大賣場的貨架上，後者甚至推出了自有品牌的單一麥芽蘇格蘭威士忌。

根據特色食品協會的數據，全美國的特色食品市場年銷售額超過八百億美元。雖然這數字還比不上寶僑公司的年營收，但特色食品的銷售在２０１０年至２０１２年間成長逾百分之二十，在成長比率極低的食品業界可謂一枝獨秀。特色食品為市場帶來業界最熱門的話題，從當地、自然、有機農產品，到健康攝食路線、能量飲料不一而足。這些食品是購物車裡的高檔貨，除了香蕉、牛奶、雞蛋之外的搶購目標。此外，**特色食品也深刻地影響了我們飲食文化的每一個層面**。當卡夫食品這類保守的績優股公司仍得投注高昂成本，設法讓加工處理過的火腿肉看起來比較「天然」，彷彿是剛剛才手工切下的；特色食品已成為我們日常生活的一部份。過去這些利基型食品花了近十年的時間，才從特色食品專賣店走向主流超市的客層。但如今由於超市競爭激烈，再加上美食文化快速流行開來，大型超市業者不得不更深入涉足特色食品世界、**探尋足以打動消費者的最新潮流**。他們想要不一樣的商品，藉此吸引顧客上門購買，於是每年紛紛湧入夏季專業食品展，花三天時間在購物車裡塞滿未來會出現在自家商店貨架上的產品。超市業者就是在這裡採購食尚風潮。

特色食品大閱兵

2012年的夏季專業食品展（在華盛頓哥倫比亞特區舉辦，因為紐約會場當時正在重新裝潢）會場佔地相當於數個街區，來自世界各地的兩千兩百五十名供應商，總共提供了超過十五萬種的樣品。土耳其橄欖油廠商、希臘優格公司銷售代表、自家烘培堅果焦糖的德州家庭主婦，在這個面積逾七十萬平方呎的會場齊聚一堂，競相爭取經銷商與零售商的青睞。從鹽湖城的「自由之丘鮮蔬」這類獨立商店、到好市多這類全國性連鎖店，全都來到場採購。現場提供試吃的產品包括金巴利酒風味葡萄柚雪泥、有機開心果醬、燕麥早餐飲、特地為頂級伏特加調製的通寧水、林林總總的精製乳酪、高級火腿以及所有你想像得到的各種巧克力。

這場夏季專業食品展，真可說是已成形、與成形中的食尚潮流大會串。展場上熱切的潮流支持者各自聲稱，他們家的產品絕對會改變普羅大眾的飲食方式。你可以在一分鐘內，嚐遍方圓三十呎內琳琊滿目的美食：風乾鴨肉、哈瑞寶小熊水果軟糖、義式濃縮咖啡、陳年藍起司、覆盆子康普茶、四種阿根廷橄欖油、西班牙無花果乾、羽衣甘藍脆片、紅辣椒奶油酥餅、紅椒口味希臘優格、威士忌口味冰棒。你還來不及意識到吃進去的都是些異國玩意兒，下一款美食就送來眼前。整個試吃過程以光速進行，差點連咀嚼吞嚥的時間都沒有。身為一名饕客，這對我真是前所未有的體驗。請相信我，本人可是當了一輩子的愛吃鬼呢。

夏季專業食品展從許多方面來看，都是過去與現在食尚風潮的一場科學展覽會。數百個滿懷期望的獨立創業者來到這裡，首次向廣大群眾展示他們的心血結晶，期望能當場得到大訂單，甚或讓自己的想法引領風騷。他們的攤位往往面積最小，通常在擁擠的中央走道上或地下樓昏暗的一隅。**預算拮据的參展者自己畫招牌、裝飾攤位，以絕大熱忱彌補陽春的現場佈置**。他們販售的商品從冰玄米茶、精製肉乾、啤酒口味餅乾、到喜瑪拉雅岩鹽等不一而足。抵達會場後不久，我遇到首次來參展的「溯根公司」（Back to the Roots），這家位於加州奧克藍市的公司販售自己種蘑菇便利包，表現出的熱情恐怕連嘉年華裡負責拉客的人都自嘆弗如。尼奇．阿羅拉（Nikhil Arora）與亞雷杭多．維雷斯（Alejandro Velez）就讀柏克萊大學時聽了一場演講，當中提到咖啡渣可以用來種優質蘑菇，於是這兩人開始在兄弟會宿舍的廚房裡嘗試。雖然阿羅拉與維雷斯未來幾乎篤定進入顧問公司及投資銀行，但經過了九個月的試驗，他們決定棄商從農，並且在四年級時創辦了這家公司。「感覺棒透了。」阿羅拉滿臉笑容，舉起蘑菇便利包給任何經過他們攤位的人看。「我們拿著第一批蘑菇走進昂尼斯之家（Chez Panisse）和健全食品超市時，都還是學生呢。」他們的產品曾被提名蘇菲獎最佳禮物獎，阿羅拉得意地展示那座入圍者都會得到的小銀像（金像只頒給展覽活動最後一晚的贏家）。「這是一種背書肯定，我們並不只是兩個賣蘑菇的瘋癲小鬼。」他熱切的模樣，更讓我明白這場頒獎典禮對他而言有多大的激勵作用。

「大景農場」路易莎．康拉德與盧卡斯．法洛這對賣羊奶焦糖的夫妻，攤位跟其他佛蒙特州生產商一樣位於走道。他們的羊奶焦糖有香草豆及印度奶茶口味，被切成許多小方塊後擺在深色原木板上。他們後方的桌子擺了些樸素裝飾，包括幾個牛奶錫罐以及康拉德手繪的山羊畫。這兩人在２０００年相識於佛蒙特州一所大學，畢業後繼續留在當地。康拉德成為事業有成的攝影師與藝術家，法洛則一邊寫詩、一邊在附近大學教書（好一對佳偶啊）。康拉德雖然成長於時髦的紐約上東區，但仍決定與法洛一同到他學生家裡的農場學習飼養山羊，而且很快就愛上了這門事業。到了２０１０年，他們在婚禮過後買下一塊土地與三隻山羊（他們甚至把擠奶設備放進結婚禮物清單），然後開始製作羊乳酪。沒多久，他們也開始試做羊奶焦糖。這種香濃滑順、口感清甜的糖果雖然在墨西哥很常見，但出現在美國卻是頭一遭；法洛與康拉德相信他們做出了全世界最棒的焦糖。這是他們第一次參加夏季專業食品展，也是他們第一次參加任何食品展，同時是他們第一次獲得入圍。不久前，法洛與康拉德還在自家廚房裡煮焦糖，連續手動攪拌數個小時不得休息，才能將最後成品送至當地五名客戶手上。如今他們已有了約五十名客戶，來參展的目的，就是想看看是否還有其他地方的人對他們的產品感興趣。「我們產量有限，因為現在只有十二隻羊。」康拉德聊起每隻羊的個性，就像談論親生子女般充滿溫柔。他們的蘇菲獎小銀像擺在羊奶焦糖旁邊，兩人都緊張地等待稍後的冠軍名單出爐。多虧了入圍蘇菲獎，他們才得以在農業部貸款截止日期的十天前申貸成功，買下現在的牧場。若他們能奪得金獎，未來必然將更加光明。他們的故事就像現實人生版的灰姑娘。

展場上的許多新公司，無論是銷售奇亞籽或頂級乳酪，創辦人之前若非曾經當過公司法務，就是曾經任職於投資銀行；這簡直成了創辦特色食品公司的主要先決條件。就像金融危機發生後，許多擁有常春藤聯盟名校學歷的財經界人士紛紛轉戰杯子蛋糕事業。經營食品業雖然艱難、成本高、而且競爭激烈，卻也異常有趣。**若民眾願意接受你的點子，前途可說是無可限量**。夏季專業食品展讓這些夢想家們得以一窺前輩們的成果，看他們如何成功開創食尚潮流，成為年營業額數十億美元的市場龍頭。雷根糖（Jelly Belly）、法耶希臘優格（Fage）和卡希早餐穀片（Kashi）這些大廠不僅來展場設攤，甚至把攤位佈置得蓬蓽生輝，鋪上特別訂製的地毯、擺了一整排的電視牆和沙發座，數十名業務代表穿著搭配佈景的馬球衫或西裝，接待所有來自世界各地的買家。

美食無國界

當然了，畢竟現在是全球貿易時代，國際社會自然也為每年的夏季專業食品展出了一份力。只要是境內有生產食品的國家或地區，皆以公帑贊助參展、設法吸引北美顧客的青睞。他們的攤子小至非洲國家尚比亞的種籽攤位，大至智利的數十家食品廠聯合展出，現場有葡萄酒、各式油品、皮斯科調酒、和一輛提供智利美食的大型餐車。每個國家的攤位不僅反映他們在全球食尚風潮的位階，也折射出自身的文化內涵，猶如在**迪士尼明日世界主題公園舉辦美食展**。我第一個看到的攤位是加拿大，我的家鄉與母國。除了有許多頂尖特色食品公司參展，推出精釀啤酒、沙拉醬和歐式手工麵包，加拿大政府還決定特別介紹曼尼托巴省的大麻籽以及一家專賣玻璃容器的公司。不過，一家知名加拿大餅乾公司刻意將攤子設在遠處，以免加拿大政府的平庸展出影響到客戶對他們的印象。加拿大的隔壁是色彩繽紛的墨西哥攤位，偌大的空間展出了琳瑯滿目的莎莎醬、龍舌蘭酒和迷你玉米捲餅。墨西哥生產商顯然相信，衣著火辣、魅力四射的女性公司代表對拓展業務勢必大有幫助。巴西人則仍在努力推廣巴西莓保健風潮，將這種莓果加在糖果、飲料、酒類及早餐穀片當中，雖然美國市場早已絕塵而去。反之，阿根廷僅有少數幾個攤位，促銷奇亞籽、橄欖油和焦糖牛奶醬；而且這些攤位甚至有很長的時間半個工作人員也沒出現，他們全都照慣例去享受兩個小時的午休了。

大部分國家來到這裡，似乎是為了**強化本國給外界的刻板印象**，尤其是歐洲。英國攤位低調陳列奶油酥餅、切達起司以及其他來自女王領地的開胃小點，旁邊伴著一堆威爾斯與美國友好旗幟胸章。德國的精準工程技術表現在排列工整的律特巧克力，以及穿著剪裁俐落的西裝、戴上時髦方框眼鏡、坐得直挺挺的業務代表們。金融危機顯然對希臘攤位影響不大，不斷有其他希臘人過來索取橄欖、油品和葡萄葉包飯糰的試吃樣品，現場氣氛宛如鄉村市集。下一個攤位是軍容最為壯盛的義大利（基本上，美國的特色食品市場就是靠義大利人撐起一片天），俊男美女們穿上簡約高雅的套裝，為來客倒檸檬酒、切下一大塊帕馬森乾酪。然而，到了星期天下午，當義大利與愛爾蘭在歐洲盃足球賽展開對決，男性員工們竟然全擠到攤位後方的大型電視螢幕前看球賽，再度留下女性同胞幹所有的活兒。

葡萄牙在上一波歐債危機之後的撙節，想必影響了他們的這次展出，因為他們竟然有一個獨立的小攤位僅以手工製作的旗幟裝飾，就連巴勒斯坦的攤位都比這稱頭。而來參展的非洲與中東國家當中，摩洛哥算是最搶眼的，沙發區鋪著華麗地毯、擺上好幾台螢幕空空如也的電視。裡面還有皇宮後院會看到的那種精緻噴水池，只不過噴出來的是新鮮梨汁。日本攤位則使盡渾身解數展現和風，提供的試吃品包括清酒、啤酒、袋鼠造型餅乾，件件擺設得宛如博物館珍藏。許多參展的商販穿著傳統和服，熱血的日本電視台工作人員圍繞著攤位拍個沒完。幸好他們的攤位離南韓對手有段距離，後者使出了殺手鐧，將油炸柿子餡麵團、韓式烤肉迷你漢堡、和風味海苔餅乾送進每位來客的手裡以及促銷人員的袋子裡。他們提著這些袋子滿場跑，分給前來參觀的每一個人。

目前為止，我最喜歡的是中國攤位，因為它似乎完全不關心夏季專業食品展的觀眾感受。儘管中國美食文化悠久輝煌，它的參展攤位設計簡直毫無品味可言。中國是陣容最龐大的外國隊伍，分別佔據了四塊區域，參展廠商的名字頗為突兀，譬如寧波市金橋進出口有限公司、陝西一葉軒生態科技有限公司之類，每家公司的攤位裡擺著幾張桌椅。裝飾攤位的是工廠、牲畜和食物（稻米，集裝箱貨輪）的照片以及食品添加物。有個攤位甚至向解放軍英雄雷鋒致敬，他是中國共產黨的偶像人物，二十二歲時被倒下的電話線木桿砸死殉職。由於攤位贊助商實在太敬愛他了，就算雷鋒與食品業八竿子打不著，也要把整個攤位都獻給他。中國攤位的試吃品很少，而且完全無法勾起食慾。我只看到碗裡放著幾粒堅果，還有一些沒貼標籤的糖果。不過我還是喜歡一張大烤盤上鋪著的蕃茄糊，上頭擺著一支塑膠湯匙。這張烤盤簡直是在呼喚：「請來享用廣州貿易化工企業的蕃茄糊，百分之九十八不含甲醛喔！」

我在色彩繽紛的厄瓜多攤位遇到大衛．博美爾（David Bermeo）。他最近剛接手家族的香水與原料事業，但先前雀巢公司將湯品生產基地轉移到智利，使得他們失去了這名最大客戶。於是大衛重新定位「富饒大地公司」（Terrafertil），將生產鎖定在果乾類商品。他來參加夏季專業食品展，是想為黃金果開一條明路。這種水果生長於安地斯山區，俗稱雨葡萄或秘魯櫻桃，薄薄的花萼內長出亮黃色、圓滾滾的酸甜果實，經常被用於裝飾熔岩巧克力蛋糕或其他婚禮點心。博美爾相信黃金莓有凌駕蔓越莓的市場潛力，也將旗下公司視為未來的黃金果版「優鮮沛」。「富饒大地公司」的黃金莓產品以「自然之心」（Nature's Heart）為商標，在全世界黃金果市場已佔有九成市占率，但銷售量仍未達到他的期望值。**想要擴大市場，就得讓消費者相信黃金果有益健康**。換句話說，博美爾得創造出新的養生風潮。他們在英國借助公關公司之力向媒體推廣黃金果，歐茲醫師也曾於２０１１年在主持的節目中提到這種水果。經由歐茲醫師的推薦，使得黃金果在美國聲譽鵲起，銷量也從此暴增為三倍；這就是博美爾今天為什麼會來到展場，他打算好好利用這波行銷動能。「你可以花幾百萬美元，請公關公司幫產品做宣傳。」他指指正忙著分發韓國海苔餅的工作人員：「但產品本身吃起來還是有一股海水味。**銷售農產品可不像賣智慧型手機，你得實實在在地按部就班。**」

尋找千里馬的伯樂

現身這次展覽的每個廠商，無論是「大景農場」這類家庭式經營小公司或唐寧茶這類國際市場龍頭，來此都是為了吸引味蕾達人的注意。前來參觀的味蕾達人包括餐廳顧問、餐飲業行政主廚及經銷商。現場也來了大型食品企業，譬如卡夫食品與寶僑的業務代表。**他們到這裡是爲了觀察最新趨勢、評估潛在併購對象**、**發掘值得仿效的好點子**。此外，來參觀的還有主流美食雜誌如《美食與美酒》與《瑪莎·史都華美好生活》以及哥倫比亞廣播公司、國家公共廣播電台與《紐約時報》等全國性媒體、和產業刊物如《食品安全雜誌》、《糖果產業》的數百名記者。然而在場最重要、人數也最多的味蕾達人是超市採購人員。他們踏遍各個走道，尋找新產品與新概念，樣子幾乎就像在自家超市內推著手推車，從貨架上挑出最新的食尚潮流。

就在我第一天早上等著進入會場時，我巧遇了之前便已相識的賽希歐·厄南戴斯（Sergio Hernandez），他在布魯克林經營一家頗富名氣的小型特色食品商店「布魯克林廚櫃」（BKLYN

Larder）。他從紐約搭火車來的那天早上，已經和事業夥伴法蘭西．史帝芬斯（Francie Stephens）根據他們需要的商品類別（譬如新款巧克力或橄欖油），一起過濾了參展廠商名單，標記出曾經合作以及有意接觸的對象。「我們一進會場，就直接往走道過去。」厄南戴斯一邊說著，一邊走向某個義大利產品進口商，嚐嚐十來種水果醋的味道。每種水果醋滋味都不賴，但厄南戴斯得拿出鑑別力。「雖然你可以循序走遍每條走道，但你還是會感到疲倦，被迫試吃不中意的東西。」後來我又遇到密西根州安娜堡特色食品鉅子「金爵曼」（Zingerman's）的共同創辦人艾里．溫斯維格（Ari Weinzweig）。過去三十年來，他從不缺席這項展覽，總會蒞臨現場為旗下商店、餐廳及享譽全國的郵購事業尋找滋味豐富的傳統食物。

「**有了網際網路和電子郵件**，現在瀏覽展場攤位變得簡便多了。」腿長的溫斯維格疾步通過走道，同時兩側的攤位不斷有人吆喝。他偶爾會停下腳步，抓起一把試吃品或嚐一小口，但大部分時間他只是信步向前走。「我的作法是從走道的一側開始邊逛邊做筆記，直到時間告罄。這當中根本沒時間試吃。雖然這樣做不太好，卻是唯一可行的辦法。」最後，他終於在「塔莎巧克力」（Taza Chocolate）的攤位前駐足。這家麻州食品公司專門生產墨西哥式石磨巧克力。「胡椒鹽口味在哪裡？」溫斯維格問攤位的女工作人員。「我以前吃過，但想再嚐嚐看，雖然我店裡有賣這家公司的產品。但巧克力一定得試吃，因為它跟橄欖油一樣，幾乎每個廠商對自家產品的描述都大同小異。」廠商給溫斯維格的說法多半是「精製」、「傳統」、「純手工」，卻很少具體描述吃起來是什麼滋味。加了胡椒鹽的巧克力跟想像中差不多……吃起來就像在高級巧克力上灑鹽和胡椒，對我來說味道挺詭異，但溫斯維格發誓真的有人喜歡這口感。

買家們忙著試吃、閒聊，藉此**觀察市場的新趨勢、發掘足以吸引顧客上門的賣點**。厄南戴斯及溫斯維格這些人專門造訪小型獨立生產商，因為後者能提供獨樹一幟的口味。畢竟他們的顧客是教育程度最高、最懂得吃的一群，對市場上的新東西特別感興趣。光譜的另一端，則是穿著馬球衫制服與打褶西裝褲的採購人員，來自衛格曼、好市多、沃爾瑪這類全國性連鎖超市與零售商。由於過去數十年來，主流顧客的品味已變得日趨複雜、也更為講究；因此大型賣場都開始提供各式各樣的特色食品。雖然好市多或沃爾瑪也會有不缺錢的美食家上門買東西，但它們的主要顧客通常很晚才跟上食尚潮流。這就是為什麼海鹽焦糖會先出現在「布魯克林廚櫃」這類小型特色食品超市，遲至多年後才在好市多這類大賣場買到。食尚潮流會隨著時間自上而下滲透，從網路商店與農夫市集，流傳到地區性特色食品超市，接著再傳到小型連鎖超市，最後才進入大眾市場：健全食品超市。

特色食品的聖杯

這家崛起於德州奧斯丁市的連鎖超市，是獨立特色食品製造商與大型超市之間的重要橋樑，說它對推動食尚風潮革命做出了莫大貢獻一點也不為過。健全食品超市與小企業合作，協助它們擴大市場，並提供小企業自身負擔不起的宣傳曝光。**若你的產品能打進健全食品超市，你就等於取得了主流口味**

的入場券。若你進不了健全食品超市，那麼你想創造潮流恐怕只是緣木求魚。「這場展覽的聖杯是健全食品超市。」厄南戴斯一邊說著，又試吃了幾款橄欖油。「所有才會有許多廠商，特別為健全食品超市量身打造產品。」有些獨立超市，譬如「布魯克林廚櫃」，根本不賣任何已經出現在健全食品超市的商品；因為對這些眼光獨到的業主或顧客來說，這些商品已經變得太主流。健全食品超市將旗下賣場分為十一個地理區（譬如西北部，紐約大都會，西北太平洋沿岸等等），每個區域的商品採購是各自獨立進行的。透過這種方式，健全食品超市各分店得以採購當地的農產品、肉類及海鮮。這麼做除了能**善盡環境永續發展的企業責任**，同時也可在各別市場**測試產品銷售**，譬如「奇亞媽媽」的飲品；一邊觀察顧客反應、一邊逐步建立供應鏈。對夏季特色食品展的參展製造商而言，若有身上掛著健全食品超市臂章的人大駕光臨他們的攤位，就表示他們的產品前景大好。十多名來自不同區域的健全食品超市採購人員在展場內來回穿梭，雖然他們看似有權挑選任何中意的廠商，但他們其實都在全球乳酪與特色食品採購主管凱西．思全吉（Cathy Strange）的密切注視之下。凱西可說是夏季特色食品展中最有影響力的味蕾達人了。

我和思全吉在展覽開幕的次日早上碰面，相約於地下樓展場的入口處。她個子頗高，肩膀寬闊，當時穿著一件蓬鬆的淡紫色襯衫，搭配牛仔褲與慢跑鞋（展覽期間，她每天換一雙不同的慢跑鞋）。思全吉雙手有力，酪農般的燦爛笑容裡露出兩個酒窩。這模樣相當符合她應有的形象，畢竟她被各界尊崇為美國乳酪皇后。思全吉在北卡羅來納州土生土長，從１９９１年開始為北卡杜倫市的當地特色食品市場銷售紅酒，後來她任職的公司被健全食品超市收購。自此，她在體制內快速晉升，從區經理變成主導全國業務的主管。最後她以自身對食尚風潮的**敏感度及預測能力**，獲選為負責全球乳酪採購業務的掌門人。過去數年來，她擔任過美國乳酪協會（American Cheese Society）會長，親自製作過幾乎每一種乳酪，並且造訪了近如威斯康辛州、遠至義大利鄉間的酪農場，尋找下一波能夠打動健全食品超市顧客的乳酪、巧克力、橄欖油或其他特色食品風潮。當思全吉挑中某個品項，一種食尚便開始風起雲湧，在食品產業內激發出莫大迴響；這不僅形塑了其他零售商的採購方式，也改變了食品被製作、包裝、銷售至全世界的方式。就如《時尚》雜誌主編安娜·溫圖（Anna Wintour）之於服飾界、製片哈維·溫斯坦（Harvey Weinstein）之於電影界；思全吉可說是乳酪界的教主。

我和思全吉走過展場時，眾人紛紛投來注目眼光。有些人盯著我們看，開始竊竊私語；有些人則斗膽上前要求握手、提供試吃品或遞出名片。這種矚目程度從頭到尾沒有間斷過。「每次來參觀特色食品展，我都覺得自己像珍妮佛羅培茲。」她一邊開玩笑，一邊向眾人揮手致謝，但腳步卻完全不曾稍有停歇；樣子簡直像經驗老道的政治人物在競選活動中與支持者互動。「我要找色彩出眾的。」她疾步向前，我得費點勁才能跟上。「觀察商品的營銷方式、有哪些熱門賣點、能不能配合健全食品超市。**我只看那些讓我眼睛一亮的**。」思全吉一邊前進，一邊左右張望，彷彿汽車駕駛掃瞄街道兩側商店。「我的作法是分而治之，先掃過每一排走道，看到了什麼便做筆記或拍照。」她從頭到尾拿著手機，並且用一台小型攝影機拍下短片，同時在紙上寫筆記。「我只用很短的時間觀察攤位，然後當場做出決定。若是沒遇到什麼值得多看兩眼的，我就會馬上離開。」和厄南戴斯及其他獨立超市業主一樣，思全吉要的是尚未出土的寶石，也就是尚未被任何人察覺到的新風潮；而且她希望獨占這股風潮。健全食品超市與生產商的合約中，包括了一定期間的獨家販售權利，好讓對方的商品只能在他們的分店內買到。「要是喜互惠超市也賣同樣商品，那一切就免談了。」

我們在一個鐘頭內就掃過半個展場，試吃了俄勒岡州羅格乳製品公司的煙燻藍乳酪，佛蒙特奶油公司與乳酪工坊的法式開胃菜，來自香檳區的超美味德國酸菜，西班牙菲格羅亞的迷你綿羊乳酪塔，來自法國朗格多克產區的可口橄欖，以及西維吉尼亞州一處奇特小農場「薊露水」的迷迭香風味蜂蜜。期間思全吉被某個她在亞特蘭大認識的人攔住，這名進口商在秘魯的攤位旁也擺著自家產品。「凱西！凱西！」他抓住她的手臂，將她拉過去。「我要給妳看一樣東西。」他手裡握著一顆極小的紅椒，形狀宛如淚滴，體積則比扁桃仁大不了多少。這個最近才在秘魯叢林發現的新品種甜椒被命名為「糖果滴」（Sweety Drop），全由他獨家進口。思全吉受到吸引，拍了幾張「糖果滴」的照片，並且錄下這名進口商對它的特色說明，潦草寫完筆記後才開始實際試吃。「我喜歡。」她嚐了三、四口，然後說：「味道很棒。甜味和辛辣度都是美國人會喜歡的。外觀也相當吸引人。」接著思全吉開始提問：還有其他人販賣這種甜椒嗎？它是否已經開始配送？包裝？行銷？進口商回答這些問題時，她托著下巴頻頻點頭。「好，寄些樣品給十一個分區的所有業務代表。」這位亞特蘭大老兄不禁喜形於色，然而當他正打算拿出其他產品讓思全吉過目時，她已經邁步離去，忙著嗅出下一波食尚潮流。

我問思全吉，她的最終目標是什麼。「我希望健全食品超市的顧客離去之後，仍然對我們的商品記憶深刻。**食物創造了感官體驗**，**有其視覺效果**。你會記得嚐過的某種甜椒是什麼味道，也會記得它留在嘴裡的芬芳。」我們的最後一站是來自西班牙的蜂蠟乳酪，味道香甜，入口即化。「你感受到了嗎？」思全吉把蜂蠟乳酪掰開，分給我一半，然後深深地聞了一會兒。「多麼細緻的質感！美妙的花香！這就是我們在尋覓的寶藏！」

隨機的評選過程

我向思全吉道別後，上樓前往一個燈光明亮的房間，蘇菲獎入圍者們在此接受評審。所有來參觀的零售商或記者都可以自行投票，所以當我走進來時，三張高達胸口、排列起來長度佔滿整個房間的桌子，已擺好所有入圍者的參選產品。現場有大約六名穿著廉價出租禮服的服務生，為評審們送上比較需要協助的試吃品，譬如「艱苦時代」（Hard Times）的辣湯、「艾琳娜之家」的地中海燉湯（入圍「湯，燉豆或辣椒」類）或確認評審們沒有偷偷多吃一份。負責監督全場的是特色食品協會公關主任路易絲．克萊默（Louise Kramer），她向我解釋了評審流程是如何從幾個月前就開始進行。

特色食品協會的成員以會員為主，任何品牌都必須經過委員會的審查才能被核准入會。這和參加祕密會社雖然不盡相同，但仍有助於**維持一定程度的品質**，並且避免大型集團主導整個協會運作。協會在每年春季發出通知，邀請業者申請角逐各類獎項。每家參賽公司最多能報名八項產品，2012年的夏季專業食品展共收到了來自一百一十三家公司的兩千五百項參賽產品。參賽者必須將樣品寄送至協會的紐約辦公室，這間辦公室配置了幾間試驗廚房。接下來，樣品會被交給由九名評審組成的提名小組。提名小組的成員每年輪替，當中包括來自各個領域的味蕾達人：獨立特色食品零售店業主、全國性超市採購人員、餐飲集團主管以及美食報導記者。這群人會花整整八天的時間，仔細評量所有參賽商品，根據其外包裝、建議零售價、成份、銷售潛力以及最重要的口味進行評比；這些基本上就是採購者在評估某項產品是否值得上架時，會考慮到的幾個重點。接著，評審團遞出他們的分數，並且在每項類別選出自己心目中的前十名。經過一番爭辯與相互討論，所有數據被製成表格，接著協會便會通知最終的入圍者。

展覽開幕後的頭兩天，任何資格符合、而且有興趣的人都可以自由來此投票（那一年，投票數總共達三百票）。投票過程並不算嚴謹，畢竟你已經在展場大吃特吃不少東西，一下子是乳酪，一下子是巧克力，一下子又是沙拉醬，然後接著吃餅乾和乾燥羅勒葉水晶糖（味道像青醬糖果），味蕾根本失去了鑑別力。我和紐澤西州「克里特風味」的老闆伊雪．賽拉綺思（Esther Psarakis）在場內吃了一輪，當我們走到經典美食類，看到入圍產品是藍紋山羊乳酪、義大利陳年巴薩米可醋、另一款藍紋乳酪以及巧克力豆餅乾和薑絲蜜桃茶。「全部混著吃的感覺真詭異。」賽拉綺思看著宛如飯店禮物籃組合的一堆試吃品：「**你要如何從中挑選出優勝者？評比結果根本不可能客觀啊！**」

評選過程的隨機，或許會讓康拉德與法洛這對佛蒙特州牧羊場夫妻感到心寒，他們的前程就看羊奶焦糖能否在這次比賽中脫穎而出了。然而相較於思全吉與溫斯維格這些味蕾達人在攤位間呼嘯而過，蘇菲獎算是唯一真正民主的競賽形式了。知道自己的羊奶焦糖很可能得在九十秒內，與天然酵母鄉村麵包和摩洛哥薄荷茶在評審的嘴裡拼出個高下，他們恐怕會錯愕得說不出話。不過，夏季專業食品展的本質正是如此：**事後看來理所當然的食尚風潮，事實上都是混亂無序、不可預測環境之產物**。猶如史前冒泡池水中演化出複雜的生命體。若這類重要時刻完全不是你所能夠控制的，那麼你要如何期望自己能夠在食品業出人頭地？

儘管如此，再怎麼混亂的環境都會出現贏家。《糖果產業》雜誌特約作者科提斯·瑞蘭德（Curtis Vreeland）剛剛採訪完所有入圍者，對大景農場的羊奶焦糖特別感興趣。「蘇菲獎讓我有機會認識那些分散在各地、值得記憶的人物。我把這項獎視為一種指標。」瑞蘭德手裡拿著一份入圍名單，上頭印著每個入圍者的攤位編號。他預測大景農場若能在今夜奪獎，未來事業將一飛沖天。

「蘇菲獎」的指標性意義

一座蘇菲獎能改變一家公司的命運，但最終的好壞仍在未定之數。有些得獎產品確實訂單倍增，打進了新市場，上架至全國性連鎖企業。但也有些產品完全沒得到任何好處或因為生產趕不上需求，最後公司被迫關門大吉。無論如何，蘇菲獎帶來的影響絕對超過價值一百二十五美元的獎座本身。特色食品協會的人很愛提到１９９９年的那場大混亂，當時有個義大利青醬生產商八成是喝醉了，在頒獎典禮過後出面抱怨還沒拿到他的冠軍獎座。他返回飯店後，協會人員才發現該兄根本沒入圍任何獎項。隔天他被協會人員找上門，並遭到不交回獎座就開除會籍的警告，他識相地照辦了。

在一個充斥潛力商品與新崛起食尚風潮的混沌環境中，蘇菲獎入圍名單為茫然不知所措的買方，提供了經過精心篩選的搜尋線索。「從展場一眼望過去，蘇菲獎對買方而言是特別醒目的標示。」可禾公司（KeHE）特色食品零售部資深通路經理金．克里斯多福（Kim Kristopher）如此表示。可禾是全世界規模最大的超市批發經銷商，也是當年的蘇菲獎評審小組成員之一。「這些商品一定有其吸引人之處，當初才會獲得提名。這也就是為什麼入圍名單成為不可或缺的參考，它讓買方得以將所有經過業界領袖認可的入圍商品看過一遍。」可禾公司代表著「超值」（Supervalu）這類主流連鎖超市，而對他們來說，蘇菲獎的獲獎或甚至只是入圍，皆足以等同於專業認證，可讓他們在挑選特色食品、追逐食尚潮流時少冒些風險。「**蘇菲獎突顯了某個區塊的需求。**」克里斯多福在可禾公司的攤位內向我解釋時，身邊圍繞著一群採購大軍。「當某個羊乳酪產品得獎，這就好像在說：『嘿，羊乳酪得獎了。咱們來找找這類產品吧。』」幾年前，煙燻辣椒巧克力與海鹽焦糖曾奪得蘇菲獎，後來兩者都成為主流超市的架上商品。

頒獎典禮當晚，當入圍者走下紅毯接受觀眾掌聲歡迎時，一個穿著銀色緊身連身衣，把自己打扮成蘇菲獎獎座的小丑在人群間走來走去。知名主廚荷西．安德列斯（José Andrés）進了一場主題演講，長篇大論的內容包括他為西班牙海軍呈上美味的伊比利火腿，以及他將某些人對在地食材的堅持稱為「食品業界的西班牙宗教法庭」，並且稱這群人為「塔利班」。當晚的氣氛很快就變得情緒激昂了起來，賣蘑菇便利包的兩個「湖根公司」小伙子握緊拳頭興奮叫好，在講台上蹦蹦跳跳。樸實的突尼西亞農夫梅吉德馬約（Majid Mahjoub）則以口感細膩的手工揉製庫斯庫斯勝出，他將這座獎獻給一年前點燃阿拉伯之春的祖國同胞。許多獲獎人在麥克風前哽咽地說不出話，一家舊金山果汁雪泥公司的創辦人甚至在舞台上狂哭。

大會主持人唸出糖果蜜餞類的入圍者名單時，法洛與康拉德夫婦坐在一起，緊握著雙手。當他們被宣佈為冠軍，他們似乎驚呆了一會兒，然後才起身互相擁抱。「我們的羊一定會很興奮。」康拉德像得到超級盃冠軍獎座般，在講台上高舉著蘇菲獎獎座：「牠們愛死了亮晶晶的東西。」法洛則接著說：「能夠下山來，跟羊群以外的生物相處還挺不賴。」觀眾聞言都笑了。

明天，他們的攤位將擠滿買家與前來道賀的人，包括健全食品超市地區業務代表、歐普拉雜誌的編輯、甚至他們的州參議員派崔克．雷希（Patrick Leahy）。再過幾個月，大景農場的產品銷量將成長四倍，幾週內就增加了十來名新客戶，到了當年年底客戶總共超過五十名，其中包括高檔烘培連鎖店「每日麵包坊」（chain Le Pain Quotidien）。《紐約時報》等媒體將特別報導他們的羊奶焦糖，而連鎖服飾店「人類學」（Anthropologie）也將預定十八萬顆羊奶糖，準備於節日期間在店內銷售。這一切都能**讓大景農場比法洛與康拉德夫妻預計的時間，提前好幾年成爲能夠獲利的公司**。到時候他們就能買下自己的農場，升級至更好的擠奶與包裝設備；最重要的是購入更多的羊隻。他們的產品將有更多消費者得以品嚐，而他們的成功也會鼓勵其他人投入羊奶焦糖的製作，甚至催生出一個新的小型羊奶焦糖經濟圈。一個佛蒙特州小農場的獨立實驗在不到幾年之後，便成為全國每間超市架上的熱門商品。

然而在那一晚，當他們捧著蘇菲獎獎座回到攤位，這一切都還沒發生。康拉德笑得合不攏嘴，用手機為獎座拍了好幾張照，期間還不時看看心愛的羊兒們的照片。

陸　數據：趨勢觀察家

這一小群食品業界的影響力人物，可說是食尚潮流的弄潮兒。美食文化的風行不僅激發了消費者的興趣，同時也加快了潮流的變化腳步。因此對食品公司來說，預測趨勢的能力變得日形重要。

蘇菲獎活動結束的六個月後，我前往舊金山參加冬季特色食品展（Winter Fancy Food Show），即夏季食品展的西岸版。這項展覽的規模較小，也較著重於當地的食品業者。當時我才剛從流行性感冒中痊癒，熬過了難受得要命的三天，接著便前往展場狂喝各種綠茶，偶爾才吃些食物和喉糖。到了展覽最後一天的下午，我走進燈光昏暗的會議室，在長桌的一端坐下，周圍伴著十名女性。現場除了我之外，還有路易絲．克拉瑪（Louise Kramer）及特色食品協會的公關暨溝通副總朗恩．泰納（Ron Tanner）。泰納將一個紙箱放到桌上，然後從裡面拿出半打已開瓶的展出用紅酒，既然大家都認為這些試喝樣品不該被白白浪費。多才多藝的電視名廚暨食譜作家莎拉．莫爾頓（Sara Moulton）是美食界傳奇人物，她將這些紅酒逐一倒進迷你紙咖啡杯裡。

「要不要來一點，大衛？」她問。

「我感冒還沒全好呢。」我跟靠自己最近的人保持至少八呎距離，在桌子的另一端咳了幾聲。

「好吧。」莫爾頓說：「我倒些玫瑰紅給你。**沒有比玫瑰紅更有助於感冒痊癒的了。**」

泰納感謝在座人士前來參加這次趨勢研討會。這是每次展覽結束後都會舉辦的活動，目標是讓經驗老道的食尚風潮觀察家們集思廣益，**找出當季展覽浮現的趨勢、並濃縮成簡明摘要，然後據此擬定新聞稿，在隔天發給各個媒體**。為美食網站 girlmeetsfork.com 撰文的鳳凰城美食活動顧問蘇西．提姆（Suzie Timm）率先提出她的想法，說她觀察到「藍紋乳酪」復出，而且出現在預料之外的地方，譬如藍紋乳酪調味粉。她也發現「恰恰茶」這種印度香料混合茶，被用來為泡過酒的櫻桃或義大利硬脆餅添增風味。「我帶了印度朋友隨行，她對所有參展的印度茶產品都表示認可。」提姆自信滿滿地說道。

美食記者史蒂芬妮．絲戴芙提（Stephanie Stevitti）寫過一本有關通心粉與起司的書，同時在全國公共廣播電台有固定主持的節目，她注意到這次展覽出現不少義大利式蛋糕與含酒抹醬（包括一款加了愛爾蘭威士忌的辣椒抹醬），以及許多以煙燻辣椒調味的產品。「我發現椰子成份與印度風相當流行。」莫爾頓點名了一大堆她在這次展覽看到的印度食品。「有些潮流似乎永遠不會褪流行。沒錯，印度風依舊是主流。」灣區名廚暨食譜作家喬安．魏爾（Joanne Weir）則發現**不含麩質**的產品變得比較可口了，前些年這類產品還味如嚼蠟。此外，她注意到不少奇亞籽產品正逐漸將亞麻籽擠出市場，單一純油亦開始有了多種香草風味。《美好家園》雜誌（Better Homes and Gardens）美食版編輯南西．

霍普金斯（Nancy Hopkins）留意到的是醋醃水果（譬如用巴薩米可白醋醃過的鳳梨）、草飼牛乳以及有機希臘優格冰淇淋，甚至預測後者將成為扭轉市場的殺手級產品。

接下來開口的是卡拉・尼爾森（Kara Nielsen）。過去幾天她親手寫了累牘連篇的筆記、也拍了數百張照片，她的發言值得所有人豎耳聆聽。當時她在附近的食品業智庫「烹飪發展中心」（Center for Culinary Development）擔任趨勢專家，這家研究機構專門為食品業者提供創新的產品解決方案；但她後來跳槽至消費趨勢研究公司「印卡諾文化」（Iconoculture）。尼爾森比在場的任何人都更瞭解食尚潮流，而且她說不定在這方面也是全美國最頂尖的。「我對藍紋乳酪特別看好。」尼爾森注意到的產品是灑著藍紋乳酪粉的袋裝爆米花以及藍紋乳酪風味的法國第戎芥末醬。另外，蔬菜有了新的出路，包括茶類、冰棒甚至水果糖。「南美食品已不再侷限於秘魯風味。」尼爾森指出，以阿根廷香芹醬為主成份的產品在今年一躍成為明星，雖然秘魯黃辣椒的市場接受度仍在持續成長；這項觀察應該會讓來自秘魯的名廚李卡多・薩拉德相當欣慰。「開心果被廣泛運用，這一點**開心果推廣協會**功不可沒。它現在可不只是零嘴了。」奇亞籽也已經流行開來，出現在義大利麵、各式糖果與新款飲料中。

所有人發表過一輪高見後，克拉瑪重述了他們的觀察，然後讀出去年冬季特色食品展所列的食尚風潮，包括新型醃漬食品問世、不含麩質食品人氣成長、椰子成份暴紅以及古老穀物重回舞台。這下每個人都頓時明白，他們方才討論的最新潮流和去年根本沒什麼兩樣。呻吟嘆息聲在會議室內此起彼落，絲戴芙提故作驚恐狀：「**完全沒發生任何新潮流！**」莫爾頓則忍俊不禁：「我的天！」泰納為大家的意見做了個總結：「今天我聽到不少人提及草本飲料，譬如蔬菜茶。」他說：「我們可以說『喝蔬菜正流行』。」

「不妨將它稱之為植物飲品吧。」提姆的建議得到了在場所有人支持。最後大家列出本次展覽呈現的五大趨勢：油品新風貌、藍紋乳酪復甦、繁星點點的種籽、頂級香蕉口味以及植物飲品。這些趨勢各以三項參展產品為例，被寫進了新聞稿；隔天《今日美國》與《紐約時報》旋即加以報導。此外，許多新聞網站、部落格及食品業官網也登出了這份新聞稿，其中有些甚至也曾派出自家記者採訪這項展覽，並列出記者所觀察到的食尚風潮。

食尚風潮的創新週期

這次經驗為我這個門外漢提供了難能可貴的機會，得以一窺食尚潮流的預測是如何運行。這一小群食品業界的影響力人物，可說是食尚潮流的弄潮兒。**美食文化的風行不僅激發了消費者的興趣，同時也加快了潮流的變化腳步**。因此對食品公司來說，預測趨勢的能力變得日形重要。餐廳主廚與小型食品公司大可根據自己的品味與直覺來推出產品，但旗下經營連鎖餐廳或量產洋芋片的大型上市公司運作要遲緩得多。李卡多．薩拉德可能在中午想出個點子，晚上皮卡餐廳的菜單就多出了新菜色。盧卡斯．法洛與路易莎．康拉德夫婦可以在星期一試作咖啡焦糖，花幾天時間調整口味，到了星期五便有成品可銷售給顧客。然而對百事食品或丹尼斯餐飲集團這類大企業來說，任何創新週期都得花上好幾年的時間。

首先，他們得在會議室內腦力激盪、設計原型、實際試吃、討論爭辯一番，然後到特定市場測試水溫，找來焦點團體尋求意見、進行調整修正。接著他們才會為產品進行宣傳、準備上市，逐漸鋪貨至各個店面，從一個州拓展到另一個州，從一個國家賣到另一個國家。從最初想法產生、到消費者實際拿到產品，最快的得花上幾個月，慢者如大型企業說不定會耗上幾年時間，整個過程斥資數百萬美元。尤其這類公司的研發團隊與管理階層，對於食尚品味的最新變化經常是遠遠落後。絕大多數的大型食品公司，地點都在紐約、巴黎、或東京這類時尚美食之都的千里之外，甚或座落於美國中西部郊區。這些公司的主管儘管精通數據分析、行銷技巧和營運發展，**但主流食品界連水牛乳和乳牛乳做的乳酪有什麼區別都說不上來**。我有個親戚任職於加拿大一間大型食品加工廠，負責中式食品部門的行銷工作。由於她的飲食遵守猶太戒律，所以她從來沒吃過自己所行銷的食品。有鑑於她的工作能力異常卓越，公司也從來沒要求她培養自己成為美食家。

主流食品業界的人發現食尚風潮的時間，大概就跟一般民眾差不了多少；也就是為時已晚矣。對這些大型食品公司來說，跟不上趨勢腳步可是個大問題，因為它們必須善用食尚風潮帶來的潛在銷售與市場熱度，而且越快推出跟上潮流的產品越好。假如他們全靠自己來發掘潮流，那麼新產品恐怕還沒上市就已經淪為過氣商品，有如服飾品牌到了１９８２年才推出大喇叭褲。大型食品公司必須持續創新、與時俱進，但它們自身的規模又造成研發過程冗長、成本相對高昂，以至於這些公司往往想盡辦法避開風險。它們一方面想走在潮流的最前面，另一方面卻又大打安全牌，不希望虛擲幾百萬美元，結果趕上的只是曇花一現的流行。**在食尚風潮中，它們無法輕盈地御風飛行。**

食尚趨勢預測就是在這裡扮演了重要角色。每年年終的佳節時期，各式各樣的趨勢預測就像聖誕頌歌一樣，以十大排名與線上幻燈秀的型態頻頻出現在美食媒體，告訴大家２０１５年的明星將是烏龍麵和豬腳，或者哪些熱門地點將出現什麼樣的菜式。記者、部落格作家、飯店餐飲顧問則根據第一手觀察撰文（譬如：「我來到某某餐廳，點了某某東西」），從名氣主廚的成品中挑出精彩之作。在一個任何食客都可以造訪高名氣餐廳、參考當地部落客評價、自由選購暢銷食譜的時代，業餘美食家可從味蕾達人的看法中歸納出現在正流行什麼。他們不但從中得到樂趣，也正確地反映了當今美食界的現況。有些點子最終落實為購物車裡的微波食品或汽水口味，但大部分點子都走不到這一步。

真正的趨勢預測是在檯面下產生的，仰賴的是一般民眾難以窺見的詳實報告。這門專業結合了對食物的熱愛與知識，再加上經濟、資料聚合技術、社會學及人類學領域的研究。**這些情報讓食品業如虎添翼，掌握了消費者正在吃什麼、想要吃什麼，並從數據資料中抓出趨勢方向。**從都樂食品這類大型上市公司、到石榴紅這類中小型企業，趨勢預測專家對他們而言就相當於中情局與華爾街分析師；而後者所提供的致勝武器，便是關於奇亞籽作為食品添加物之長期市場潛力的二十頁報告。無論在利基產品市場或大眾消費市場，這群專家才是食尚潮流的真正牧人。

食品產業趨勢預測

費絲．爆米花（Faith Popcorn）是食品業界公認的現代產業趨勢預測始祖。她出生於紐約，本名為較無美味聯想的費絲．普洛金（Faith Plotkin）。普洛金最初是在麥迪遜大道的廣告公司擔任創意總監，但她後來注意到，客戶真正需要的是有人來告訴他們，市場未來將朝哪個方向前進；於是她在1974年創立了自己的策略行銷公司「費絲爆米花智庫」（Faith Popcorn's BrainReserve）。雖然名稱聽起來像西洋棋選手的休閒零嘴，但這家公司很快便大獲成功。普洛金取得情報的方式是**直接訪問世界各地的民眾**，同時廣泛理解使用不同語言的文化，並蒐集標準化的消費者研究調查。她從這些情報整理出現存的十七種整體行為趨勢，包括繭居（保護自己不受外在世界傷害）、人老心不老（嬰兒潮世代在他們年輕時期的喜好與商品中尋求撫慰）以及小小的放縱（承受著壓力的消費者在合理程度上寵愛自己）。這份爆米花報告將特定食尚風潮視為大趨勢中的「一時流行」，譬如杯子蛋糕是人老心不老的嬰兒潮世代給自己的一點小放縱，因為杯子蛋糕讓他們懷念起美好的年少時代。「這些食尚風潮都稱不上趨勢。」普洛金告訴我：「它們充其量不過是趨勢的表現形式。」

普洛金精於自我推銷，而且吹起牛來臉不紅氣不喘。她宣稱自己預測趨勢的準確率達九成五，雖然她多年前預言的「擁抱亭」將取代市區裡的電話亭或營養補充錠將取代真正食物都尚未成真（但她堅信終究會發生），她的公司確實預先指出了幾個重要的食尚風潮變化。「繭居」是爆米花報告在1970年代晚期最先提出的理論，所根據的事實為民眾日益擔心環境污染以及市區的治安情況。在此同時，有越來越多人經常上舞廳玩至通宵達旦，以至於隔天只能窩在床上，等著疲憊的身心恢復元氣。在這種時候，一般人往往傾向於選擇慰藉食物，最好是家裡就有、而且不需要下廚烹調的。因此爆米花報告預言即食食品將大行其道，而後者確實也成為超市各類商品中成長最快的類別。此外，繭居族對安全的需求，也促使普洛金在1981年建議可口可樂公司跨入瓶裝水市場，而這個新產品後來成為該公司最賺錢的品項之一。現在普洛金認為，由於一般人要做的事太多、擁有的時間卻太少，這種同時得過「九十九種生活」的現象搞得大家精神分裂，因此「淨化能量」的食物必然會趁勢崛起，在持續提供能量之餘避開了咖啡因、糖或紅牛能量飲料這類產品造成的健康危害。「**我認爲食物的未來樣貌，形塑了社會的未來樣貌**。」普洛金說：「未來我們將有個講究健康的社會。若你想瞭解一個家庭如何生活，就去翻翻他們的垃圾桶。我們就是這麼幹的，我們分析未來的垃圾內容。」

打從爆米花報告起了個頭之後，食品產業趨勢預測這門專業就開始變得越來越成熟細膩，並且根據不同目標與調查方法分成許多類別。做法最直接了當的就是以**數據**為主的市場調查公司，他們透過公開發布的銷售數據、消費者意向調查、以及自家公司發展出的量化研究來鑑別趨勢，並且為客戶提供運用這些資訊的最佳方式。這類公司包括位於芝加哥的泰克納米食品餐飲顧問公司（Technomic）。戴倫・崔斯塔諾（Darren Tristano）為該公司的資深執行副總，這位土生土長的芝加哥人與我約在多倫多碰面，隆冬中他穿著長袖運動衫、頭戴芝加哥小熊隊棒球帽。崔斯塔諾的調查研究著重於餐廳業者，從地區性三明治連鎖店、瑟迪索外燴公司（Sodexo）到麥當勞這類家喻戶曉的品牌無所不包。泰克納米公司的研究範圍包含全球近二十個市場，而專業背景為會計的崔斯塔諾，則持續挖掘足可追蹤食尚風潮走向的數據。**「要找出哪些不是趨勢還比較容易。」**我們坐在一家時尚新餐廳裡喝咖啡，他說這家餐廳所用的愛迪生鎢絲燈泡在全美各地的高檔連鎖快餐廳（譬如「煙燻辣椒」或「帕內拉麵包坊」）已蔚為流行。「所謂趨勢，就是出現增長和大量應用的地方……你得從一種食物或風味的生命週期開始觀察。」他說：「每個趨勢都有起點，你可以從起點看出它如何成長。」

崔斯塔諾的研究方法，就是觀察餐飲業者的菜單、建立相關資料庫。他們持續監看超過兩千份菜單與限時特餐，範圍從芝加哥、邁阿密這類大城市的獨立經營高級餐廳到卡佳麗連鎖披薩（Calgary），並且為客戶提供最能代表市場現況的樣本。支持這些情報的是**詳實的消費者研究與銷售數據**，讓客戶能夠精確看出哪些食物受到追捧、哪些則無人青睞。接著，崔斯塔諾會實際走訪餐廳，每年做數百趟田野調查以補充最初蒐集的資料。雖然試吃聽起來簡直是夢幻工作，但實際上卻相當累人。「每次去餐廳試吃都像進行一場實驗。」崔斯塔諾抱怨：「我可被害慘了。就連平常出去上館子，我都忍不住要仔細打量周遭的一切。」崔斯塔諾試吃時，通常會評估餐廳的服務方式、裝潢氣氛、定價、音樂、菜單、服務品質、菜色、味道口感等等要素。「我們會深入檢驗某個概念，看看它是否可列入成功餐廳的特質。做一次研究，我得跑六十家餐廳，並且在其中二十五家實際試吃；就算這些餐廳不是每家都值得造訪，我也得把所有的菜色嚐過一遍。」有些日子裡，他甚至得在一天內跑遍二十家小型連鎖店，全程馬不停蹄。

在崔斯塔諾看來，趨勢的源起來自以下幾個地方：首先是異國風味飄洋過海，譬如墨西哥煙燻辣椒或北非辣椒醬。它們一開始僅出現在特色食品市場與移民社區，經過幾十年時間才逐漸為主流所接受。其次是思想前衛的餐飲品牌，譬如起司蛋糕工廠（Cheesecake Factory）會派人到世界各地找尋適合北美市場的款式與風味。另外還有供應商主動引領、透過品牌推廣而形成的趨勢，像是石榴紅公司掀起的石榴熱。最近酪梨躍上食尚舞台，也是多虧了酪梨推廣協會的傾力相助；該協會協助Subway潛艇堡這類連鎖品牌研發出廣受歡迎的酪梨口味新品。而高檔餐廳依舊是食尚指標，名廚創造的潮流會逐漸擴散到主流市場。但崔斯塔諾認為，名廚創造的潮流在這個年頭已變得來得快、去得更快。**有些趨勢則完全出乎意料之外**，這方面崔斯塔諾最喜歡舉的例子是舊金山一家麥當勞分店，２０１０年間每天早上十點三十五分總會變得門庭若市。這時候正是餐廳將早餐菜單改為中午菜單，但店裡仍有些沒賣掉的早餐三明治。所以有些顧客會同時點滿福堡和麥克雙牛堡，自行拼湊出菜單上根本沒有的早午餐組合。麥當勞的粉絲在網路上將這種流行暱稱為麥克十點三十五分，而如今全美各地的粉絲都用這種方式來點菜了。相信不過多久，麥當勞的官方菜單將出現這類早午餐組合。

「我對麥當勞、蘋果蜂（Applebee's）、起司蛋糕工廠這類連鎖餐廳的菜單較有興趣，因為那就是大部分人吃的東西。」崔斯塔諾的前同事，現為全國餐廳協會（National Restaurant Association）出版刊物《全美餐廳新聞》（Nation's Restaurant News）追蹤趨勢的南西・克魯絲（Nancy Kruse）表示：「我不關心紐約頂尖名廚阿蘭・杜卡斯端出哪些料理，或一般家庭式小館在賣什麼。獨立餐廳或許能創造流行，但唯有這些流行出現在連鎖餐廳菜單，特別是加州披薩廚房或起司蛋糕工廠這些嗅覺靈敏的連鎖品牌時，我才可能稱之為趨勢潮流。」和泰克納米顧問公司一樣，克魯絲相當仰賴餐飲業的菜單資訊，而且她並不認為自己是什麼未來學家或趨勢預測大師。她確實曾經成功地預見一些趨勢，但她也曾錯認不少以為會發生、卻遲遲未成真的趨勢，譬如印度料理在美國成為主流。預測趨勢本來就稱不上精確科學，而且如今更是變得撲朔迷離。

二十年前，趨勢是從利基市場垂直向下滲透至主流市場，從高檔餐廳的廚房擴散至連鎖餐廳，最終成為超市貨架上的商品。如今趨勢卻是從四面八方襲來，可能來自非主流界的影響，**可能來自味蕾達人的偏好，也可能來自完全不相干領域的意外之舉**。「我是可以把所有因素列出來，進行各種運算分析。」克魯絲說：「但對我而言，最終的判斷往往是出自直覺。鐵口直斷未來菜單上會出現哪些新寵兒，其實是相當危險的，因為出現意外的機率實在太高了。我們最多只能用常識來推論，透過經驗法則做出預期。在預測飲食趨勢方面，根本沒有任何可靠工具可供運用。我們就像華爾街的分析師，只不過手上資料沒他們多，收入也沒他們來得高。」

企業內部的趨勢預測

有些食品公司會透過內部研究或透過業務與行銷工具來自行預測趨勢，其中最廣為人知的是味好美（McCormick）。這家位於巴爾的摩市的企業是全球規模最大的香料商。2000年，在最近被任命為行政主廚的凱文．維特（Kevan Vetter）帶領下，味好美推出了該公司的首度口味預測。這項預測的背後想法是運用該公司對產品的嫻熟知識，即結合味好美各部門的研發成果、以及他們對餐飲界的專業觀察，藉此推動市場對該公司新產品的需求；**讓他們的顧客，特別是餐飲界的人，能夠多考慮採用這些流行口味的可能性**。維特的團隊從公司內各個部門蒐集資訊與意見，然後從中推論未來引領潮流的將是更大膽的口味。他們將調查結果濃縮成十大熱門風味榜單，包括肉桂、孜然、蒔蘿以及茴香。「當時盛行將帶甜味的辛香料加入主菜，氣味撲鼻的辛香料則放進甜點。」維特在幾年後的一次訪問中告訴我：「我們所作的，是支持那些我們認為合情合理的流行口味。」

這份口味預測報告大受味好美客戶們的歡迎，結果自此之後，維特會在每年春季集結內部團隊成員，包括來自味好美實驗廚房、感官科學研究部門、行銷與顧客研究部門的工作人員；攜手與外界的影響力人物及味蕾達人，包括知名主廚與烘培師、美食部落客、王牌調酒師們共同合作。這份報告在歐洲及中國，則是借助當地名廚之力，俾使這份報告能夠**如實反映當地市場的偏好**。這整個流程得花上五至六個月，最終報告才得以出爐，並且被帶進味好美企業總部的會議室白板上，供主管們腦力激盪。報告中除了指出口味喜好趨勢，也包含不少經濟指標數據。曾經有一年的數據顯示密封罐銷量增加，而由於密封罐通常用於手工醃漬，因此該公司將這項數據解讀為美國民眾對醃漬香料的接受度提高。後來他們提出了幾百種可能的口味組合，並且在一週後將這些組合縮減為二十來種。

由於南瓜是感恩節傳統菜餚，維特的團隊在２０１０年很早就開始預測南瓜料理的香料組合。他們發想南瓜派之外的菜式，逐一分析綜合香料的成份（肉桂、薑、肉荳蔻、多香果），從中找出經常出現在拉丁美洲與加勒比海料理中的口味，譬如牙買加煙燻烤雞。這些料理往往需要用到椰奶，而椰奶又帶來了其他搭配方式的可能。接下來，維特的團隊會前往實驗廚房，針對南瓜派香料與椰奶研發新的食譜。他們所預測的口味必須能運用在**多方面**，無論是上游的食材、或最終的成品；而且至少得能運用在三種以上的類別，譬如主菜、點心以及雞尾酒。維特試驗了十來種食譜，包括南瓜派綜合香料、抹了椰奶的牛小排、用南瓜派香料調味的椰子軟糖、用椰子奶油當內餡的南瓜巧克力夾心餅，接著他再度召集所有團隊成員，共同討論哪些食譜還算成功、哪些食譜不討喜、哪些最可能迎合顧客口味，然後他們才從中選出最後的十大口味組合。名單出爐後，行銷部門開始撰寫預測報告，同時針對這些口味組合，與味好美產品研發部門協力推出新的批發或零售產品，包括民眾可以在超市買到的那些瓶瓶罐罐。幾年前，該公司的口味預測報告催生出一條新的產品線，即烘烤過的香料；而這系列產品是該公司近年賣得最好的品項。

味好美的口味預測報告通常在年終時對外公佈。接下來的幾個月，維特會與味好美的行銷團隊向上百名主要客戶進行相關簡報，同時該公司的經銷商則為其他小型客戶做數百場簡報。不過他們的簡報會為顧客**量身打造**，因此給星期五美式餐廳的簡報內容，與納貝斯克休閒食品公司（Nabisco）的便不盡相同。此外，簡報會議上一定會提供試吃，譬如該公司在２００９年提供了紅辣椒與櫻桃布朗尼，藉此建議顧客們可以用特定產品搭配出新的口味。「預測報告推出一兩個月後，訂單就上門了。」味好美的董事長暨執行長亞倫．威爾森（Alan Wilson）表示：「我們會從業者的角度來思考特定產品如何搭配……考慮墨西哥煙燻辣椒時，我們會想到如何將它用於快餐店的三明治醬料或其他食品業者的冷凍微波食品。」我們大可說，味好美的口味預測報告其實是一種自我實現的預言。該公司宣稱某種東西是未來趨勢，然後利用這套說詞把特定口味推廣到整個產業上下游；這就像高盛銀行將某檔有意抬價的股票評為「買入」等級，然後股票在這項利多消息之下應聲大漲，高盛進而從中賺得盆滿缽滿。

由於食品公司多半沒有自己的趨勢預測研究單位，他們通常會尋求兩家舊金山市調公司的協助：CCD食品研發公司（CCD Innovations），即我認識卡拉．尼爾森時，她所任職的公司；以及麥特森食品研發公司（Mattson）。這兩家公司均擅於預測趨勢、回應潮流。我在特色食品展趨勢座談會結束的幾天後，與尼爾森在CCD食品研發公司的市區辦公室碰面。尼爾森是受過正規訓練的點心廚師，十年前在分類廣告網站上找到現在這份差事，自此之後成為享譽業界的趨勢專家。根據她的看法，食尚潮流代表著人類在飲食方面的種種需求演進，**包括了經濟上的需求、健康上的需求、社會生活上的需求、以及政治上的需求**。規模較大的社會趨勢，譬如綠生活的崛起，背後的需求是「我要為地球做個更好的人」。這樣的需求會創造壓力、進而改變消費者的價值觀（「我得吃當地食材」）。隨著價值觀改變，我們的需求也會跟著改變（我需要當地食材），配合這項改變的商機則應運而生：「我的公司得銷售當地食材。」尼爾森的工作，就是辨識出趨勢的發展；她將這個發展過程分為五個階段，每年針對這些趨勢變化做出十幾份報告。接著，她會與客戶探討這些趨勢能夠帶來哪些商機，並協助CCD公司的產品研發團隊為客戶設計出足以呼應趨勢、打進客戶目標市場的系列食品或菜單品項。

CCD公司的趨勢報告有時候會鎖定在口味的研究，譬如辣味和辛香料；範圍從時髦酒吧裡煙燻雞尾酒剛開始流行時的第一階段，到水牛城辣醬已廣受普羅大眾市場歡迎的第五階段。該公司在２０１０年公佈了篇幅達六十八頁的三明治趨勢報告，當中指出以嶄新面貌復出的猶太熟食，正處於發展趨勢的第二階段。這份報告令我大為吃驚，沒想到報告中**引述了許多我寫過的文章**。這讓我不禁得意起來，沒想到本人在推動精緻猶太熟食成為主流風潮方面，也出了棉薄之力。然而文章在不知情的狀況下被業界用來促銷產品，我還是覺得心裡怪怪的。

希臘優格的潮流現象

對於哪些食尚潮流是深植於文化的緩慢演進、哪些潮流則只是刻意炒作的一時流行，尼爾森有著清楚的區分。舊石器時代飲食屬於一時流行，這種標榜**大量攝取蛋白質**的飲食方式在1975年變得時興。希臘優格則屬於真正的潮流，隨著民眾越來越著重於攝取高蛋白食物以及許多其它養生考量而崛起。尼爾森在2007年初次提及希臘優格，指出它最早出現於紐約的希臘雜貨店，但很快就被「喬氏商店」（Trader Joe's）與格瑞斯提帝斯超市（Gristedes）這些具有味蕾達人地位的零售商網羅到貨架上。尼爾森說道：「它的成份天然純淨，濾除了水分和乳清，既健康又簡單，而且風味復古。」她也指出了希臘優格蔚為流行的其他因素，包括高蛋白、低脂肪、富含益生菌，這些特質均符合全球流行的飲食風潮。希臘優格也獲益於「粉紅莓」（Pinkberry）或「美琪」（Menchie's）這類韓式優格冰淇淋連鎖店的興起，後者的分店已遍佈北美西岸。此外，酸味優格從1970年代就已經出現在市面上，到了1980年代發展出優格冰淇淋，但遲至1990年代才走到尼爾森所謂的第五階段。這都是拜優格大廠「達能」（Dannon）與優沛蕾（Yoplait）之賜，他們在優格裡加入了豐富口味與大量糖份，使得優格盡失健康形象。希臘優格的出現帶有**撥亂反正**意味，重新啟動優格風潮的循環。

我問尼爾森，希臘優格現在走到潮流演化的哪個階段了？她從堆滿產品的桌上拿了一條希臘優格口味能量棒給我：「看來是走到第五階段了。」她點名其他幾種到了氾濫程度的希臘優格口味產品：「市面上還有希臘優格口味的蜂蜜燕麥早餐穀片，每杯含三十七盎司的脂肪。但蜂蜜燕麥片裡真的有任何益生菌嗎？希臘優格成了虛名，把它加進蜂蜜燕麥片之後還剩下什麼？」

希臘優格風潮與舊石器時代飲食流行之間的界線，恐怕將不再那麼涇渭分明。流行的鼓吹者們或許正努力說服大家，那些不只是一時的流行，而是能夠持續下去的普遍風潮。至於該如何鑑別兩者，我能提供的最佳建議便是聯邦最高法院大法官波特．史都華（Potter Stewart）定義色情作品的那句名言：「一望便可知」。

麥特森食品研發公司是CCD公司的主要競爭對手之一，就位於四十分鐘車程外的舊金山灣區的矽谷上方。彼得．麥特森（Peter Mattson）在爆米花報告問世不久後，創辦了這家享有同樣盛名的市調公司，不過他將研究領域鎖定在食品上。麥特森的首次食尚潮流預測於１９７９年推出，當中預言了墨西哥食物、便利烹調（只須用到一個鍋的晚餐）以及可連同包裝袋烘烤的食品技術將成為主流。**隨著消費性商品廠商規模逐漸成長，其運作也變得日益僵化官僚，對市場現況的掌握越來越薄弱**。「大企業在辨識趨勢這方面相當無能。」麥特森告訴我：「食品業的反應速度簡直像冰川，而且對任何風險避之唯恐不及。」

食尚趨勢預測專家

麥特森公司是以示範店與科學廚房實驗室最為出名，成功催生的產品包括果汁製造商石榴紅（POM Wonderful）旗下商品以及星巴克的星冰樂等熱門品項。然而預測趨勢是這一切創新的核心，該公司有一整組人馬專門投入於發掘、匯集能夠推動創新的趨勢預測。我問麥特森，一名優秀的食尚風潮預測專家需要怎樣的特質，他回答：「我們只僱用**熱愛食物**的人。這份工作並非為了維持生計……你必須對食物有著不可理喻的迷戀。這些人會勇闖其他人不涉足的地方。」**食尚趨勢預測專家得夠有創意、具備聰明才智而且能針對潛在趨勢做出具體論證及合理假設**，而後者正是食尚風潮預測的核心要素。

芭柏・史塔基（Barb Stuckey）名列該公司最頂尖的預測專家。這位身材窈窕，說話像連珠炮的女性具備食品科學背景，以及在卡夫食品、Chili's美式休閒餐廳和健全食品超市任職的經歷，迄今已為麥特森公司研發食品逾十年。史塔基精通味覺心理學，幾年前寫過一本相當引人入勝的好書《味覺獵人：舌尖上的科學與美食癡迷症指南》（Taste），這本書提供了我所讀過人體如何回應進食的最佳解釋。在跟尼爾森碰面的前一天，我在滂沱大雨中驅車前往納帕谷的「法國藍」餐廳與史塔基會面。「我們認為自己的角色就是詮釋趨勢。」她點了羽衣甘藍沙拉後告訴我：「我們將切合現實、卻又充滿挑戰的想法擺在客戶面前。我們的任務就是要**測試界線**。」當任何一家公司向麥特森提出需求：「我們打算切入都會市場」或「我們需要能夠吸引青少年的新款三明治」，史塔基便會著手進行市場調查，挖掘那塊市場的相關趨勢。

她每個月為客戶安排五趟實地試吃活動，好讓對方「以道道地地的方式」親身體驗這些趨勢。最近她帶著客戶到德州奧斯丁市來了趟烤肉之旅，而後又到俄勒岡州波特蘭市遍訪美味餐車。一名連鎖餐廳客戶則在洛杉磯，用整整八小時的時間馬不停蹄地品嚐異國美食，幾乎踏遍這座大城市的每個街區和文化聚落，他們嚐過了日本超市裡的熟食，墨西哥社區餐廳的玉米粽以及猶太熟食店的燻鹽醃牛肉等等五花八門的異國菜。這些行程都經過史塔基及其旗下報馬仔的精心策劃，他們在啟程的兩個月前，就開始篩選這趟狩獵活動的最佳地點。麥特森公司也為所有客戶舉行年度趨勢午餐會，現場提供的八道菜套餐相當於全國性食尚潮流的縮影，譬如他們最近便提供客戶們以咖啡葉沖泡的熱飲。

「食尚風潮與最終的市場現況之間，並非鋪著一條通衢大道。」羽衣甘藍沙拉終於上桌，史塔基讚嘆了一番後，用它來舉例點出重點。「**兩者之間的道路其實充滿曲折**，而最終體現的價值是每家餐廳都必須有羽衣甘藍沙拉。當趨勢成真的一天來到，你的清單裡就得有這樣東西。」在她看來，羽衣甘藍沙拉是二十一世紀的凱薩沙拉。自從墨西哥提華納市一家飯店在１９２０年代推出凱薩沙拉，這道菜便成為全球有史以來最受歡迎的沙拉。「羽衣甘藍沙拉遲早會打進星期五美式餐廳或麥當勞的菜單，甚至變成卡夫食品或多力多滋玉米片的口味。」

吃完午餐，我隨著史塔基前往附近的美國烹飪學院（Culinary Institute of America）。由於校園的前身是石砌酒莊，所以整個建築看起來彷如城堡。當時有幾個年輕的實習廚師戴著高高的廚師帽，在偌大的樓梯間跑上跑下。數十名來自食品業的經理人圍繞著酒、開胃菜以及幾個貼上「墨西哥萊姆風味奇亞籽水」（基本上就是一種奇亞籽冷飲）標籤的大水壺。這群人來自食品業的四面八方，包括陶氏益農（Dow AgroSciences）；大豆、蘑菇、以及花生推廣協會；克利夫蘭診所的醫師；哈佛商學院的教授；火雞供應商「奶油球」（Butterball）、當肯圈圈餅（Dunkin' Donuts）、喬巴尼優格（Chobani Yogurt）以及石榴紅旗下品牌的公司代表們；還有麥當勞的專屬營養師。他們在這裡齊聚一堂，參加由美國烹飪學院與哈佛大學共同主辦之「健康風味世界」（Worlds of Healthy Flavors）靜修營的開幕活動，這項靜修營的重點在探討如何讓美國食品變得更健康。他們魚貫走進座位排列有如體育館的大禮堂，舞台中央佈置著一個超大型示範廚房。負責導言的是哈佛公共衛生學院的艾瑞克·瑞姆博士（Eric Rimm），他指出了現今**飲食趨勢**、**超級食物**、**名人鼓吹不含麩質食物**等現象帶來的危險。接著主持人介紹蘇西·巴達拉柯（Suzy Badaracco）出場，她可說是迄今最有意思的趨勢預測專家之一。

巴達拉柯有一頭棕色捲髮，說話快得像機關槍，在食品業界頗具神秘色彩。十九歲至二十五歲左右，她在橘郡警察局負責拍攝驗屍照，以刑事專家身份跑過幾百個犯罪現場，根據蒐集到的證據建立罪犯資料。她受過軍事等級的情報訓練，並且嫻熟於混沌理論，**擅於從混亂與不確定中辨識出特定模式**。此外，她也將這套由美國海軍陸戰隊、聯邦調查局、以及倫敦警察廳發展出的方法運用在預測軍事攻擊、恐怖份子襲擊、以及膽大妄為的謀殺暴行。若你想要有個結合「CSI犯罪現場」裡的實驗室怪才以及逼如安東尼·波登般美食探索精神的奇妙伴侶，蘇西·巴達拉柯就是你的上上之選。「我從追蹤連續殺人犯，轉移陣地到追蹤穀片棒。」她在演說的開場白如此自嘲。

看膩血肉橫飛的鑑識場景後，她跳槽到烹飪學院從事食品產業的研究，服務對象包括雀巢、市場研究諮詢公司英敏特（Mintel）、美國農業部以及日本食品巨擘味之素。而味之素甚至邀請她加入該公司的全球智庫，協助追蹤時下食尚潮流。離開味之素後，她覺得自己像「動物園裡的長頸鹿」，到處格格不入。於是她創立公司「美食潮流」（Culinary Tides），麾下的六名員工分散在美國各地與日本，她則在俄勒岡州的家中遙控指揮。「我的工作就是從混亂中理出頭緒。」巴達拉柯如此向我解釋。

如今關於食尚潮流的訊息不僅**資料量龐大，而且內容往往互相牴觸，甚至大部分根本是錯的**。巴達拉柯的公司從數千個節點匯集資料，包括泰克納米這類顧問公司公佈的產業報告、最新出刊的每篇相關文章、政府部門的貿易報告、健康方面的科學研究、甚至美國民眾訂機票的目的地等等看似不相干的數據。該公司每個月要過濾超過一千四百篇報告，從中建立資料庫、進行分析，然後在每個月為每名客戶提供約兩百個單位的數據。接著，這些數據會根據各別客戶需要，被用來預測未來十八個月的發展趨勢。「說不定所有數據都指向特定事物。」巴達拉柯解釋：「那麼我們就可以從中找出更細微的模式，在交叉分析的同時也探究尚未存在的事物。我們透過充分的量化數據來證明這些事物即將會發生。」巴達拉柯對其他預測專家常用的第一手觀察興趣缺缺，既不會帶客戶親自試吃、建議客戶該生產哪些新產品；也不會為了在餐廳偶然吃到的某個東西而興奮不已。「按照混沌理論，第一手觀察會造成危險後果。你眼前看到的，只是某座城市的幾輛餐車。這是無效的參考，完全無法代表全國性趨勢，或潮流會往哪裡走。我們的理解必須建立在更大的範圍上。」她想做的，是早在趨勢尚未生成之前就將它辨識出來。「**如果你能用網路搜尋引擎找到某個趨勢，你已經完全錯過這個趨勢了**。」她說：「到了那個時候，你不是在預測，而只是在追蹤。」

巴達拉柯在烹飪學院的這場演說，重點放在預測長期口味趨勢。她的演說進行得飛快，充斥海量資料，一張接著一張塞滿文字與表格的投影片，當中還夾帶她用來定義趨勢演化各個階段的比喻。這片混沌中冒出許多值得一記的亮點，也浮現了預示著潮流的前導事物。潮流有其出生階段，有些潮流出生後一炮而紅（譬如希臘優格），有些則靜悄悄，有些甚至成了孤兒，沒能得到強有力的雙親培育。沒錯，**食尚風潮是有爹娘的，而且就跟小孩子一樣，需要爸媽悉心扶持，否則就無法茁壯成人**。他們也需要提倡者及盟友。一個潮流出生後，可能會改變型態（從全麥麵包，變成雜糧麵包，再變成單一穀物麵包，最後是古代穀物麵包），重新轉向（不含乳糖食品從主流市場回到利基市場），或是被敵人消滅（基因改造食品從救世主被打入賤民階級，這是拜政治對手有機農業運動之賜）。潮流也有著自己的性格。巴達拉柯將希臘優格潮流描述為「派對上大家都喜歡他、會跟他聊天。他給你清新的飲料，拍拍孩子們的頭。希臘優格風味十足，可以搭配早餐、午餐、晚餐和點心……這表示希臘優格風潮一時之間還不會退燒。」

她放了一張描述潮流出生的投影片，然後開始比較不同月份的美國消費者信心調查。根據她的分析，景氣衰退訊號在2013年初便開始出現減弱。「我們掙扎著緩緩進入復甦階段。」下一張投影片指出了健康潮流。她懷抱極大熱忱地解釋，在經濟衰退時期，大家對於帶什麼食物回家會更加控制。「我想買這個。」她一隻手拿著想像的有機蘋果，然後望著另一隻手上想像的便宜蘋果：「我可不想把錢花在這種東西上！」相反的，高檔餐廳主廚間日益流行的自己摘野生蘑菇，則是景氣復甦時期的典型現象，因為這時候大家的探索本能受到激發，而覓食是最終極的探索活動。「因為它可能會要了你的命。」巴達拉柯指出，美味羊肚菌與毒菇之間的區別可能只有一線之隔，但食客們卻樂於掏出荷包挑戰這一界線。然而當情況變得不順利，消費者便會轉向漢堡這類能夠帶來**確定感**的食物。嘗試新口味、新質地、新經驗，都是景氣復甦時的典型作風，經濟衰退時大家傾向於保守應對。

循著前述邏輯，巴達拉柯播放下一張描述各類口味趨勢之性格的投影片。鋼管舞者（調味料）作風狂野，這類食材包括了秘魯黑薄荷（再次證明薩拉德主廚的影響力日益深遠）、北歐風味、花朵與天竺葵葉。感官派（蔬果）則包括草莓、韓國泡菜與手指香檬；環保派（乳製品）包括黎巴嫩優格與印度奶酪；兩極化者（蛋白質）包括山羊肉、羊腩、家禽家畜的血和皮、連翅帶尾的海鮮、吃了可能致命的食物；通譯員（穀類）不只奇亞籽，也包括法老小麥、玉米粥及紫米（格蘭·羅伯茲變出的戲法）；Ａ型人格（飲料）包括橡木桶陳釀雞尾酒、越南咖啡、以及飲用醋。美國南方菜、墨西哥地方菜與秘魯料理已經是紅遍全球的巨星，但巴達拉柯根據蒐集到的數據預言北美、尼泊爾、寮國、甚至北極圈飲食將是值得觀察的新星。她將這些資訊全塞進黑白投影片的密密麻麻文字中，半張照片或圖片也沒有。觀眾只看到投影片上寫著「雞尾酒」、「精釀啤酒」、「紅酒$↑」、「甜點↑」、「吃昆蟲＝景氣復甦」……等等句子。雖然整場演說確實引人入勝，但感覺有點像上了一堂發現自己根本沒做好準備的數學課。巴達拉柯滔滔不絕演說時，在場觀眾露出驚訝表情，敬佩中摻雜著錯愕。

巴達拉柯、史塔基、尼爾森、崔斯塔諾、以及其他從事趨勢預測的專家們都同意，**食尚風潮的演**

化速度正在逐漸加快，發展曲線變得更難預測，從週邊打進主流的時間也較過去縮短了。面對更難預測的趨勢，業者對這群專家的倚重也隨之增加。許多人是近年才加入這一行，在既有的預測之上新增自己的看法。麥特森估計食尚趨勢預測這領域已有數千人投入，雖然當中只有百來個堪稱優秀。「你想知道趨勢？」餐廳顧問麥克．懷特曼（Michael Whiteman）公開分享了他從２００８年開始做的趨勢報告：「這裡有更多預測！」

業餘趨勢觀察家

未來食尚潮流的預測或許會變得更複雜，但業界已懂得借助業餘趨勢觀察家之力，**透過他們對食物的熱愛與綿密人際網絡來齊力挖掘新潮流**。２０１３年初，西班牙食品諮詢研究公司「阿茲提科技中心」（AZTI-Tecnalia）推出了名為「食物鏡像大賽」（Food Mirror Game）的線上活動，來自世界各地的參賽者可拍下他們觀察到的食尚潮流，透過手機上傳至活動官網。這些影像會被該公司分為八大類，包括「食物說故事」（帶有訊息的食物）、「慢活」（永續與負責）以及「食在快樂」（叉子上的樂趣）。四個月的活動期間有超過五百名參加者上傳照片與影片，並寫出他們對新潮流以及在餐廳、超市、臨時餐廳與美食展看到的產品之描述。參賽者絕大部分是女性，而女性也是食尚潮流預測行業中的主力軍；不過我本人也上傳了一些自己觀察到的趨勢，包括印度薄餅、是拉差辣椒醬風味產品以及品牌化水果（我將在本書下一章深入探討這項趨勢，並以蘋果的行銷之道為例）。

這項比賽的頭獎是費用全包的西班牙畢爾包之旅，但參賽者們的企圖心當然不只是為了旅行。這些饕客每天上傳幾十萬篇食評到 Yelp 網站，在部落格與社群網站分享數百萬張杯子蛋糕照片，追求的就是個人品味得到認可。這項比賽充分利用了這一點，並且在過程中建立了未來可茲運用的全球業餘趨勢觀察家網絡。「**我們將參賽者視為各地特派員、接收天線或食尚觀察家**。」負責主導這項活動的索妮亞．里耶斯柯（Sonia Riesco）表示：「他們可能人在日本，在美國，或是在南非等等地方。」其實幾年前就有人想出舉辦比賽的點子，當時該公司仍派旗下員工在世界各地待上幾個月，研究當地的食尚潮流。這樣做不但累人，而且也相當勞民傷財。「如今我們與客戶合作時，已經能夠透過**當地人**來進行協助，譬如在美國觀察各種罐頭魚商品。假如雀巢公司想瞭解某個國家的巧克力市場，我們馬上就能找到一批人來幫忙。」這群人數有增無減的食尚潮流偵察兵追求的不只是物質報酬，也不只是市場上的新鮮貨，譬如甜美的杯子蛋糕或吃了感覺很健康的奇亞籽；他們還渴望發掘自己篤信將成為下一個超級新星的好滋味，並成為率先告訴全世界的人。

我從來沒問過巴達拉柯或其他趨勢預測專家，他們對於上述眾包機制造成的競爭有什麼看法。但我想他們應該不至於太擔心。「**不要愛上，也別恨某個潮流**。」巴達拉柯做結論的時候，如此建議台下觀眾。「**情緒**影響了我們對潮流真正模式的判斷，而潮流是會轉變的。」

巴達拉柯的這番道理確實很難忽視。一些自視甚高的食客、甚至著作等身的評論家對杯子蛋糕的攻擊毫不手軟，但杯子蛋糕經濟仍大步成長。然而過份重視數據的研究方法，也會忽略了另一種研究方法才能體察到的趨勢：執著的食物愛好者積極推動特定食尚風潮、將之行銷到大眾市場。你可以從格蘭・羅伯茲與李卡多・薩拉德的例子看到這種執著所創造的價值。最終，你也可以在我的家鄉加拿大看到這種價值的體現。

柒　行銷：等待我的紅王子

食品是較為保守的領域，所以推廣起來也更具挑戰性。在這裡能發揮的空間，不若電腦晶片那麼寬廣。科技業的情況是：聽起來越陌生，我就越想看看那究竟是什麼東西。然而食品卻是聽起來越陌生，大家就越不想碰。為食品命名必須更謹慎，並且嚴守『這東西會被吃進肚子裡』的分際。

距離多倫多市西北方兩小時車程處的安大略省索恩伯里鎮，是個風景秀麗的小地方，畢佛河在此流入喬治亞灣，即休倫湖後方的一個大海灣。喬治亞灣的水頗為寒涼，卻清澈無比，吸引了無數人來此購買週末小別墅與海濱渡假屋。索恩伯里鎮外幾英哩處，座落了一些安大略省最優質的滑雪坡道，玩家可從尼亞加拉懸崖頂一路滑向湖岸邊。打從我的青少年時期，我們家在距離索恩伯里鎮五分鐘車程的地方就有間房子，所以我們幾乎每個週末或假期都會待在那裡。

到了夏季，我爸總愛騎著腳踏車到處漫遊，有時候星期六一大早就把我拖出門騎個三、四十英哩，同行的還有其他騎著要價九千美元碳纖高檔貨的嬰兒潮世代。幾年前我們清早上路，沿著海岸經過一排排渡假屋和高爾夫球場後，騎到了開闊的農地。不過幾分鐘，我們便看到綿延的油菜田、小麥田、綿羊群與蘋果園。一個多世紀以來，索恩伯里享有著蘋果之鄉的美譽。附近山脈為果園留住了湖區的濕氣，創造出適合蘋果生長的溫和氣候，並保護蘋果免於遭受霜害。樹幹粗壯、樹枝糾結下垂的蘋果樹到處都是，沿途每隔一段路就會碰到賣整籃蘋果的小攤子或出售蘋果派的烘培坊。超市裡有特價蘋果醋與蘋果醬，酒吧裡則提供蘋果酒。巨大卡車穿梭於鄉間小路，將已經切片包裝的蘋果運往沃爾瑪和麥當勞，或是把蘋果榨汁運往純品康納（Tropicana）。

那天我們騎了五分鐘後，經過一處看起來與眾不同的農場。那裡沒有糾結的老樹與高草，只見木樁上綁著一排排整齊的鐵絲線。樹沿著鐵絲線垂直往上長，看起來就像葡萄園悉心照顧園裡的高級品種。圍牆邊擺了一些專門給過往駕駛看的醒目招牌，好讓他們知道這處園子裡有什麼：

全球水果

紅王子的家

紅王子究竟是啥玩意？招牌上的紅王子看起來像蘋果，但我可從沒見過生長模樣宛如梅洛葡萄的蘋果。那個夏季我不時騎車經過紅王子園，每次經過果樹都長得更茂盛一些。我怎麼看都覺得它像蘋果，雖然我從來沒聽說過這個品種。直到秋季，我終於在當地的小超市「食物天地」看到它特價促銷。紅王子看起來像五爪蘋果和旭蘋果的綜合體，有血紅色的果皮和圓滾滾的外型，大小剛剛好能一掌握住。我咬了一口，發現它口感非常脆，而且果肉紮實，一開始的撲鼻香氣在咀嚼後，化為縈繞不散的甜味。這根本是仙果吧！為什麼我之前都不知道它的存在？

整個2010年的秋季與冬季，紅王子不斷出現我眼前。除了索恩伯里鎮的超市與附近水果攤會販賣紅王子，當地烘培坊也持續端出紅王子蘋果派。在多倫多，這些蘋果甚至出在勞布勞斯（Loblaws）這類大型連鎖超市的蔬果區。勞布勞斯可說是引領加拿大食尚風潮主流的全國性指標。此外，新聞媒體也對紅王子做了報導，**我可從沒見過有哪一種蘋果，或任何農產品能以如此顯赫的方式進入主流消費市場**。看到了大景農場的手工製作羊奶焦糖，流行文化驅動的杯子蛋糕熱，或名廚如李卡多·薩拉德引領的食尚風潮，我從中瞭解到潮流是如何從味蕾達人的想法最後進入我的嘴裡：剛開始只是一小群支持者建立了需求，後來他們自發性地把話傳開，最終推波助瀾成為主流風潮。我也看過都樂公司的奇亞籽能量棒這類包裝食品，是透過精心測試與調整口味才得以在限定市場推出。

這一切努力都必須挹注**大量金錢**，從食品的大小、顏色到咬下去後發出的脆響，皆經過了持續不懈的市場調查與專家諮詢，如此他們才能在產品上架前精確鎖定消費者的偏好。這就是為什麼都樂公司花了好幾年的時間，才讓奇亞籽能量棒正式露面；在此之前他們不斷在調整產品，以確保上市後有機會成功獲利。至於蘋果這類**無法做到完美與標準化的農產品**，我們又該如何確保它能贏得消費者青睞呢？雖然我看過格蘭·羅伯茲成功賣出古代穀物，但他應該算是個特例。羅伯茲仰賴一群深具影響力的主廚來使用安森磨坊的產品，而且他知道自家產品將停留在專屬饕客與名廚的利基市場，不太可能會打進主流市場。

紅王子讓我好奇的是，一種無名食物要如何化身為普羅大眾皆知的食尚風潮？如何行銷推廣一種沒人聽過的水果，最終讓消費者將它放進超市手推車裡？我聽說牛排有類似的發展過程。在1990年代，由於牛肉價格持續滑落，於是一個名為「牛肉創新小組」（Beef Innovations Group）的團體分析了較少運用的肌肉部位，從中細分出十來種有食用價值的新部位，然後進行**品牌化的行銷**。這些品牌包括「紐約客牛排」及「梅洛牛排」（後腿部位）。肉販與餐廳接收到上述訊息，於是開始向當地肉品加工廠採購這些部位。其中有些如「平鐵牛排」甚至蔚為流行，很快便成為美國第五暢銷的牛排種類；而「丹佛牛排」則還沒能激起一般民眾的興趣。紅王子蘋果與它們都不一樣：這股食尚風潮就在我本人的親眼見證下，透過**行銷**的力量從小芽成長為大樹。

馬尤斯與伊爾瑪來自荷蘭南方，靠近德國邊界的桑畢克鎮。馬尤斯是博登家族蘋果事業的第二代，父親的苗圃只賣蘋果樹給其他果農，本身並不直接銷售蘋果。馬尤斯與伊爾瑪於1990年代中期結婚後開闢了自己的小苗圃，在那裡試種許多不同品種的水果，特別是蘋果。當時歐洲的蘋果市場已變得越來越競爭，因此果農們競相創新，不斷找尋新品種來讓自己在消費市場中鶴立雞群。博登家族也開始試種多個品種的蘋果樹，這時候出現了一名來訪的友人，為他們帶來一株他們或許會感興趣的新品種。那是韋爾特鎮附近的「王子兄弟果園」在1994年發現的品種。當時果園的某一區種植著「強納森」與「黃元帥」，在非經人工刻意栽植的情況下混育出鮮紅色的蘋果。這次的意外孕育出比「強納森」和「黃元帥」更優秀的私生子，在農業界可說是提著燈籠也找不到的美事。在格蘭・羅伯茲的安森磨坊，大部分新品種都得花數十年時間進行實驗，途中經歷無數錯誤的開始與失敗的結果。王子兄弟果園卻彷彿得到神助，從天上掉下如此完美無暇的全新品種。他們將這個新品種命名為紅王子。（「強納森」與「黃元帥」的混育還產生了另一種紅綠色夾雜、體積較小、銷售甚廣的品種，被稱為「紅龍」。這個品種通常用於烘培，你能想像到的烘培方式它都可派上用場。但它並非鮮紅色，而且從來沒打進食尚排行榜。或許我們可將它的未竟之功列入行銷課程教材。）

紅王子被業界歸類為俱樂部蘋果，因為它在專利權和商標權的保護之下，**僅有取得執照的果農才能銷售這個品種**。大多數其他品種的蘋果，譬如旭蘋果，則是開放資源蘋果：你只要弄得到種子就可以自行栽植。博登家族與王子兄弟果園簽約，獲准在荷蘭市場銷售紅王子樹苗。他們也在一處研究站進行選擇育種，一方面提昇紅王子果樹的抗病力；另一方面提高果實的風味與產量。這批蘋果樹結果之前，馬尤斯與伊爾瑪就發現果農們對紅王子需求孔急，於是他們開始考慮將事業拓展至苗圃之外。伊爾瑪解釋：「人總是會想做更新鮮、更刺激的事。」一頭金色短髮的伊爾瑪身材苗條，皮膚曬成了小麥色。紅王子口感脆、滋味甜、顏色醒目而且多半能長成適合賣到沃爾瑪這類大型超市的理想體積。它也相當經得起保存，冬季收成後可儲放數個月之久，這時候你的競爭對手早就沒蘋果可賣了。事實上，在低溫儲藏室存放蘋果反而能增加蘋果的風味。伊爾瑪說：「這種蘋果的保存期限很長，既適合烘培也可以直接拿來吃。」

荷蘭的土地過於昂貴，他們要買個新果園簡直難如登天。此外博登夫婦也不願意為了種蘋果，讓四個孩子搬到波蘭這類發展中歐洲國家。既然他們有朋友移居加拿大，而他們也造訪過這個國家，留下了很不錯的印象，於是他們特別研究加拿大的蘋果市場，發現了一些讓他們相當感興趣的事實。加拿大的氣候頗適合栽種蘋果，尤其是安大略省。那裡有雇主負擔得起的移工方案（收成季節可從牙買加引進臨時工），而且土地價格還算合理。除此之外，**加拿大市場也已經成熟，能夠接受創新**。經過幾十年的銷量下滑，如今加拿大人購買蘋果的數量已日益增長，但國內生產仍跟不上需求。加拿大民眾吃的蘋果有超過半數來自進口，國內生產的蘋果相對而言品質較差，也了無新意。只有少數果農模仿歐洲或後起直追的美國，開始種植有品牌的俱樂部品種。「仔細比較加拿大與美國的蘋果，你會發現加拿大蘋果實在上不了檯面。」秋季的某一天，我們在果園附近的小辦公室裡談話，馬尤斯指出：「加拿大有許多碩大老樹，看起來很體面，但結成的果實卻越來越小。」若博登夫婦能在這裡推出獨一無二的新奇品種，他們不但可從中盈利，還能從根本上改變加拿大的蘋果市場。

蘋果的創新風潮

蘋果出現新風味，其實是個相對晚近的現象。雖然世界各地的蘋果品種已不計其數，北美市場銷售的種類仍相當有限，揀選標準為**蘋果的色彩**、**是否經得起運輸**、**上架壽命是否夠久**；味道如何反而不是最重要的考量。五爪蘋果是最早品牌化的品種之一，吃起來滋味芬芳、口感鬆軟，迄今仍佔有北美六成的市場。然而隨著越來越多新品牌問世，市場上的蘋果種類從１９７０年代中期便開始顯著增加，同時國外的品種也紛紛跨海而來。澳洲人帶來了青蘋果與紅粉佳人；紐西蘭人引進布瑞本、爵士和家拉；日本則運來了富士蘋果。最近加入行列的還包括菊蘋果（甜份較高的富士蘋果）、優納米（源自瑞士，汁多味美）。最近明尼蘇達州推出了甜蜜探戈，有望成為繼五爪蘋果之後最風靡北美市場的品種。該州也生產蜜脆蘋果，這款品種一度讓市場大為振奮。無論是夾雜粉紅與黃色的斑斕色彩，無比吸引人的名字，或咬起來清亮的脆度，在在都是蘋果愛好者的美夢成真。蜜脆蘋果喚回了消費者對這種水果的興趣，也顯示出品牌蘋果在北美市場的成功潛力。

「這就是蘋果的未來。」伊爾瑪一邊說著，一邊切了片她早上烤的紅王子蘋果金寶；聞起來充滿肉桂香，加了糖霜的表皮口感酥脆，蘋果內餡又甜又軟。「在歐洲，所有農產品都有**自己的品牌**。」

博登夫婦取得了在加拿大栽種紅王子的專屬權以及紅王子的商標權。他們在2001年移居至索恩伯里鎮，買下面積八十八英畝、園內樹齡約三十年的蘋果園。不過他們在2003年刨下這些果樹，以較原來不到三分之一的密度重新種植（為了強每顆果樹的果實風味）；其中大部分為紅蘋果果樹，但也有幾顆蜜脆蘋果與旭蘋果的果樹。馬尤斯先前在歐洲使用的葡萄園式栽植方式也搬來了這裡，而且他還自己發明一套灑水設備，更適合用來灌溉排列整齊的果樹。這些樹得花四年時間才能生長成熟至足以結果，所以他們等了好些時間才總算能以「全球水果」商標賣出收成、付清貸款。根據博登夫婦與「王子兄弟果園」的合約，他們可以將紅王子蘋果樹賣給其他加拿大果農；但他們決定將這些果樹全部留為己用。「我們不希望有人亂栽培出**詭異的形狀、大小或顏色**。」伊爾瑪指出，在美國擁有紅王子專屬權的人，是一名華盛頓州（號稱蘋果首都）的果農，但他沒能種出兼顧外觀口感的紅王子。

在收成時刻來到之前，伊爾瑪與馬尤斯並沒有閒著。他們做了許多將紅王子推廣至全國市場的規劃，而首要之務便是如何創造新的食尚潮流。為此，他們向維吉妮亞・辛姆（Virginia Zimm）求助。高挑友善、活力四射的辛姆是多倫多菲克拉克農產品行銷公司（Faye Clack Communications）董事長，該公司由她母親菲・克拉克創立於１９７０年代。克拉克最初只是一名小學老師，後來任職於安大略省蘋果協會。這段時期她申請了夜校，就讀公共關係科系，進而在男性主導的安大略省農產品行銷界嶄露頭角。某個曾經當過採購的人告訴我，她在業界的綽號是「蔬菜宣傳大使」。「當時大家不知道該如何為農產品打造品牌。」辛姆如此描述母親在業界的影響力：「他們只會說『這是梨子』。過去十年來，農產品開始打造品牌，但我敢說你講不出蔬果區裡任何農產品的品牌名稱。」菲克拉克公司的專長就是為新鮮蔬果打造強勢品牌，使它們成為消費者指名採購的商品。「我們知道這類商品講究新鮮，有其季節性與限定壽命。」辛姆說：「它們可不像高湯罐頭，可以擺在貨架上足足一個月。**蘋果必須在上架後幾天內賣掉，所以我們的宣傳得加足馬力**，就算我們的預算比不上包裝食品製造商。」

農產品的行銷公式

農產品的行銷著重於為銷售商品創造故事，因為唯有故事才能長時間停留在消費者的腦海，直至他們最終親身品嚐。到這時候才是食物本身的滋味發揮臨門一腳功效的時候。所以，一切努力的核心都是為了**改變消費者的行爲**，讓他們對蘋果（或羽衣甘藍）產生前所未有的不同想法。就蘋果來說，它實在沒有任何新鮮之處。「一天一蘋果，醫生遠離我」這句老話是密蘇里州園藝家史丁森（J. T. Stinson）在1904年世界博覽會為了推銷蘋果而想出來的口號，結果在消費者心中留下蘋果等於健康的永不磨滅印象。「創造長期改變，而不只是未來六個月銷量變化的關鍵，在於扭轉消費者的行為。」廣播節目主持人暨作家泰瑞．歐萊利（Terry O'Reilly）專門研究廣告與行銷的歷史，他就住在索恩伯格鎮南方。「這是行銷人員最艱鉅的挑戰，不但很花時間，而且得付出無比的耐心與努力。」但如果他們能獲得成功，他們將會點燃難以熄滅的食尚風潮。歐萊利以咖啡時間為例，這本來只是威斯康辛州瑞典移民家庭主婦的傳統習慣，到了1950年代卻成為北美職場的慣例，原因是麥斯威爾咖啡旗下的行銷人員在廣告中賣力推廣這個瑞典傳統，之後甚至連工會的勞動合約、以及職場文化迄今都納入了這項慣例，並進而大幅增加我們的咖啡攝取、催生了連鎖咖啡巨擘星巴克與桑卡（Sanka）即溶咖啡這類大品牌。

若要說在美國有任何精通農產品行銷的專家，南加州的特色蔬果經銷商芙禮達公司（Frieda's）可說是當今翹楚。1950年代末，芙禮達．凱普蘭（Frieda Caplan）剛從加州大學洛杉磯分校畢業，進入了洛杉磯農產品批發市場為親戚做事。她和多倫多的菲．克拉克一樣，成了這塊男性主導市場的少數傑出女性，表現之出色到了完全無法忽視的程度。「家母生性友善，而且極具推廣的天份。」她女兒凱倫是該公司的現任執行長。在當年，農人鮮少想過要行銷自己的產品。他們只是在自己的地裡種些東西，直到收成前才突然想到，他們得想想該怎麼把產品賣出去。於是他們將產品堆上卡車，開車到洛杉磯農產品市場中央河谷，然後拎著試吃品挨家挨戶敲經銷商的大門，懇求對方幫忙銷售自家產品。**若你的產品是市面上還沒見過的新玩意，保守的經銷商基本上會讓你吃閉門羹。**「這些老傢伙會回答『我光賣萵苣和洋蔥就夠忙了』。」凱倫說：「但如果你繼續往前走，你會遇到一個叫芙禮達的女人。她願意跟任何人談談。」

只要你抱著一箱外觀奇特、當地市場尚未出現、仍不知名的蔬果，無論你是農人、進口商或夢想家，芙禮達都敞開心胸聆聽。她的首次成功發生於1960年，當時她仍在親戚手下做事。當時北美民眾只買潔白的鈕扣蘑菇，這種蘑菇無論整顆或切片都很容易處理。當時根本沒人想買棕蘑菇，嫌它看起來髒兮兮的，吃起來到底安不安全呢？然而芙禮達把握機會，不僅將棕蘑菇引進主流飲食文化，還掀起了食用各式各樣菇類的新風潮，從口感厚實的龍葵菇到較為細緻的香菇無所不包；而這股風潮迄今仍經久不衰。根據美國農業部的統計，全美棕蘑菇銷售在2012年達到兩億一千兩百萬美元，較兩年前的一億六千八百萬增長不少。這一切都多虧了芙禮達．凱普蘭的努力。

兩年後，芙禮達碰見了一種促使她後來自立門戶、並且躍升而為味蕾達人的水果。當時鹽湖城喜互惠超市的一名顧客，向負責店內農產品的經理提出請求。他剛從紐西蘭的摩門教會回來，在那裡吃到了一種被稱為中國醋栗的可口水果。這種水果緣起於中國南方，又稱獼猴桃、陽桃、毛梨或奇異果。它在1930年代末期被引進紐西蘭後栽植得相當成功，一度被稱為小甜瓜；而這位傳教士就是在那裡嚐到了這種水果。超市經理從沒聽說過中國醋栗，但他答應會幫忙找找這種水果。於是他打電話給洛杉磯的批發採購人員，問對方是否能找得到。這名採購人員在市集裡繞了一圈，到處打聽這種沒人聽說過的奇怪水果；但批發商們正忙著給洋蔥和結球萵苣裝箱，叫他直接去找芙禮達。然而芙禮達說她也不知道這種水果，只承諾會多加留意。兩個禮拜後，一名水果經紀人出現在她家門口，手上拿著一份來自紐西蘭出口商的電報，內容詢問是否有人有興趣將一種名為中國醋栗的水果引進美國。

「我們的事業只能說是天意，再加上一點運氣。」凱倫婉婉道來家族傳奇故事的精華部份：「母親說：『天啊……我全部都要。我已經有頭一名客戶了。』別忘了，當時這些水果還只是毛茸茸、硬得跟石頭一樣的褐色果子，根本沒人認識。但家母發現它們的**保存時間非常久**，因為她花了六個月時間賣掉兩百五十箱。她將獲利匯回紐西蘭，而且明確地要求果農：給它取個像樣的名字。」最後果農根據外型的相似，借用了紐西蘭國鳥的名字，將它命名為**奇異果**。

農產品vs.味蕾達人

上述經過便是奇異果風潮的開端，雖然遲至近二十年後奇異果才打進了主流市場。在它進入你家裡、成為自助早餐吧必備聖品以及１９８０年代新式料理的笑料之前，奇異果只是芙禮達倉庫裡的無名水果，**大家甚至不知道他們會喜歡還是討厭**。為了將奇異果推銷出去，芙禮達得先打響它的知名度，並且刺激消費者產生購買欲望。因此，她推出了為時頗長的宣傳活動。「一開始進度緩慢，但後來瞬間爆發。」凱倫借用了作家海明威對破產的描述。「情況就跟杯子蛋糕熱一樣。」起初，芙禮達先確保奇異果貨源無虞，在協助果農增進收益與品質的同時，也與他們簽約，要求他們在另外半年來到加州種植奇異果。接著，芙禮達開始展示這種水果的**用法**。她前往餐廳，請對方在法式水果塔上方放切好的奇異果片，好讓她能拿去向潛在買家展示它的鮮豔色彩與好滋味、以及它可以被運用在哪些方面。奇異果可以直接切來吃，或切成小方塊放進雞尾酒裡，也可以切片做成裝飾，或疊在任何點心的上方。上述每一種用法都代表著不同的市場，包括超市、烘焙坊、或餐飲業的承包商。

接下來，芙禮達將奇異果送到**報章雜誌美食版的編輯**手上，期望藉此爭取版面、增加曝光。民眾越常聽說奇異果，就越有可能向零售商指名購買，而後者也必然會因此向芙禮達下訂單。但這一切都得花時間醞釀，所以一直到１９８０年代初期，加州名廚沃夫岡・帕克、愛麗絲・華特斯（Alice Waters）等味蕾達人開始對奇異果產生興趣，將它當成甜點與沙拉的裝飾，奇異果風潮才算是真正起飛。「名廚突顯了我們的產品，美食作家們也隨之傳頌。雖然在此之前進展得很慢，但它在一夕之間掀起風潮。」凱倫再次強調這句話：「這是個花了十八年歲月的成功故事。」

與奇異果命中注定的相遇後，芙禮達又引進了兩百種以上的新蔬果到美國市場及西方世界，當中有許多迄今仍不為民眾所熟悉。各位可聽說過火參果、白金柚或佛手柑？我也沒聽說過。但我經常吃百香果、甜豆、粉紅葡萄柚、松子、溫室黃瓜、甜洋蔥和哈瓦那辣椒，卻渾然不知這些流行蔬果的背後推手是誰。凱倫告訴我，除了農耕技術進步與食物運輸發達，現今創造食尚風潮的方式，與她母親當年買進首批奇異果時沒什麼不同。首先，他們會先與農民合作**改良蔬果風味**、**延長保存期限**；而這個過程至少得耗上數年。一旦有了理想成果，他們便向顧客進行展示並設法爭取足夠訂單，好將更多資金挹注在大規模栽植。銷量得到確保之後，芙禮達會邀請更多農民來栽植特定作物，因為**穩定的供給**才能確保食尚風潮不會因為缺貨而偃旗息鼓。接下來，芙禮達的任務是創造消費需求，藉此吸收新增的供給。透過部落客、美食作家、知名主廚、具有影響力的餐飲業者、甚至歐茲醫師這類媒體名人的加持，芙禮達的農產品才終於成為消費者的新寵。

這段過程，基本上就跟菲克拉克農產品行銷公司為安大略省客戶所做的一樣，雖然後者著重於建立品牌，而非創造通路。維吉妮亞．辛姆的使命與芙禮達相同，都是要為大自然的作物創造承諾，讓民眾瞭解它們能夠帶來什麼，然後透過好滋味來落實他們的承諾。蜜脆蘋果就是品牌水果實踐承諾的最佳範例。這種蘋果口感脆、嚐起來甜如蜂蜜，但如果沒有一個好名字和有效的行銷，它只會是超市裡的一堆不起眼蘋果。「**假如沒人認識這種蘋果，消費者經過時將視而不見。**」辛姆如此表示。

農產品的品牌化與增值

三月的一個寒冷早上，我跟著辛姆來到城西的安大略果菜批發市場。這個有警衛巡邏的偌大區域，包含了破舊的水泥停車場、低矮建築及卸貨平台。辛姆跟我談過農產品的品牌化，但我想親眼看看品牌化如何具體表現在批發市場。安大略果菜批發市場是北美第三大農產品批發中心，僅次於洛杉磯與芝加哥，每天運出超過五百萬噸的農產品到多倫多與附近地區。我們沿著U型內院走，看著車身畫滿塗鴉的貨車開進稱之為「屋子」的二十一間盤商卸貨平台。男性工作人員們一邊叼著香煙，一邊操作電動堆高機將一箱箱蔬果疊起來，在卸貨平台川流不息地穿梭，往往彼此之間僅有幾英吋的距離。這裡站著穿制服的全國連鎖超市倉儲物流人員，也有拉著手推車、上了年紀的中國雜貨店老闆；他們都來到這裡下訂單採購即將陳列在店裡蔬果區的產品。

透過落地窗，我們看到恆溫空調的市場內一籃籃各種形狀、顏色與氣味的蔬果，員工則穿著白長袍與繡字T恤。現場有堆得高高的瓦倫西亞柳橙及褐色馬鈴薯。品質無可挑剔的無花果，整齊排列得宛如紫色士兵。辛姆就跟自己的母親、以及芙禮達·凱普蘭當年一樣，依舊是這裡的唯一女性；只不過她認識這裡所有的人，而且彼此可直呼名字。她走向其中一個盤商，直接從籃子裡拿走一袋朝天椒，然後將辣椒撕開，像吃葡萄似的嚼了起來。「這是我的壞毛病。」她向盤商揮手，對方在辦公室裡認出她帶走的辣椒後，雖然滿臉迷惑，仍向她揮手回禮。

辛姆走向另一個盤商，然後彎身從印著「海霧」兩字的箱子裡拿了一顆略帶紫色的碩大朝鮮薊。「這大概是全世界最棒的朝鮮薊。真有意思，它根本不是加州本地蔬菜。」主導北美朝鮮薊市場的海霧，是加州農人的心血結晶。不過辛姆坦承：「超市顧客都不知道，這顆朝鮮薊就叫海霧。」它會混在一堆無名朝鮮薊中，被稱磅計價、貼上「美國農產」標誌。辛姆打算主動提議為海霧打造推廣行銷計畫，讓消費者認識這個品牌，進而大幅提昇這款朝鮮薊的價值。「**若是它能建立強力品牌，售價至少可增加三成甚至一倍**。」

照辛姆的說法，任何產品都是可以品牌化的，即使是像蘿蔓萵苣如此平凡無奇的蔬菜。她抓起一個裝了三顆安迪男孩蘿蔓萵苣菜心的包裝袋，這些菜已剝除外面的乾枯菜葉，被放進貼著鮮艷標籤的包裝袋，用粉紅色束帶封起來。我買過好幾次安迪男孩的蘿蔓萵苣菜心，卻沒想過它的價格是一般蘿蔓萵苣的兩倍，但滋味其實並沒有明顯差別。辛姆指出，包裝就是加值所在。她拿起一把葉子散亂的彼得兔蘿蔓萵苣：「等它被送進店裡時，菜葉就已經因為欠缺妥善包裝而枯萎或破損了，最後只好摘除一堆葉子，只剩下少部份能食用。」

「甘寶之家」是批發市場內最大的盤商，裝了空調系統、洞穴似的無窗倉庫佔地相當於一個街區。辛姆帶我走進去，親眼看看一個品牌推廣最後成功創造風潮的範例。她靠近一個箱子，拿出裡面的瓦戴利亞洋蔥（Vidalia）。這種具甜味、形狀像碟子的大洋蔥栽植於喬治亞州瓦戴利亞市，她花了十二年時間在加拿大推廣。迄今瓦戴利亞洋蔥的知名度，已經響亮到不需要再做任何行銷了。1986年，喬治亞州政府同意讓瓦戴利亞洋蔥註冊地理標誌商標，讓它享有與歐洲紅酒或乳酪產區同等的權利（譬如：只有來自法國香檳區的氣泡酒，才能在酒標上稱為香檳），藉此防阻其他人用較便宜、但滋味不同的甜洋蔥來冒用名號，導致他們辛苦建立的品牌價值受到損害。由近百名瓦戴利亞洋蔥農組成的「瓦戴利亞洋蔥協會」一方面要維護品牌，另一方面也投注多年努力在行銷推廣、強化日益增長的消費者興趣。

他們的最近一次努力，是透過動畫電影中綠色妖怪**史瑞克**之口（史瑞克對洋蔥評價可高了），好讓小朋友跟著爸媽到超市時，主動要多買幾個瓦戴利亞洋蔥。這種產品與行銷策略之間的搭配，或許顯得有些奇怪，畢竟我們已經習慣看到卡通人物連結的是加了糖、色彩鮮艷的早餐穀片，而非味道辛辣刺鼻的蔬菜。但根據洋蔥農的統計，這一招確實讓瓦戴利亞洋蔥的銷售量暴增五成。**這就是行銷對食尚潮流的影響，能讓最普通的洋蔥也成爲餐盤裡的大明星。**

至於紅王子蘋果的推廣，維吉妮亞．辛姆可說有了相當不錯的起步，這項產品原本就有個好名字。

有時候光是改名字，就足以在商品化食物世界裡推波助瀾。雖然一顆桃子不過是桃子，一片雞肉也不過是雞肉；但農人與盤商並沒有考慮到**取錯名字導致的滯銷後果**。名字為食物賦予了身份及意義。

在民眾親自品嚐或從貨架上把它帶走之前，他們會先看到名字，然後很快打量這名字聽起來是否美味。農產品市場充滿了名字如何影響銷量的實例，譬如加拿大農業科學家曾在1970年代研發以某個新品種的油菜籽提煉健康食用油，但他們很快便想到，油菜（rapeseed）聽起來恐怕會產生負面聯想（注：rape 有強暴之意）。所以他們在1978年為它取了個新名字：芥花油（canola，為英文「加拿大」與「油」兩字之組合）。如今這種油在全世界最受歡迎植物油排行榜中，已列位第三名。

幾十年來，蜜棗一直是早餐的要角。但蜜棗在1990年代碰到了形象問題。蜜棗由於富含纖維，向來是被宣傳為有助於消化的優良食材。但隨著它的主要消費者年齡老去，而且業者為了搶搭高纖飲食風潮的順風車，過份地強調蜜棗的高纖特性，反而導致它的潤腸通便名聲造成形象問題。只有我奶奶這種年紀的人，才會每天早上喝一小杯蜜棗汁，然後到廁所裡待上半小時。有鑑於這種農產品的市場佔有率隨著顧客年齡層變高而降低，加州蜜棗協會決定求助於品牌與行銷專家，挹注千萬美元將蜜棗重新包裝為「李子乾」，期望透過這個直白的描述提昇蜜棗在消費者心目中的形象。加州李子乾協會的官網強調：「在美國進行的研究顯示，我們的目標客群為二十五至五十四歲的女性，她們對李子乾這名稱有較為正面的回應。」這段文字的旁邊放著美國泳將娜塔莉．考芙琳（Natalie Coughlin）推薦李子乾的照片，她穿著泳裝，一身濕漉漉，性感模樣宛如名模辛蒂．克勞馥。

或許最令人大開眼界的例子，就屬生活在南美冰冷海域、俗稱圓鱈的「小鱗犬牙南極魚」了。這種魚的長相，醜到連意外捕到的智利漁夫都不想吃它；原本是種沒有名字、沒人想要、不受打擾的生物，直到１９７７年情況逆轉。那年，年輕的洛杉磯海產進口商李．藍茲（Lee Lantz）前往智利拜訪供應商，在瓦爾帕萊索海港的漁船甲板上看到一隻重達上百磅、卻無人理會的巨大圓鱈。這條魚勾起了他的好奇心，於是他開始向當地漁民求教，最後發現圓鱈恰好有他想要的特性：它屬於白肉魚，而且肉質豐厚、味道較淡，油脂量足夠承受高溫烹煮。

雖然圓鱈本身風味不足，但相當適合讓廚師當成基底進行各種調味，都不至於受圓鱈原味的干擾。根據柯內特（G. Bruce Knecht）的２００６年出版著作《上鉤》（Hooked），美國人當時根本不會想買這種叫小鱗犬牙南極魚（誰想啃犬牙？）或圓鱈的魚（他們對鱈魚沒什麼興趣）。「藍茲得重新給它起名，想出一個能打動美國市場芳心的好名字。」柯內特如此寫道：「智利大海鱸顯然好聽多了。雖然這名字其實沒什麼意義，畢竟有超過上百種魚類都叫海鱸，但**美國食客對這名字較能產生共鳴**。」藍茲加上「智利」兩個字，是為了讓消費者聯想到澄淨海洋與異國風情（怪的是，他們倒不會聯想到當時違反人權的智利獨裁者皮諾切特）。

智利大海鱸花了幾年才成功吸引大眾注意，但到了１９９０年代晚期，它已成為海產貿易的搶手貨。這使得它的價格暴漲十倍，來到每磅逾十美元的價格。我記得那段期間，無論參加任何一場婚禮或餐宴活動，盤子上都看得見這道新寵。由於智利大海鱸的新定位過於成功，供應根本趕不上需求，結果這種魚因人類的過度捕撈以致於**瀕臨絕種**。非法捕撈的漁船在公海大行其道，越來越多餐廳自我約束、不再以這種魚作為食材；藍茲創造的這波食尚潮流竟因為過於成功，種下了未來消亡的因子。

食品命名心理學

「假如你在某個餐會遇到陌生人，或是遇到某個朋友靠過來說『我要跟你講個故事』，你會立刻豎耳傾聽。」品牌命名及行銷公司萊斯康（Lexicon Branding）創辦人大衛・普列希克（David Placek）指出：「一個名字就應該像這樣，必須簡單易懂。名字是故事的起點，發揮引領的作用。」很少有人比普列希克更能體會名字的轉化力量了。打從１９８２年萊斯康在舊金山附近創立後，該公司協助推廣了許多享譽全球的大品牌，包括：Intel 處理器、蘋果筆記型電腦 PowerBook、黑莓機、速霸陸 Outback 與 Forester 車系等等。在餐飲食品界，萊斯康的客戶包括可口可樂旗下的德薩尼瓶裝水（Dasani）及遠岸咖啡（Far Coast）、雀巢的 Dibs 冰淇淋系列、甚至水果淡酒品牌 Zima，後者在水晶百事（Crystal Pepsi）掀起一陣透明飲料流行時趁勢推出，**雖然產品最終以失敗收場，卻留下了令人難忘的名字**。

普列希克告訴我，在為商品命名方面，食物是最具挑戰性的類別。因為它不同於汽車或電腦晶片，畢竟是我們最後要吃下肚的東西。「消費者會更謹慎，多方參照比較。大概除了糖果或甜點之外，其他食品的命名都必須讓消費者聯想到它是可以吃的、而且是吃下去能安心的。」他認為：「紅蘿蔔的品牌名稱若叫『藍色天空』，消費者大概會退避三舍。**食品是較爲保守的領域，所以推廣起來也更具**

挑戰性。在這裡能發揮的空間，不若電腦晶片那麼寬廣。科技業的情況是：聽起來越陌生，我就越想看看那究竟是什麼東西。然而食品卻是聽起來越陌生，大家就越不想碰。為食品命名必須更謹慎，並且嚴守『這東西會被吃進肚子裡』的分際。」

根據普列希克的研究，**成功的食品名稱可立即刺激消費者大腦中的記憶、影像、以及感官神經**，創造出對該食品嚐起來如何的想像，即使消費者根本還沒親眼看到產品本身。萊斯康公司最近與農業生技巨擘孟山都合作，後者剛研發出新的混種種子，可長出甜度高、而且更經久耐放的洋香瓜。在為新種子命名的過程中，他們做了市場調查、消費者意見回饋、與孟山都公司代表的幾輪腦力激盪會議，最後他們想出「甜峰蜜瓜」（Sweet Peak Honeydew）這個名字。在一場測試中，他們讓志願者品嚐這款新品種的洋香瓜，結果發現若志願者若被告知「甜峰蜜瓜」這名字，試吃的評分會比不知道名字時高出許多。「接受測試的消費者說，在炎炎夏日，這款新品種吃起來清甜入心。他們會這樣說，只是因為他們聽到了這幾個字：『甜峰』。」萊斯康與孟山都的合作，已有多次運用這套命名方式，包括一種專門用於生吃的洋蔥「柔荑」（Ever Mild）。其他的名字則較為抽象，譬如「貝拉菲娜」（Bellafina）胡椒，基本上就是顏色鮮豔的迷你甜椒。普拉希克解釋：「這回我們希望增加一些歐洲色彩與詩意。」一個好名稱可輕易為產品增值，普拉希克以夏威夷蔗糖為例：這種東西吃起來都一樣，夏威夷蔗糖與菲律賓蔗糖根本沒有區別。但夏威夷蔗糖的價格硬是比其他地方的蔗糖貴了兩成五，只因為消費者覺得前者應該味道更好。

建立在動人商標名稱之上的食尚風潮，往往會招來其他模仿者，讓這波風潮從單一產品擴散至整個類別。1980年代流行為平價紅酒取怪名字，就是個最好的例子；而加州巴富酒莊（Barefoot）是這波風潮的先驅者之一，打破了紅酒得用歐洲城堡來命名的傳統觀念。紅酒應該結合樂趣，是野餐或派對時的良伴，甚至光著腳走在海灘時也可以享用。「所有大酒莊和酒廠都趕上這股流行，說『樂趣應重於品質，我們可以賣每瓶十美元的紅酒。』」普拉希克如此告訴我。沒多久市面上就出現了巧克力蛋糕紅酒、杯子蛋糕紅酒以及用種種可愛動物取名的紅酒，像是馬戲團跳舞熊或頑皮企鵝，彷彿這些酒莊全化身為童裝店。「『蛋糕上的櫻桃』這種名字會產生什麼影響？」普拉希克質疑：「它引發的聯想與紅酒風馬牛不相及，這是個無效的命名……模仿形同自殺。後進者不可能趕上風尖浪頭。」

至於紅王子，博登夫婦與辛姆都打算保留原來的名字。辛姆為新品種蘋果取名不走天馬行空路線，她覺得珠瑪米（Jamami）蘋果聽起來太像海嘯的英文（Tsunami）：「但我們認為『紅王子』這名字會吸引人。」我隨著辛姆拜訪一名香蕉盤商時，她給我看了幾顆小小的木瓜。「而且這名字暗示了它是優質產品。」

後來我請普列希克評估「紅王子」這名字的效果，雖然他還沒親自嚐過這種蘋果。他認為紅王子具備好名字的三大特質：首先，這名字夠響亮，吸引了他的注意。其次，它喚起王子與紅色這兩個鮮明形象，所以能夠得到引消費者青睞。最後，這名字讓他有了新想法，他想知道紅王子蘋果吃起來味道如何。**「當我聽到『紅王子』，我的大腦開始對它產生想像。」**普利希克說：「我猜紅王子的口感清脆。我彷彿看到一顆外型非常對稱、顏色漂亮的小蘋果。它可能很紮實，我會聯想到它應該是相當美味的蘋果。紅王子是個好名字。」

傻瓜創意腦力激盪練習

有了紅王子，辛姆與旗下團隊成員開始為這款蘋果打造一個能夠讓北美市場產生共鳴的新身份。從許多方面來看，博登夫婦比起其他有意推出新蔬果的農產品客戶算是容易合作得多。以蜜脆蘋果或甜蜜探戈為例，它們的行銷仰賴一大群領有耕種許可的果農集資策劃，有時候人數甚至達上百人。這不但拖長了決策時間，還容易造成大家偏好安全牌、做出相互妥協的決定；但這樣的決定不見得能符合市場期望。博登夫婦就不同了，他們堅持獨自推廣紅王子，以便**控制果樹的栽培與品質**。此外，他們也已經準備好單獨支付辛姆的服務費用。這可不是普通的成就，光是頭幾個收成季，他們就花了超過兩百五十萬美元在加拿大推廣紅王子。對於一個當時仍是小型家庭農場的經營者來說，這筆投資簡直是天文數字。但辛姆相信這項產品有其特別之處：「蘋果就跟山巒丘陵一樣古老。」我們結束這趟果菜批發市場之旅時，她說：「但紅王子仍是相當令人振奮的新產品。」

紅王子上市那年，辛姆和博登夫婦見了幾次面，並且帶著他們進行了一連串動腦活動。她會準備好白板、素描紙、麥克筆，鼓勵馬尤斯和伊爾瑪憑直覺說出蘋果應該是什麼：多汁、紅色、甜、脆、派餡。接著，他們喊出目標客戶應該是哪些人：批發商、一般消費者、經銷商、採購人員、食品廠。這項練習是為了找出可能與紅王子接觸的對象、以及他們可能想聽到什麼。

「什麼會讓他們有共鳴？」辛姆問。

「假如我跟批發商說『紅王子又脆又多汁』，而對方問『這種蘋果該怎麼賣？』我會告訴他：『這種優質蘋果可以讓你提高單價，一句話。』」然後我會跟零售商說：『你不但能在蘋果這類商品賺更多錢，我們還會提供行銷方面的協助，把這些蘋果全部賣光光。』」

接下來，辛姆著手列出能夠支持紅王子新身份的幾項證明事實。譬如，若辛姆說紅王子適合用來烤派，她可透過實驗測試來證明這種蘋果甜度更高，而且果肉細胞結構緊實，能經得起高溫烘烤。

最後，辛姆會進行她所謂「傻瓜創意腦力激盪」的練習，參加者可拋出任何當下想到的字眼、意象或念頭，完全不需要多做思考，看看紅王子的真正特質能否在這堆雜亂中浮現出來。雖然我認識辛姆時，這項練習已經是好幾年前的事，但我們在安大略果菜批發市場的當天下午，她還是簡單地示範了一下類似練習。最後我們上樓前往「甘寶之家」的儉樸會議室，當時他們正準備推出商標名為「嚴選新鮮」的自有品牌蔬果，打算直接賣給一般消費者。該公司的重要職員與辛姆長談了五小時，深入討論「嚴選新鮮」這個品牌的精確定位。

「若你們覺得實在太蠢，就打斷我。」辛姆拔開麥克筆的筆蓋，站在放在畫架上的大素描本旁邊。

「但這項練習終究是有用的。」她在素描本上畫了賓士車標誌，問在場的人看到這標誌有什麼想法。

「奢華！」行銷部的阿蘭達．費蕾拉回答。

「好。」辛姆本人的座車正是一輛賓士。「對經銷商來說，奢華代表著更高的利潤。對消費者而言，奢華代表身份地位。」接著她請大家說出「嚴選新鮮」這品牌應該代表什麼。

「品質！」

「穩定可靠。」

「優越。」

「信心。」

「無浪費。」

「眾望所歸。」

「奢華！」

「奢華或許並非恰當字眼。」董事長傑夫．休斯提出異議。但這個字眼為辛姆帶來靈感，她建議改為「優越」；但後來一名年輕的交易商尚．巴羅格認為改成「在地」會更好，他甚至想出一句口號：

「在地生長，無比新鮮」。

「不新鮮，免付錢！」約瑟夫．柯梅拉得意地喊了出來。

辛姆寫下所有人的提議，寫滿幾張紙後很快地全撕下來。接著她引導所有人面向會議室的牆壁。「你們必須做出主張。」她趁著短暫的休息時間告訴大家：「務必將人性考量放入品牌中。各位當然可以想說什麼就說什麼，**但如果品牌最後沒能引發共鳴，消費者就會棄而不顧**。」然後她要求所有與會的人從更人性化的角度，好好思考嚴選新鮮這個品牌。「若品牌是一個人，他會是什麼人？開什麼樣的車？到哪裡去度假或購物？」她發給每個人一張紙，要他們寫下對於嚴選新鮮的個性描述，然後大聲讀出來。費蕾拉是與會者當中寫得最精彩的，她描述了一個名叫芙列達，衣著入時的三十多歲女子，開著油電混合車，對最新的養生潮流相當注意，但不會全部都買單。

上述這些問題相當重要。幾年前，迷你紅蘿蔔的種植者花了兩千五百萬美元，請一家大型廣告公司為他們重新打造品牌。這家公司將迷你紅蘿蔔重新定位為年輕、健康的零食，有著叛逆青少年的人格特質。蘿蔔從田園場景變成溜滑板的卡通人物或投入極限運動的擬人化角色。這種紅蘿蔔幾乎像能量飲料，它們要盡情搖滾！

至於紅王子，辛姆就直接照著原來的名字來搭配相應個性。「在博登夫婦的腦力激盪練習中，我們想出的是王子風範。」辛姆說：「紅王子是一位紳士。他彬彬有禮，優雅得體，住在豪華宅邸，開著一部好車。他喜歡精緻高雅的事物，但他對所有的人都相當和藹。總之，他是位具有**王子風範的男士**。」接下來，辛姆便針對上述形象來打造行銷活動。有了紅王子在２００７年於德國推出的成功經驗，辛姆借用當時的點子，雇了一名英俊演員穿上紅色王子服裝。當時的王子服裝有金絲織錦，領口與肩帶繡著這款蘋果的新商標，即一顆果皮被螺旋狀削開的蘋果。這是因為伊爾瑪堅持不跟歐洲同業一樣，採用戴皇冠的蘋果商標。這名王子出現在多倫多的各家超市，分送蘋果切片給消費者品嚐，同時表演為女士開門、跪下來親吻對方的手、或純粹展現高貴的風雅舉止。2010年冬季的那次上市活動，王子的現身可說增色不少。

後來辛姆又將一個四通八達、連接多倫多市中心許多辦公大樓的地下商場變成紅王子的宮廷，二十一名年輕男性穿上黑西裝、打著紅領帶、口袋掛純絲手帕、並戴上圓頂禮帽，分送一顆顆裝在金色束口網袋裡、疊在大銀盤上的紅王子蘋果。他們也贈送精緻禮盒給媒體人，後者打開禮盒會發現一顆蘋果躺在紅色絲絨枕上。紅王子也有了自己的臉書專頁及推特帳號（@RedPrinceApple），粉絲人數將近上千人。馬尤斯與伊爾瑪會持續更新果園的照片。

多虧了這些行銷噱頭，紅蘋果成了加拿大媒體的追逐對象，新聞報紙、商業雜誌與美食部落格競相譽之為下一個蜜脆蘋果。這次行銷活動讓紅王子首度被納入北美市場地圖，博登夫婦也終於開始累積客戶，包括美國連鎖超市克羅格（Kroger）、加拿大連鎖超市勞布勞斯、美加的沃爾瑪以及各地兩千家左右的獨立超市。這次打下的基礎，成為紅王子晉身為蘋果界下一個新潮流的踏腳石。

農產品靠「天」吃飯

整個2011年與2012年，紅王子的銷售呈現緩慢但穩定的成長。然而到了上市隔年的冬季，災難突然降臨。經過二月的酷寒與大雪，三月無預警地發生持續近半個月的熱浪，氣溫升高至華氏七十幾度。當時我人正巧在索伯里鎮，某個週六早上我穿著運動T恤，跑到正快速溶雪的山丘去滑雪。我回家後，換上短袖出門遛狗，在岸邊看著海灣裡漂浮的冰塊。由於**氣候變化劇烈**，蘋果樹竟然提前兩個月開花。然而當時仍是冬季，所以兩週後氣候恢復嚴寒時，大部分蘋果花蕾都被凍死了。等到秋收時節來到，博登夫婦只得到少得可憐的幾顆蘋果，而且這些殘存的蘋果長得又小又醜，只能切片並包裝成無商標產品或乾脆榨成果汁。這一季的努力全付諸流水，原本可望成氣候的紅王子風潮也戛然而止。

「三月到了。」2013年，我和辛姆坐在批發市場裡的時候，她說：「紅王子正該成為搶手商品時，他們卻沒有蘋果可賣。**務農就是靠天吃飯，你一點辦法也沒有**。大自然有時候也挺殘酷的。」

紅王子的挫敗提醒了我們，無論是紅王子蘋果或安森磨坊的中國紫米，農業食尚風潮的形成應該是涓滴不絕的漫長過程。栽植者、經銷商及行銷人員或許會想在美食世界創造潮流，但這必須投注數年的心力在培育出最完美的品種、建立牢靠且多元的供應網絡、並確保取得的通路足以讓自己佔有市場的一席之地。假如製造M&Ms巧克力的某間工廠失火了，這款巧克力的供應可能只會受到暫時性的影響，因為公司只要肯花錢就能建立新的生產線。但假如農作收成被氣候、災害、或不良基因摧毀，作物的復育得花上好幾年的時間。

芙禮達公司的凱倫．凱普蘭曾告訴我一個羽衣甘藍與抱子甘藍雜交的新品種「羽衣抱子甘藍」功敗垂成的故事。當時羽衣甘藍與抱子甘藍，都已經成為廚師界與家庭烹飪的流行食材，因為它們經常以美味培根來搭配，而且羽衣甘藍經得起長時間存放，進而成了農夫市集的高詢問度產品。後來有個美國農人在歐洲發現這兩種甘藍雜交而生的種子，於是他花了幾萬美元買下這粒種子自行栽種。有些盤商聽到風聲後，開始在社群媒體散播消息，並寄出羽衣抱子甘藍給特定主廚試用，進而推升了饕客對它的需求。２０１３年初，人氣食譜部落客桃樂西．藍荷（Dorothy Reinhold）將它譽為：「打從奇形怪狀的寶塔花菜上市，我們簡直希望能多花些時間研究碎形。它是最新、最酷的超市農產品區綠色蔬菜。」但這當中出現了一個問題：栽植者忙著增加產量應付需求，導致他們**沒機會培育出足以承受遠距運輸的品種**。「等到這些甘藍被送進倉庫，葉子都已經變黃了。」凱普蘭說：「羽衣抱子甘藍暴起暴落，在很長的時間裡都無法進入市場主流了，即使羽衣甘藍與抱子甘藍依舊引領風潮。栽植者必須懂得因應大自然才行。」

凱普蘭認為，**農產品的風潮只能緩慢推進，必須熬過十年以上的時間**，等到一切條件就緒才能推上市場。芙禮達公司對客戶的建議往往是緩步成長，建立穩定供應並培育優質品種，然後靜候新的風潮自然浮現。該公司在2012年開始推廣斯托克斯紫心甘薯，雖然在民眾眼裡這是天外飛來的新玩意，但凱普蘭強調，它的成功靠的是幾波既有潮流的匯聚，包括消費者開始對彩色蔬果感興趣、強調攝取維他命A的養生風潮、以及北美連鎖餐廳開始流行用甘薯來炸薯條。「我們一年前推出紫心蕃薯，看起來好像立刻就創造了流行。」凱普蘭解釋：「但我們其實做過大量的研究，才判定這種產品會比過去的其他蔬果更容易推廣。」

回到索恩伯格鎮，博登夫婦似乎不是太憂慮。我在2013年夏季再度拜訪他們，情況看起來相當樂觀。過了一個漫長的嚴冬，隨之而來的潮濕春季與炎熱夏季十分有利於蘋果生長。伊爾瑪領我走進果園，讓我親眼看看樹上成串的紅王子蘋果。這時候紅王子還只有一顆李子大，但到了九月收成之前就會大得像拳頭了。這家人多種了幾英姆的紅王子果樹，儘管去年沒能跟上市場需求，但來自勞布勞斯這些加拿大大型連鎖超市的訂單有增無減。「我還是好愛這品種。」伊爾瑪手上捧著一顆蘋果：「它看起來既清新又結實。」在北美種下第一棵紅王子果樹的十年後，她相信這一年將是紅王子終將盈利的起始年。

第三部
食尚風潮為何重要

「食尚風潮體現的是資本主義最好的一面：假如你有個好點子，市場就會用金錢、工作機會、稅收及經濟規模來給予獎賞。」

捌　民族料理：印度咖哩雞的美國之路

當你在一個禮拜內讀到五篇文章盛讚奇亞籽對健康有多好，而新漢堡餐車的排隊人龍多到你沒辦法擠進去開出自己的車，這種時候我們很難體認為什麼要在乎食尚潮流這回事。流行口味變換無常，把我們搞得頭昏腦脹，以至於我們往往忽略了食尚潮流表面下產生的微妙變化。

赫利醫學中心專門收治創傷病患，坐落於密西根州弗林特市區的破落市中心。來自巴基斯坦的小兒科住院醫師勞烏．瑪希塔來到偌大的自助餐廳，走向香料小館的自助餐保溫盤。他拿了一隻湯匙，然後挖了兩粒印度抓飯放進嘴裡，咀嚼三十秒鐘左右。接著他繞到蔬菜區，重複了同樣的試吃過程，仔細考慮一番後誇張地搖搖頭。最後瑪希塔醫師在盤子上淋了一大匙印度甜酸醬，擺上兩片熱騰騰的印度烤餅，加入了坐著其他同事的那一桌，包括幾名來自印度、巴基斯坦、孟加拉和尼泊爾的醫護人員。他們點的菜都是些咖哩、香料飯以及其他自從香料亭咖啡館於２０１１年開張後，每天午餐及晚餐供應的印度主食。

「我們以前常吃焗烤通心粉。」瑪希塔醫師抱怨。

「我來這裡的第一年，膽固醇就飆高到危險的程度。」印度土生土長的小兒科醫師威希瓦．伐尼瓦拉附和：「老實說，我常跳過午餐沒吃，因為我實在吃膩了沙拉、三明治和薯條。」

這群來自南亞的醫師，可說是赫利醫學中心住院醫師當中的主力部隊。他們最後要求自助餐廳的行政主廚史帝夫・鄧恩提供他們較熟悉的食物。鄧恩服務於瑟迪索外燴餐飲公司，一輩子從來沒嚐過印度料理，但他參考了網路上的食譜，第一天做出印度三角炸餃、菠菜泥燴起司以及鷹嘴豆咖哩。這些菜餚在幾分鐘內就被一掃而光。「我沒辦法每天做。」即使醫師們熱烈捧場，鄧恩依舊有他的難處：「**需要投入的時間和知識太多了**。你得摸熟印度料理的關鍵和訣竅，我的手下花了三個禮拜時間才學會煮印度香米，因為他們習慣的是班叔叔（Uncle Ben's）的速食米。印度香米必須經過浸泡、洗淨、拌上奶油與香料，然後用特定方式來煮熟。」

於是鄧恩決定向香料小館求助（Café Spice）。香料小館是美國規模最大的印度餐飲公司，當時剛與瑟迪索完成品牌結盟。鄧恩每個月向香料小館訂購預先做好的**冷凍印度菜**，這麼一來他的手下只要在香料小館裝潢設計的攤子裡解凍、加熱就行了。鄧恩帶我參觀醫院裡的超大廚房，年輕廚師克里斯・艾斯皮諾薩正在裡面搬運一個放滿冷凍雞肉咖哩、菠菜泥燴起司以及秋葵咖哩調理包的蒸爐。「我嚐過一次這些印度菜。」艾斯皮諾薩將加熱完成的菜餚舀進餐盤裡：「但我對香辛料沒什麼興趣。我有自己喜歡的口味。」

目前香料小館的主顧客，多半是這些南亞裔的醫師，但鄧恩指出院內已有越來越多醫護人員對印度料理產生興趣。香料小館周邊的攤子賣的是三明治、漢堡、肉餅與馬鈴薯泥、披薩和沙拉，而整個弗林特市只有另外兩家餐館賣印度菜。到了午餐時間，鄧恩介紹我認識崔西．戴維克，一位直到香料小館開張才嚐過印度料理的護士。「開幕的第一天他們提供免費試吃，於是我特地過來嚐嚐看。」她一邊說著，一邊用烤餅沾還熱騰騰冒著煙的黃秋葵咖哩醬。「我好愛印度料理，尤其喜歡雞肉……」她轉頭看鄧恩：「就是有那種紅色的醬……」

「烤雞肉紅咖哩。」鄧恩說香料小館最受歡迎的菜，就是這道將烤過的雞肉塊淋上以蕃茄為基底的濃稠咖哩醬。

「對，有鷹嘴豆的那一道，還有芒果冰沙……」「芒果拉西。」鄧恩糾正她。後來，另一名護士走過來，看著鄧恩盤子裡的酒蒜酸辣咖哩雞和香料飯。「嘿，史帝夫。」她說：「我明天想試試這個。不知道這到底是什麼菜，但我想看看自己會不會喜歡。」

異國美食風潮

當你在一個禮拜內讀到五篇文章盛讚奇亞籽對健康有多好，而新漢堡餐車的排隊人龍多到你沒辦法擠進去開出自己的車，這種時候我們很難體認為什麼要在乎食尚潮流這回事。流行口味變換無常，把我們搞得頭昏腦脹，以至於我們往往忽略了食尚潮流表面下產生的微妙變化。但假如你回想自己在十年前、二十年前、甚至三十年前吃了什麼，**你就能明顯看出食尚潮流所發揮的莫大影響**。很難相信在我還是青少年的時候，我從來沒吃過任何泰式炒米粉、壽司或秘魯酸橘汁醃魚。這年頭的開胃菜有蒜味鷹嘴豆泥、中東口袋麵包、墨西哥玉米片和歐芹檸檬莎莎醬。猶在十五年前，一般的前菜還只有碎菜葉淋田園沙拉醬，灑上小圓餅和風味較淡、頗有嚼勁的起司塊。還記得當年那些沒淋上香醇初榨橄欖油的沙拉嗎？如今回想起來彷彿陳年往事，但僅僅一個世代前，北美人吃的都是肉和馬鈴薯，而且害怕大蒜的程度就像現在的人怕反式脂肪。當時我們只吃白麵包，把蔬菜煮得過熟，做出來的菜淡而無味。我們在牛排館、酒館和酒吧裡打牙祭，就算嘗試異國料理也只敢跨出一小步。中國菜到了美國變成石榴糖漿滷過的雞肉丸，鋪著格子布桌巾的義大利餐廳賣的是千層麵、臘腸披薩這些簡化版的義式美食。

如今情況截然不同，煙燻辣椒醬與味噌已成為餐廳廚房裡的常見調料，使用頻率就跟蕃茄醬與芥末醬一樣；而且就連小村小鎮都有餐廳提供泰式炒米粉這道菜。食尚風潮為什麼值得我們關注，主要原因之一就在於**它們能夠將某個文化的料理，從廉價、邊緣化的地位推升成爲國人日常飲食的一部分**。這些來自全球各地的料理一度只存在於移民社區，然而近幾十年來由於食尚風潮的影響日益普及，異國風味逐漸滲透了這塊一度抱守馬鈴薯與肉的北美大陸。異國食尚風潮不僅改變了我們餐桌上的食物，也逐漸改變我們對這些食物背後文化的看法。它們打破語言與種族的藩籬，使異國風情變得尋常，異族變得熟悉。異國食尚風潮打開了我們的心胸。當你吃到喜歡的菜餚，頓時間你會想要更進一步了解這國家或文化的料理。你越常吃是拉差香甜辣椒醬，就越會對東南亞料理感到好奇。每回你造訪越南、泰國、或柬埔寨餐廳，嘗試了新的菜餚、口味或食材，你會開始猜想這些國家究竟是什麼樣子。他們的人民和善嗎？社會治安良好嗎？當地的食物會不會更美味？接下來你可能就已經蹲在胡志明市的人行道上，雖然一句越南話也不會，但知道要跟小販說「邦米」好買來超級美味的越式棍子麵包三明治。

美國與加拿大（以及近年的西歐）都是移民國家，每一波新來的移民都會種下食尚風潮的新種子，無論是十九世紀德國移民帶來熱狗與漢堡或近年南韓移民掀起的泡菜大流行皆是如此。**文化爲這些風潮推波助瀾，無論是透過旅遊、音樂、電影或甚至國際新聞**。在１９８０年代，日本幕府時代小說、家家戶戶都有的任天堂遊戲機以及看似所向披靡的企業文化，使得北美人對日本的好奇達到頂點，壽司也趁著這波潮流登上食尚舞台。除此之外，來自移民的重要味蕾達人不僅帶來故鄉的食物，也懂得如何透過巧妙包裝將它引薦給北美的主流觀眾。早在我們學會愛上生魚片之前，企業家青木廣彰已於１９６０年代在美國創立了連鎖餐廳「紅花鐵板燒」，讓廚師在觀眾前表演宛如揮舞武士刀的誇張特技，為散發陣陣照燒醬香氣的日本料理奠定一條康莊大道。

並不是所有的異國料理，都能夠成功創造食尚風潮。**有些文化比其他文化更廣被接受**，有些儘管移民人數眾多、文化牽連深遠，卻未能做到這個程度。在芝加哥，波蘭與愛爾蘭族裔數量要遠多於泰國人，但泰式炒米粉卻比波蘭餃子或蘇打麵包更常見於餐廳菜單。同樣的，索馬利亞族裔雖然在明尼阿波利斯市佔有相當比例，索馬利亞式三角炸餃卻未能如瑞典肉丸，成為明尼蘇達州居民的主食。究竟讓某種異國料理在北美成為主流的要素是什麼？**最具啓發性、也最令人意外的例子，莫過於印度料理了**。美國有相當多的印度移民，而且印度傳統料理的風味濃郁鮮明，照理說應該能像中國菜那樣風行全美。然而數十多年來，雖然主廚、趨勢與產業預測專家們每年都信誓旦旦，說今年絕對是印度料理走出咖哩餐廳、走入民眾廚房的一年，最後事實卻總是讓他們跌破眼鏡。

印度料理的傳播之路

莉琪．科林漢（Lizzie Collingham）在她探討印度料理如何進入西方的精彩著作《咖哩群像：印度料理文化誌》提到，我們現今所知的印度飲食，無論是恰恰茶或咖哩，其實是在許多外國影響之下發展出的大雜燴。這些影響包括印度半島的殖民統治者、政治上互相結盟的各地王國以及莫測的命運。最早傳遍全印度的菜餚，是混合英印料理風格的咖哩肉湯。它成為連結這個偌大帝國不同區域與文化的中介，並將箭頭直指向西方。殖民官員將印度料理帶回聯合王國之後，印度料理在二次世界大戰後的數十年間很快成為主流。此外，來自聯合王國前殖民地的其他南亞移民也大量湧入，使得印度料理在1960年代成了英國人的家常便飯，正如中國菜在北美的普及程度。加拿大由於隸屬於大英國協，在二十世紀初期也曾出現小規模的印度移民潮，但他們主要聚居在溫哥華。

在美國，印度料理搶下的灘頭堡是紐約市。幾間印度餐廳在1920年代開張，主要顧客為新香料交易商、船員以及印度來的留學生，經營者則多半沒待過廚房。一般美國民眾很少光顧這類餐廳，僅有的幾篇報導也只是警告讀者小心裡頭傳出的濃烈氣味。**一些作者認爲咖哩過於「野蠻」，或是將它描述成不甚討喜的異國口味**。由於當時美國對印度與其它亞洲國家的移民政策緊縮，二十世紀上半葉紐約市的印裔人口一直相當有限。雖然曼哈頓市中心有幾家印度餐廳，一般民眾對印度料理依舊興趣缺缺。直到１９５０年代中期，也就是印度獨立之後幾年，情況才稍微有些改變。

定居於紐約的錫克教徒達倫．吉特．辛（Dharum Jit Singh）以美國民眾為目標讀者，出版了他的第一本家鄉料理食譜《來自印度的經典菜餚》（Classic Cooking from India）。這本書出版的一年前，《紐約時報》曾於１９５５年如此介紹這位食譜作家：「為了幫印度菜餚開闢一條通往美國家常菜的新道路，達倫．吉特．辛建議民眾在家嘗試各種印度米飯的烹調方式。」儘管這本食譜出版後得到了媒體好評，尤其炸蔬菜丸和魚蝦燉飯，但辛的影響力終究相當有限。不過到了１９６０年代，較為寬鬆的移民政策吸引了新一波印度移民來到美國。這群新移民受過良好教育，多半屬於中產階級，當中包括了醫師、工程師以及在紐約、波士頓、柏克萊、加州等各地大學扎根的研究所學生。他們形成了具有相當規模的僑民社區。**此時印度開始發揮文化上的影響力，進而在國際社會形塑了正面的國家形象**。當時的總理尼赫魯提出了現代社會主義願景，成為改革派政治圈裡的時興人物，而他常穿的高領長外套也變成一大亮點。西塔琴大師拉維．香卡則與披頭四樂團推動了嬉皮文化中的印度靈性探索，包括冥想和瑜伽的練習。

美國的印度料理教父蘇希．馬羅德拉（Sushil Malhotra）就在此刻登上舞台。他出生於孟買，1966年移居美國到城市大學就讀工程系。畢業後他一度任職於殼牌石油和美國電力公司，但在1970年與擔任輪機工程師的父親一同開了間名為「印度美饌」的香料行，為紐約市的咖哩餐廳提供香料、甜酸醬和印度薄餅，晚上則到紐約大學繼續攻讀企業管理研究所。蘇希如此描述當時北美的大部分印度餐廳：「這些地方根本毫無專業可言。」我們坐在他位於曼哈頓以北一小時車程外的宅邸，從裝潢奢華的客廳俯瞰哈德遜河。

這棟二十世紀中期興建的殖民時期風格豪宅，配備了穿著正式的男管家、手工雕刻玉象、擺著許多絲綢靠枕的的長沙發，可說替他過去四十年來為美國引進印度風味的使命做了最佳註腳。他抱怨美國多數社區印度餐廳提供的菜單幾乎大同小異，都是些受到英國影響的北印度菜，店裡不外乎有個自助餐檯和泰姬瑪哈陵複製品，再擺上一堆西塔琴，說到激動之處他甚至好幾次差點打翻恰恰茶。

他提到的這些餐廳，有許多是逃離故國暴力衝突與貧窮的孟加拉人開的。他們常被稱為「跳船族」，因為許多孟加拉人以船員身份來到美國，一旦上陸便向當局申請難民身份。在紐約，這些色彩俗麗的咖哩餐廳集中於東村的第六街、被稱為咖哩丘的市區一帶以及皇后區的傑克遜高地。在西岸，印度料理的集散地是加州柏克萊以及奧克蘭市鄰近地區。在多倫多，不少旁遮普人在傑拉德街開了色彩繽紛的印度餐廳。這些餐廳的經營者通常沒什麼下廚經驗，但他們的餐廳依舊在美國城市成功立足，只是他們的作法不無後遺症。「這些家庭式經營的咖哩餐廳，成為讓印度料理被美國人接受的一大障礙。」曾以印度餐廳為主題寫過書的北德州大學餐旅管理系教授喬桑・巴拉（Josaim Barath）指出：「他們的**管理問題**層出不窮，包括維持廁所清潔；而且他們很難接受標準化與品質穩定的概念。他們在這方面完全外行。雖然我敬佩他們的創業精神，但他們提供的印度美食初體驗往往是**負面**的。」

蘇希・馬羅德拉的批評甚至更不留情面，他輕蔑地說：「他們降低了料理的水準。雖然學生都喜歡，但吃了他們的食物很可能會拉肚子。」

進軍高端市場

我特意找了一天，來趟咖哩丘朝聖之旅（面積約三個街區，名字則仿自旁邊的莫瑞丘），並與紐約大學食品暨營養學系教授克里希南度・瑞伊（Krishnendu Ray）共進午餐。他對北美的異國料理特別有研究，尤其是來自母國印度的食物。我們約在「立可送咖哩屋」碰面，它是美國最早出現的印度快餐廳之一，由蘇希・馬羅德拉投資創立。店門口的外帶區和１９７０年代的用餐區頗為陳舊，而且多數來客都是南亞人，正用塑膠餐具享用燉扁豆、菠菜泥燴起司等經典菜餚。附近坐著一桌風塵僕僕的背包客，看起來像剛結束一趟阿帕拉契山健行。「烤雞肉紅咖哩？」其中一人大聲問：「那道菜是辣的嗎？」瑞伊向我解釋，**北美人對於其他文化帶來的食尚風潮有兩種截然不同的看待方式，他們將之區分為外國的以及異族的**。外國食物代表精緻、高檔、昂貴，而異族食物則代表異國風情、低品質、廉價。法國與日本料理屬於外國食物，中國、墨西哥以及印度料理則屬於異族食物。對於異族食物：「若一餐價格超過十美元，他們就會開始嫌貴。」瑞伊一邊說著，一邊用捲起來的烤餅從碗裡挖起香噴噴的燉扁豆。**「若一開始是從高端市場切入，你可以有餘裕往低端市場拓展。」**他以壽司為例，解釋壽司如何從昂貴的珍稀佳餚，變成超市裡花幾塊美元就能買到的食物。「但如果你是從低端進入市場，要再往上爬就很困難了。」印度料理幾十年來都被困在異族食物類別，無論食尚風潮如何變化，邊緣地位的處境依舊如故。

蘇希·馬羅德拉決意改變現狀，１９７６年在公園大道開了間高檔餐廳「阿卡巴」（Akbar），展現印度料理有待發掘的潛力。只不過當時民眾仍認定印度料理等同於**便宜簡餐**，以至於餐廳的經營一直入不敷出。後來他另起爐灶，１９８４年在上城區開了「達瓦特」餐廳（Dawat），主打印度各地特色菜餚。並請來美食名人瑪德·賈佛瑞（Madhur Jaffrey）協助設計菜單、領導廚師們工作。這位來自印度德里的美麗女演員，在倫敦演出的時候誤打誤撞進了烹飪界。後來她轉戰紐約，熱情擁抱世界料理的《紐約時報》權威美食評論家克雷格·柯萊波恩（Craig Claiborne）甚至為她寫了篇人物特寫。雖然柯萊波恩的文章著重於賈佛瑞身為演員，竟能做出如此佳餚；然而這篇文章鼓勵了她在１９７３年出版《印度美食入門》（An Introduction to Indian Cooking）。這本經典食譜讓她成為印度料理界的茱莉亞·柴爾德，使得西方人不再視印度菜為神秘遙遠的料理。

「我的任務是介紹正統印度菜，而這也是我在達瓦特餐廳所做的努力。」賈佛瑞如此表示。顧客來到達瓦特，期望吃到一些他們從其他廉價咖哩餐廳認識的菜色，譬如酒蒜酸辣咖哩雞或菠菜泥燴起司；同時賈佛瑞與馬羅德拉也必須顧及正統性與各地多元化。「許多事在同時間發生。」賈佛瑞說：「食譜才剛出版，我們乾脆在餐廳裡賣這本書，而且當時我在電視台有幾個烹飪節目。我們把這一切都結合起來。全美國對印度料理的看法開始改觀，馬羅德拉可說是將正統印度菜引進美國的先驅。」

儘管賈佛瑞本人如此成功，而達瓦特這類高級餐廳也確實提昇了印度料理在紐約以及其他大城市的地位，印度料理卻從來沒能在北美形成風潮。每一年，食品業預測專家都嚷嚷時機到了：「1987年將是印度料理年！」但他們的預測年年落空。社區型咖哩餐廳越開越多，但依舊只有南亞裔與具有冒險精神的食客會去造訪。一般美國人不想光顧印度餐廳，主要是出於恐懼。**他們對這些餐廳的印象就是骯髒**、**口味太重**、**吃了有鬧腸胃病的風險**。我小時候從來沒吃過印度菜，因為家人實在很怕它。我第一次嚐試印度菜時已經十八歲，當年跑到倫敦當背包客，像啃未爆彈似的小心翼翼吃菜。又過了好幾年，我才終於擺脫這種恐懼，但心裡老惦記著最初的顧忌。

在加拿大和美國造訪過幾次印度餐廳，我還真的有好幾回吃出毛病，狀況包括酥油（品質不好的印度食物大量加入的一種澄清奶油）導致的昏沉，以及拉肚子頻頻跑廁所。有些朋友遇到的情況更慘，他們暢談印度文化與風情多麼美麗時，總會順帶說幾個腸胃慘遭蹂躪的恐怖故事。當中不少人因大腸桿菌或其他寄生蟲而住院，有些甚至種下永久性的傷害。由於部份印度菜實在太辣，若沒準備好衛生紙擦眼淚、喝上幾加侖冰涼的優格拉西，酒蒜酸辣咖哩雞這類菜餚根本無法入口。這對某些食客而言是種吸引力，但大部分北美人在成長過程吃的是相對較淡的歐洲菜，**光是口味太重這件事就足以讓他們裹足不前**。

塔瑞．哈米德（Tariq Hameed）對這一切瞭然於胸。他在皇后區的「莎欣甜心餐廳」（Shaheen Sweets）是紐約最著名的印度餐廳之一，過去四十年來一直在努力克服北美人對辛香料的恐懼。哈米德在1970年代，於曼哈頓咖哩丘開了他的第一家餐廳。雖然他已經大幅減少辛香料的使用，美國顧客依舊抱怨：「我不喜歡口味這麼重的菜。」若他跑到人行道哄路人進餐廳，他們會皺著鼻子說：「太辣了。」1970年代的英國則是興起一股**本土主義風潮**，社會上出現反對咖哩餐廳的聲浪；這些情況都與中國菜初入美國時導致的恐懼相似，印度料理被譏為又辣又臭又噁心。「我們店裡的窗戶每天都被人打破。」哈米德回憶餐廳開張後頭一年的遭遇：「小孩子會把鞭炮扔進餐廳裡。」

印度料理的逆襲

到了1990年代初期，印度料理在美國的命運終於出現逆轉。蘇琪．辛（Sukhi Singh）是一名印度空軍軍官的妻子，隨著丈夫被派駐到印度與世界各地時做過不少餐飲生意。她經營過冰淇淋餐車和漢堡攤，也曾在各處基地舉辦薄餅派對。當她丈夫於1980年代末退役，他們便舉家移民至加州奧克蘭市。她丈夫買下一棟商業大樓內的店面後，她開始經營一間小小的三明治餐廳。由於她大部分時間都花在餐廳與照顧子女，所以她沒有足夠時間每晚親自做飯，花上幾個小時研磨香料、文火煮咖哩醬。這使得她擔心孩子們會逐漸習慣吃披薩和其他美國食物，於是她著手製作濃縮的咖哩糊，完成後冷藏備用。這麼一來，準備晚餐時只要將一湯匙的咖哩糊扔進鍋裡，再加上水、蔬菜和其他材料便可大功告成。她的店固定於每個禮拜三賣印度菜，若有顧客向她問及食譜，她就把親手裝罐的咖哩糊賣給對方。然而１９８８年舊金山大地震發生後，他們的三明治店被迫關門，丈夫改行做乾洗生意，已屆四十五歲的蘇琪決定試著全職販售她的自製咖哩糊。「反正我們已經在谷底了。」她的女兒桑袞・希岡德說：「情況不會變得更悽慘。」

蘇琪已自己的名字為品牌名稱推出產品，接著這家人開始總動員，到柏克萊附近的特產店和農夫市集挨家挨戶推銷，因為加州大學校區周遭住著不少來自印度的研究所學生。桑袞與弟弟達比一放學，就忙著將母親做好的咖哩醬裝罐到凌晨一點。到了週末假日，每個家庭成員便分頭前往灣區的不同超市或農夫市集，擺好攤子示範烹煮咖哩料理，設法吸引顧客嚐嚐他們的成品。達比從十二歲就開始在農夫市集叫賣蘇琪牌咖哩醬，他得意地說：「我們是最早開始賣**品牌異國食物**的商家之一。」可惜多數人一聽到他們賣的是印度食物，當下就躲得遠遠的，連試都不想試。桑袞說：「有的人甚至當著我的面，把食物吐出來。」

接著，網路時代降臨。倒不是因為新的觀念與商業模式透過社群媒體提昇了異國食物的地位，而是科技改變了１９９０年代的矽谷，吸引一波波印度工程師與電腦專家移民來此。美國的印裔人口從

１９９０年的四十五萬人，遽增至２００８年的一百六十萬人，成為僅次於墨西哥與菲律賓的第三大移民族群。在矽谷與聖荷西一帶，印裔和其它南亞移民在很短的時間內便成為主要少數族群；在此同時蘇琪也傾力發展她的新事業，在商品項目中增加了數種熟食。「當年的日子很難熬。」一天早上，我前往隔著灣區與矽谷相望的海沃市工業區。蘇琪身穿紗麗，坐在裝潢單調的公司辦公室裡。她告訴我：「那時候連要不要花三百塊美元，都是個重大決定。」

到了１９９５年，她接到一通改變終生的電話。當時馬里歐特外燴公司（Marriott Catering）為惠普公司提供自助餐服務，負責人想知道能否向她租借一個印度式圓形烤爐，因為惠普公司的印裔員工拒絕接受該公司提供的美國食物。蘇琪聽了後，說服對方讓她擔任惠普的印度料理服務經理，接著便開始在矽谷科技巨頭如ＩＢＭ、戴爾、甲骨文、思科與英特爾賣起她的產品，恰巧這些公司也正絞盡腦汁，想讓他們的印裔工程師午餐吃得滿意。有意思的是，雖然這些科技公司定期提供蘇琪的印度特餐，最捧場的卻不是印裔員工。「他們以為這樣可以讓自己帶午餐的印裔員工光顧自助餐廳。」蘇琪說：「但他們搞錯了。印裔員工都想多存點錢寄回老家，所以會把前一晚吃剩的帶去公司當午餐。**到最後，自助餐廳的主顧多半是美國人。**」

雖然千禧年網路泡沫影響了蘇琪的外燴事業，但她已打穩事業核心基礎，只須進行水平方向的市場拓展即可。她創立的「印度美食餐飲公司」（Gourmet Indian Foods）開始將冷凍食品銷售至好市多、從幼稚園到研究所等教育機構，並將冷凍三角炸餃與熱咖哩賣給自助餐廳或健全食品超市各分店。她的客戶也逐漸從美國西岸拓展到其他地區。雖然蘇琪鎖定的是主流顧客，但公司產品仍儘量保持正統口味。「許多印裔研究所學生在俄亥俄州前不巴村，後不著店的大學裡唸書，但他們的食物偏好在相當程度上影響了其他的人。」達比認為印度菜是旁人根本無法忽視的料理：「假如辦公室裡有人在吃印度食物，你從十排座位之外就聞得到氣味。」

市場化經營

蘇琪的餐飲事業飛黃騰達的同時，馬羅德拉面臨著重大決定。儘管達瓦特餐廳已名利雙收，他仍希望鼓勵更多民眾接受印度料理，就像在英國那樣，咖哩超越了炸魚和薯條，成為全國性食物。於是在1998年，他在紐約大學附近開了第一家香料小館。這家餐廳具備革新性的設計與簡約特質，風格介於民眾熟悉的平價咖哩餐廳、與達瓦特的高檔路線之間。客人點的食物都盛在大淺盤裡，裡頭有咖哩、米飯、燉扁豆和烤餅，每種餐的收費是固定價格。一年後，馬羅德拉又在紐約中央車站的美食街開了外帶餐廳「香料小館快遞」（Café Spice Express），由他兒子薩米負責管理日常營運工作。這間餐廳的大部分食物是現點現做，連餅都是現場用瓦斯烤爐烤熟。然而薩米很快就看到擴張營業的潛力，於是在從未出現過印度餐廳的地方也開了幾家分店，譬如弗林特市赫利醫學中心裡的這一家。在此同時，馬羅德拉也將香料小館的生意擴張到全美各地的超市、醫院、大學和企業員工自助餐廳。如今麻省理工學院、紐約大學的校園，以及美軍暨軍眷保險公司、高盛、摩根士丹利和美國銀行的紐約總部，都可見到香料小館的蹤跡。該公司的食物也以**不掛品牌**的形式賣給四百多家自助餐廳，以及健全食品超市在全國各地數百家分店的熟食區。光是2011年的一年間，香料小館業績便增長了四成，總銷售額達到兩千萬美元。馬羅德拉的香料小館成了蘇琪的主要競爭對手，雙方的顧客群完全重疊，有如印度版的東岸饒舌巨星「大個小子」（Biggie Smalls）對抗西岸饒舌傳奇「吐派克」（Tupac）。

香料小館的食物，來自曼哈頓以北一小時車程外，紐約州新溫莎鎮上一個面積五萬平方呎的中央廚房。裡面有上百名員工（幾乎都是拉美人）忙著摺肉餡餅麵團、炸蔬菜馬鈴薯球、研磨香料、攪拌大桶子裡的咖哩。「後來我不再為麻州大學、高盛或健全食品超市分別提供不同的食材了。」薩米在我們走過廚房時說：「這批貨全部是同樣內容，喬治亞技術學院的印度研究生吃到的辣度，就跟奧拉荷馬州塔爾薩市的其他人一樣。」

究竟該加多少辛香料，一直是印度料理面臨的棘手問題，也是美國民眾願不願嘗試印度料理的主因，而批評總是無可避免。馬羅德拉解釋：「若香料放得不夠，就會有某個去過印度的人走過來說『混蛋，這根本不是酒蒜酸辣咖哩雞！』假如菜單上寫著酒蒜酸辣咖哩雞，這道菜一定得夠辣才行。」與其淡化所有菜餚的口味，香料小館採取的作法是為某幾道菜**提供不同辣度的選擇**。以店裡的四種主要燜醬為例，九成來客都可從中挑到喜歡的調味方式。顧客若想自己動手調醬，該公司也提供了有琳瑯滿目調味品的醬料吧（包括摻了是拉查辣椒醬的蕃茄抹醬），可讓他們隨自己的喜好增減口味。

香料小館的咖哩與醬料皆不含酥油，所以他們的食材**保存期限較長、成本較低、同時也符合健全食品超市的低脂要求**。這使得他們在素食市場銷售暢旺，畢竟有不少偏愛印度食品的人屬於素食主義者。這可說是馬羅德拉為了提高印度料理人氣、增加公司產量而做的重要調整之一。除此之外，由於傳統印度餐廳使用圓形烤爐烘烤餅與肉類所需的技巧，對工廠員工來說過於困難，而且也幾乎不可能在多個零售地點進行這種傳統烘烤，所以馬羅德拉從多倫多進口冷凍印度烤餅；至於最受歡迎的烤雞肉紅咖哩，則是以對流烤箱來取代圓形烤爐。

近來，該公司的主廚開始試驗較不傳統的口味，譬如用印度烤餅做三明治，賣到健全食品超市或大專院校。「我們公司將印度風吹向全世界人的味蕾。」薩米的妻子帕雅也投入於這項事業，她將印度烤餅三明治描述為香料小館的入門商品，可鼓勵對咖哩感興趣的新鮮人親身嘗試。「對一般顧客來說，它只不過是放了不同餡料的扁麵包，吃過的人會說『這種三明治夾的是烤雞肉紅咖哩，我覺得味道不錯，還有其他類似的食物嗎？』」某天早上，她測試了幾種新口味三明治，包括菠菜泥燴蒙特利傑克起司、薑黃馬鈴薯以及烤雞肉紅咖哩。帕雅從菠菜泥燴起司三明治裡挑出一大塊綠辣椒，然後作筆記要工廠員工將辣椒切成細絲。「要是有人咬到那塊辣椒，很可能會好長一段時間都不想碰我們的食物。」帕雅搖著頭說。

流行與變種

馬羅德拉一家也在曼哈頓熨斗區經營奢華的「迷情」（Junoon）米其林星級餐廳。這家餐廳可說是馬羅德拉咖哩王國皇冠上的珠寶，裡頭共兩百個座位，有開放式的閃亮廚房、精心佈置的香料研磨室、用印度進口的卡達帕大理石手工雕刻而成的格子窗花以及餐廳侍者推著紅酒手推車殷勤服務。這家餐廳是馬羅德拉父子為使印度料理成為主流食尚風潮所投入的另一種努力。香料小館靠著一道道菜打動上門的食客，迷情餐廳卻是以**高知名度帶動美食家評論與媒體報導以及富裕味蕾達人之間的口耳相傳，加乘效果猶如名廚薩拉德爲秘魯食物所創造的影響力**。

就算赫利醫學中心的香料小館顧客可能永遠沒機會嚐到坦都里鳳梨雞尾酒、或紅咖哩鮟鱇魚配芒果芥末醬，這些口味說不定最後會逐漸在餐廳主廚們、食尚風潮預測專家以及超市採購之間流行開來，使美國民眾不再感到那麼陌生。這是一種**由主廚帶動風潮的推行方式**，雖然馬羅德拉從１９７０年代就開始不斷嘗試，迄今卻還沒有任何餐廳老闆或主廚能讓印度料理在美國掀起流行。

說句公道話，美洲還是有不少功成名就的印度料理主廚與餐廳。在溫哥華，維克朗．維許（Vikram Vij）是最受敬重的印度主廚。他不但跑遍世界各地，旗下的兩家餐廳也名列溫哥華最熱門的餐廳。至於洛杉磯，印度風的「惡漢」（Badmash）美食酒吧在２０１３年開幕時頗為轟動，舊金山的「多莎」

餐廳（DOSA）則永遠門庭若市，在氣氛如夜店的空間內供應最新口味的南印度薄餅。

成長於孟買，如今定居紐約的佛洛伊德．卡竇斯（Floyd Cardoz）在北美已晉升至名流地位。他中輟生物化學研究所課程，轉往泰姬集團旗下的餐飲學院接受訓練，學習了世界各地的菜餚，包括法國、義大利以及經典印度料理。然而給他最多靈感的是家人，他們來自深受葡萄牙殖民者影響的果亞邦。卡竇斯在１９８８年搬到紐約，為某家極其普通的印度餐廳工作，每天早上煮好一大鍋咖哩後，成天只消把咖哩淋到盤子裡就行了。「這些餐廳的老闆過去不是農夫，就是卡車司機。」我們在卡竇斯的「城北燒烤」餐廳（North End Grill）聊到當年往事。這間位於金融區的餐廳其實是個美式啤酒屋。「這類料理就像傳話遊戲，傳到最後料理已經完全走樣。」

當時，紐約市已有幾家高檔印度餐廳，包括「阿卡巴」、「孟買皇宮」（Bombay Palace）以及「拉賈」（Raga）。雖然它們都提供正宗的印度料理，卻以廉價餐具取代銅製餐具，也跟其他咖哩餐廳一樣在牆上掛著老舊西塔琴。卡竇斯不喜歡這些老套，於是他跳槽到具有**創新精神**的法式餐廳「萊斯皮納思廚房」（kitchen of Lespinasse）。由於這家餐廳的主廚對世界各地料理感興趣，因此他放手讓卡竇斯將印度風味融入至幾道菜餚中，做出了咖哩鴨、小茴香薑味茄子醬佐羊肉以及他在果亞學到的油炸粗麥粉漿裹軟殼蟹。儘管發揮空間有限，影響力也不明顯，但這已經讓卡竇斯在紐約的廚師與食客之間建立了口碑，並贏得餐飲鉅子丹尼．梅爾（Danny Meyer）的注意；後者主動詢問他是否願意合作開設一家印度餐廳。「當年我二十七歲，根本不想再待印度餐廳。」卡寶斯回憶：「我說服丹尼，跟他說我們得做些與眾不同的事。就算開的是高檔印度餐廳，民眾對印度料理仍有預設立場，他們覺得這些菜太辣、黑漆漆的、吃不出門道等等。我們的印度料理必須超越烤雞肉紅咖和菠菜泥燴起司，運用當地食材做出他們從未嚐過的印度各地口味。」

卡寶斯與梅爾從當令當地食材以及保守的口味出發，在1998年創立了美食評論家讚譽有加的「塔布拉鼓」餐廳。卡寶斯採用了一些他最愛的家鄉菜，並且將這些菜餚改造成西化的飲食體驗；譬如他把煎鰩魚擺進杜蘭麥粉做的餅皮，佐以果亞咖哩和羅望子醬。不過他降低了這道菜的辣度，讓其中的酸味、甜味、苦味、和其他新香料味道更加突顯。他的牛尾經過慢燉、蒸煮、糖汁熬過後，肉質變得異常軟嫩滑順。然而最聲名大噪的菜色莫過於蟹肉餅了，他將老家果亞的新鮮蟹肉盤改造為美國版，並佐以羅望子醬。「我們推出這道菜之後，城裡的其他印度餐廳也紛紛仿效。」此外，這些印度餐廳也開始**將每道菜放進各別的盤子，而不再以家庭餐形式擺盤**（後者屬於印度的傳統上菜方式）。卡寶斯也不接受顧客指定更換食材或提出特別需求。「我想讓菜餚呈現出最佳面貌。」他解釋：「所以你沒得挑揀，只能放寬心享用。」

開張後的第一年，塔布拉鼓餐廳的顧客多半是好奇的印度人與印裔美國人。他們對卡寶斯的作法並不以為然。「你膽子不小！」他們質疑卡寶斯：「沒有免費供應的薄餅？自助餐吧在哪裡？烤雞肉紅咖哩醬呢？」儘管如此，這家餐廳依舊是大獲成功、日進斗金。然而天有不測風雲，美國發生了九一一恐怖攻擊事件。「我們的生意受到重創。」卡賓斯指出，當時塔布拉鼓餐廳營業衰退的程度，遠高於紐約的其他餐廳。「民眾看見我們的餐廳，就聯想到中東。他們當時完全不想碰印度或其他族裔的食物。聯合廣場餐飲集團（梅爾的公司）旗下的其他餐廳並未受到太大影響，但我們餐廳在攻擊事件後營業額銳減六成。」塔布拉鼓餐廳整整花了兩年時間，才重新站穩腳步，然而卻再也無法重拾剛開幕時的榮景了。雖然塔布拉鼓餐廳一直到２０１０年仍處於盈利狀態，梅爾出於成本考量，決定在那一年結束這間食指浩繁的餐廳。這可說是他在一路乘風破浪的餐飲事業生涯中首次踢到鐵板。隔年，卡賓斯贏得了在「頂尖主廚大對決」節目中露臉的機會，並且再度與梅爾合作創立了「城北燒烤」餐廳。

「高價位的印度料理幾乎不可能被大眾接受。」我問卡賓斯，他認為塔布拉鼓餐廳創造了什麼樣的影響，他嘆了口氣。「最麻煩的地方在於，許多人依舊排斥印度菜的口味。我們還有好一段路得走。」卡賓斯覺得像他這樣的知名主廚，應該不會是將印度料理推進為食尚潮流的主力；真正能使得上力的必須是一般美國民眾樂於接受的事物。「它要變得普及，就必須加入速食概念，並且融入主流，讓民眾容易想到它。」**印度料理必須呈現新鮮潔淨的外觀，也必須成爲美國民衆能夠認同、方便拿在手上吃的食物**。卡賓斯補充說，印度菜應該重新命名，不要再用那些得經過翻譯、解釋說明的字眼。你知道咖哩馬鈴薯花椰菜（aloo gobi）、紅咖哩燉羊（rogan josh）、馬鈴薯鷹嘴豆佐優格醬派餅（chaat papri）這些印度菜的英文名稱究竟是什麼意思嗎？換句話說，印度料理需要一個像「奇波雷墨西哥燒烤」這類的連鎖快餐廳。

快速服務模式興起

對北美食客來說，「奇波雷墨西哥燒烤」提供了美味、新鮮的玉米捲餅及其他墨西哥快餐。然而對懷抱追求的味蕾達人而言，這家連鎖餐廳可說是讓地方美食成為食尚潮流的聖杯。主廚史帝夫・艾爾斯（Steve Ells）於１９９３年在科羅拉多州丹佛市創立了這家餐廳，基本概念就是將艾爾斯在舊金山體驗過的那種**新鮮、高品質墨西哥食物，以標準化、可複製的快速服務模式提供給顧客**。而且他們拒絕仿效連鎖快餐廳「塔可鐘」（Taco Bell）提供中央廚房預先做好、加熱即可擺盤端出冷凍調理食品，而是以現做的肉類、淋醬和主菜，經由高效率的流水線組合成各式玉米捲餅、夾餅或沙拉。「奇波雷墨西哥燒烤」旗下一千四百家分店（每天服務七十五萬名顧客）創造出十幾億美元的年營業額，並且為主流市場帶來了新的墨西哥風味，譬如煙燻辣椒和芫荽；影響深遠的程度更勝於１９８０及１９９０年代的德州式墨西哥玉米片佐莎莎醬熱潮。

「奇波雷墨西哥燒烤」延伸出了兩股主要風潮。首先，它讓墨西哥食物變得更為普及，流行至北美與其它國家。墨西哥食物原本少見於英格蘭的倫敦，我在倫敦經營墨西哥連鎖快餐廳「班尼多」（Benito's）的朋友班・佛漢（Ben Fordham）提到：「塔可鐘在英國開過分店，但最後以失敗告終。」

當時倫敦只有「奇基多」（Chiquitos）這類小型連鎖餐廳：「它提供最差勁的德州式墨西哥食物，什麼都淋上起司，吃起來淡而無味。」佛漢說：「那反而成了倫敦人所認識的墨西哥食物，餐廳不是被命名為阿米哥，就是放蕩惡漢，壁畫總不脫墨西哥寬邊帽和驢子。」

到了千禧年，佛漢正就讀於法學院的時候，他前往奧斯丁德州大學當一年的交換學生，在那裡愛上了未來的妻子與墨西哥美食，尤其是「奇波雷墨西哥燒烤」。回到倫敦後，他在一家頂尖律師事務所悶悶不樂地做了一年，便決定將奇波雷式的墨西哥快餐引進英國。在此同時也有其他餐飲業者打算推出類似構想，於是墨西哥食物有如閃電戰術般襲擊了整個倫敦。「墨西哥食物簡直熱得不可思議，整個餐飲業都在談這件事。」佛漢說：「它從完全不在雷達掃描範圍內的陌生事物，變成主流市場中央的談論焦點。」佛漢認為墨西哥食物之所以能橫掃英國，原因之一在於它和印度料理有幾分相似，而後者已成為英國飲食文化中根深蒂固的一部分了。這兩種料理都**大量運用辛香料**，**口感豐富多元**，**經過燉煮**、**燒烤**、**煎炸的食材**全出現在同一盤，而且色彩繽紛悅目。這些因素正是美國餐飲業者願意大筆投資印度料理的理由，他們相信印度料理可隨著墨西哥食物的腳步成為流行。

不過奇波雷創造的更大風潮是該餐廳的營運模式，即所謂的「快速服務餐廳」（簡稱ＱＳＲ），基本上取代了麥當勞自１９５０年代建立的速食模式。他們採用較少經過預先處理的新鮮食材以及更貼近流水線的高效率作業，為其他各國料理的現代化與進入大眾市場提供了參考樣板。如今，快速服務餐廳的概念已經被引用於幾乎所有異國料理之中，包括越南菜（奇波雷旗下的 ShopHouse 餐廳）、中東菜（華盛頓哥倫比亞特區的 Roti 餐廳）、中國包子（芝加哥的 Wow Bow 餐廳）以及菲律賓式漢堡（加州的快樂蜂餐廳）。這些餐廳基本上只是銷售不同食物的奇波雷。「蘇吉食品」的桑育．西坎指出：「奇波雷已經變成一個動詞。」然而他認為，印度料理在美國的致勝方程式仍有待研究。餐飲業者為了推出印度版的奇波雷餐廳，已嘗試過多種想法，包括在紐約三處地點販售印度式加勒比海咖哩捲餅的「卡蒂捲餅公司」（Kati Roll Company）。

至於奇波雷的老家，丹佛市，則有來自德里的金融家阿瑪．辛（Amar Singh）於２００７年創立了「孟買食碗」餐廳（Bombay Bowl），讓印度料理改頭換面、顯得更加新鮮健康。該餐廳將食物盛在大碗裡（看起來像沙拉）、盤子上或貌似墨西哥玉米捲餅的餅皮內。「當我們秀出照片，顧客會說『看起來好新鮮，很健康的樣子』，但我還沒聽過什麼人說『這看來是印度料理吧』；而這正是關鍵所在。傳統上，你不會把米、肉、蔬菜放進碗裡。**我們改變了印度料理的外觀、吃法、味道和顧客印象**。」目前這家餐廳只有一間店，但辛希望本年度可開始加盟新的分店。

目前為止，把快速服務餐廳概念發揮得最成功的印度餐廳是艾瑪亞（Amaya）。這家由何曼．巴瓦尼（Hemant Bhagwani）經營的餐廳座落於我的家鄉多倫多，他在過去二十年來開創、經營、收掉過幾乎每一種類型的印度餐廳，首先是在杜拜與雪梨，但主要是在多倫多。巴瓦尼有著氣定神閒的風采與職業板球選手的時尚感，２００７年在多倫多創立「艾瑪亞：印度之屋」後名聲鵲起。這間時髦的印度餐廳，打破了多倫多無數以自助餐為主的一般印度餐館供應模式（南亞人是多倫多最大的移民族群之一），並提供高級紅酒搭配咖哩及其它菜餚，但所有品項**價格公道合理**。由於艾瑪亞餐廳大獲成功，他很快便在同一街區開了第二家餐廳「麵包吧」（Bread Bar），以便分散艾瑪亞過多的客源。沒想到「麵包吧」的外帶生意竟然比原先的餐廳生意更好，於是他了解到**顧客想要高品質的印度食物，但也希望服務越快越好**。有鑑於此，他再度出擊創立專門外送餐點的「艾瑪亞快遞」（Amaya Express），並且陸續在多倫多各個地點設立了分店。

「2007年創立艾瑪亞的時候，我只是想賺點錢餬口謀生。」我們坐在巴瓦尼的賓士車上，造訪了艾瑪亞的幾家分店。他一邊開車一邊告訴我：「接下來我開了兩家店，然後又開了一家店，接著就開始動手寫新的營運計劃書。不到五年間，我們便在多倫多開了上百家艾瑪亞快遞分店。那是我的起點。」他補上一句：「我想讓每個人都走進我們餐廳。」

艾瑪亞的食物並無創新之處。這家連鎖餐廳提供現做的傳統北印度菜餚，**採用高品質食材與極少量酥油，而且裝潢時尚、設計感十足**。巴瓦尼強調：「就算是在美食街，我們也不提供自助餐式的保溫食物。」他曾經站在餐廳裡，用碼表計算一道菜從點菜到上菜需要多久時間。這天我們來到多倫多市中心某間商業大樓內的美食街，坐在「印度艾瑪亞」餐廳（Inde by Amaya）裡裝著烤雞肉紅咖哩與香料羊的保麗龍盒旁邊聊天，他說：「這裡所用的食譜、醬料或食材，與艾瑪亞和麵包吧並無不同。」

跨文化的美食試驗

巴瓦尼指出，印度料理的一些特質造成它很難被拓展為大型連鎖餐廳。首先，一致性就是個大問題。由於印度料理沒有定義嚴格的食譜，往往是廚師們憑直覺這裡灑一把薑黃、那裡丟幾顆肉荳蔻，光是控制城裡各分店的二十名廚師就成了後勤部門的惡夢。其次，在西方世界最受歡迎的印度料理多半是咖哩和燉菜，也就是需要使用餐具、不方便帶在路上吃的食物。若不信，你可以試著在車上吃黏糊糊的奶油咖哩雞。最後，印度料理的姿色比較起來略遜了一籌。相對於層次分明色彩吸睛的三明治，烤雞肉紅咖哩怎麼看都是一鍋橘紅色的雜燴。咖哩基本上就是燉菜，但從來不曾有任何打進主流市場的餐飲業者靠燉菜建立王國。**燉菜非但缺乏魅力，還根本是魅力的相反詞**。

為了解決上述困境，巴瓦尼進行了跨文化的美食試驗。過去幾年來，他的餐廳菜單中出現不少融合印度風味與西餐形式的品項，譬如加了印度沾醬的馬鈴薯鷹嘴豆墨西哥夾餅、優格堅果咖哩熱狗（被命名為「貧民百萬富翁」）、起司堡三角炸餃、奶油咖哩雞披薩以及炸薯條起司塊淋香濃肉汁。雖然這些菜都保留了傳統印度風味，但它們在行銷與烹飪界的成就皆頗有可觀之處。「它們仍然是印度食物。」巴瓦尼強調，這些融合東西方的現代化菜餚也是現今在孟買或德里都吃得到的。「我可以稱它為印度烤餅，也可以說它是墨西哥夾餅。」其他同業也都走上同樣道路。餐飲業創新先驅塔里．哈米德（Tariq Hameed）的姪子諾曼．哈米德在巴爾的摩創立了「瘋狂燒烤」餐廳（Krazy Kebab），將咖哩和巴基斯坦式烤肉包進剛出爐的印度烤餅，做成墨西哥玉米捲餅的樣子。「**我透過非傳統的方式來提供傳統食物。**」哈米德解釋：「這麼做才能行得通。光是改變供菜方式，就能招攬絕大多數顧客上門。」

最終，巴瓦尼還是希望食客能衷心擁抱正統印度料理，就像「班尼多」（Benito's）在倫敦發揮的影響。佛漢起初將菜單上的肉絲玉米捲餅（carnitas burritos）稱為「燉豬肉」，因為他擔心直接用西班牙文會讓不熟悉墨西哥食物的英國顧客產生心理障礙。但既然墨西哥食尚如今已在倫敦牢牢紮根，班尼多餐廳的最新菜單將這道菜的名稱改為「招牌 carnitas」，因為英國民眾對墨西哥料理已有相當的熟悉感，足可接受這樣的菜名。

然而印度料理是否在北美被廣泛喜愛、成為新一波的食尚風潮，那就是另一回事了。這樣的願景要實現，印度料理就不能侷限於咖哩和烤餅三明治，而必須變成多力多滋的咖哩口味玉米片或漢堡王的印度濃醬華堡。雖然這願景距離現實似乎頗為遙遠，然而一旦形成風氣，就可能很快發展為潮流。自有品牌製造商協會（Private Label Manufacturers Association）部落格在２０１１年上傳了一支影片，人口統計專家布雷德．愛德蒙森（Brad Edmondson）在影片中端起一盤印度三角炸餃，解釋印度料理將成為美國餐飲市場下一個明星的原因：「當移民結合海外旅遊，而餐廳名氣響亮到食品製造業者無法忽視時，異國料理就能在美國站穩腳步。過去十年來，美國的印度移民人數遽增百分之七十，如今已遠遠超過兩百八十萬人。若印裔人口保持這樣的增長速度，他們很快就會凌駕華裔，成為美國最大的亞洲族群。」

印裔美國人以及他們在美國生下的第二代，與其他美國人一同上學、參加棒球隊、成為醫師為他們看病、共同組成家庭。印裔美國喜劇明星阿茲・安薩里（Aziz Ansari）和敏迪・卡靈（Mindy Kaling）講笑話時，其他美國人也會跟著笑。鍾芭・拉希莉（Jhumpa Lahiri）與薩爾曼・魯西迪（Salman Rushdie）的小說在美國成為暢銷書，而美食名人帕瑪・拉克希米（Padma Lakshmi）則在熱門節目《頂尖主廚大對決》評論參賽名廚卡賓斯的作品。

印度腔英語、印度人的臉孔與食物出現在餐廳和客廳，在不知不覺間影響了美國民眾對印度文化的接受度，進而學著喜歡上印度料理。馬羅德拉和巴瓦尼都提到，電影「**貧民百萬富翁**」帶來了印度料理在餐飲業界的最重要轉捩點。這部電影贏得奧斯卡金像獎最佳電影的當晚，艾瑪亞餐廳的外帶訂單創開業以來的最高紀錄，促使巴瓦尼決定將營運方向從高檔餐廳轉移至**快餐模式**。他將自己的事業發展過程以及美國民眾對印度料理的接受度，區分為「貧民百萬富翁前」和「貧民百萬富翁後」兩個時期。這一切都發生在十年間，**當印度從赤貧中崛起，晉身為新興市場的代表性經濟強國**。

餐飲市場終究開始反映上述變化。根據英敏特集團所作的研究調查，２０１０年的受調顧客中，有百分之十三每個月至少有一次在家烹煮咖哩。ＮＰＤ集團的數據則顯示，美國的印度餐廳數量在過去十年來增加了三成；而泰克納米顧問公司的調查發現，百分之四十六的美國人在點菜時，會考慮選擇傳統的印度口味與食材，然而印度料理迄今仍處於**萌芽階段**。全國餐廳協會（National Restaurant Association）在２０１３年一份針對廚師的調查發現，咖哩在熱門食尚風潮排行中僅位居第一百六十一名，甚至落後流行度彷彿捲尺手環般曇花一現的分子料理。而原本還在榜上的印度料理，甚至被踢出了榜外。

「我們的努力尚未取得成果。」在美國倡導印度料理四十年的瑪德・賈佛瑞感嘆：「年復一年，我不斷告訴自己『明年一定是印度年！』但你去超市看看，印度食物依舊少得可憐。校園裡確實發生了改變，而大城市與健全食品超市都可以看到印度料理的蹤跡，但如果你去一般超市的異國食品區，你看到的是泰國、日本、墨西哥食品，印度食品少之又少。」

「印度可麗」的創新嘗試

然而馬羅德拉家族鍥而不捨，不斷開闢新戰場引進印度美食。２０１２年秋季，他們創立了香料小館王國的最新演化版本：「印度可麗」（Dosateria）。這家座落在健全食品超市裡的餐廳，就位於紐約最時髦的翠貝卡區。馬羅德拉藉著這個印度版的奇波雷餐廳攻進主流市場，提供道地的南印度菜餚。他們將發酵米與扁豆打成糊，再揉成類似可麗餅的薄餅皮，然後放進各式各樣的餡料。攤位裡的廚師將印度薄餅糊澆在圓形的大電磁爐上，用長長的抹刀旋轉薄餅糊，直到香味飄散出來，餅皮酥脆並呈現金黃色澤。這些印度薄餅的內餡有許多招牌組合，並取了「寶萊塢香雞」或「善緣優格燉肉」這類名稱。他們依照快速服務餐廳準則提供客製化餐點，無論顧客點的是印度薄餅、雜菜煎餅（餅皮較厚，類似披薩）、手捲（在烤架上烘過的捲餅）、或米飯類，**皆可自行挑選內餡與醬料，也可付費額外加買餡料**。店裡有現搾的優格拉西任君選擇，口味從傳統的小黃瓜薄荷或芒果、到充滿想像力的鹽味小茴香或紅番椒酪梨不一而足。我曾經在這裡點過蘆筍煎餅，上頭有新鮮的碎蘆筍和參巴辣椒醬。我還吃過令人驚豔的鮮蝦薄餅，內餡是肥美蝦肉配上用椰奶燉至焦糖化的洋蔥，餅皮則香氣撲鼻。

「印度可麗」由馬羅德拉的么女桑蒂亞負責管理，她最近才從勤業眾信聯合會計師事務所離職、加入家族事業。她告訴我，印度可麗在健全食品超市裡排擠掉日本食品區的空間。原本那一區有天婦羅、烏龍麵和丼飯，如今因為面積縮水，只剩一個擺在印度可麗後方的小壽司吧。到了午餐時間，印度可麗的周邊座位總是坐滿來自附近金融區的白領員工。剛開始三成以上的顧客不是印度人、就是其他南亞國家的人。**但隨著口碑傳開，不但其他族裔的比例越來越高，連印度人也開始迷上寶萊塢香雞薄餅**。這現象頗令人意外，因為它的內餡是烤雞肉球、酪梨、烤洋蔥和傑克乳酪，而且山葵酪梨醬照理說也完全背離傳統口味。

薩米過來看妹妹是否有能力應付午餐人潮，他微笑地對我說：「這種作法讓我們的食物變得更方便外帶。」印度薄餅的傳統吃法是撕下一小塊後，沾點醬汁再入口。但你也可以仿效美式風格，把它捲成錐筒狀後帶到路上吃。香料小館如今總算有了個快餐據點，可讓顧客邊開車邊吃咖哩。雖然這對紐約人來說可能無關緊要，但美國其他地方的民眾有大半時間是耗在汽車內。我問薩米，為什麼他的家族選擇主打印度薄餅？「行動時代！行動時代！」他粲然一笑：「**在櫃台窗口煎好薄餅，讓客人立刻帶走。我們餐廳以前缺的就是這項特色。**」

印度可麗可說是一項實驗，蘇希．馬羅德拉囑咐他的孩子們別擔心這家餐廳是否能盈利，重要的是證明構想正確。若印度料理速食化的想法能夠成功，擴張是接下來自然會有的發展，無論是在健全食品超市展店或獨立發展成連鎖事業，甚至最後上市發行股票。其實健全食品超市已經在討論其他分店的可行性，德州能否接受印度可麗？西雅圖如何？他們甚至考慮讓印度可麗取代其他分店內業績不佳的義式三明治帕尼尼，照薩米的說法：「顧客對帕尼尼已經興趣缺缺了。」

說起來還挺有意思，二十年前若問起北美最風行的食尚潮流是什麼，帕尼尼與日本料理肯定高居榜首。當時到處都是賣這種義大利三明治與便宜加州壽司捲的茶館。這些無所不在的食物非但改變了我們的餐飲，也改變我們看待世界的方式。日本從充滿異國風情的文化，變成日常生活舒適的象徵；義大利則從老祖母的肉丸，變成籃子裡裝滿帕尼尼的偉士牌機車。沒多久我們發現了更多食物：來自日本的拉麵與居酒屋料理、來自義大利的拿波里披薩和火腿。**如今印度食物在美國最潮的連鎖超市，攻佔了原本屬於日本及義大利的攤位，足可見它的時代真的來臨了。**日本與義大利料理打下基礎、鋪設道路，而民眾也確實一度擁抱了這些食尚潮流。但如今民眾渴望嘗試不同事物，印度料理趁此崛起迎接挑戰，至少在這家分店情況是如此。

這讓我想起蘇希·馬羅德拉一年前所說的話。當時我們坐在他的華麗客廳，聊到他試圖讓印度料理進入美國餐飲核心的種種努力、過去半個世紀來的成功與試驗以及他們最終的成就。提昇印度料理的地位對於他、或對於蘇琪·辛、何曼·巴瓦尼、抑或佛洛伊德·卡竇斯來說都是重要使命，無論是透過高檔餐廳、快速服務外賣或甚至流動餐車。

我從訪問過的每位印度餐廳經營者身上看出，他們傾注所有努力為的不是金錢報酬，而是深遠的影響力。他們希望旗下餐廳能吸引更多食客，進而為印度料理打破文化藩籬、贏得更多人的青睞。榮譽感才是他們的動機，他們對自己的姓氏、事業、尤其是深愛的文化感到榮耀，並且**希望其他人也能愛上他們的文化**。讓印度料理成為活躍風潮是唯一的方法，這也是他們為什麼如此在意這項目標。「只差這麼一步了。」蘇希·馬羅德拉眼神渴切，做出拇指與食指間僅一吋距離的手勢，告訴我印度料理的時代就快來臨：「只差這麼一步了！」

玖　食物政治：進擊華府的餐車

餐車能讓特區及其它城鎮發展出蓬勃的中小型餐廳市場。若當局的規定從一開始就扼殺餐車的生存，這也等於扼殺了民眾不但喜歡而且樂於掏腰包買單的創新。這可是最完美的食尚風潮，喚起文化意識之餘還能促進餐飲經濟。

某個星期三早上九點十五分，派崔克．雷斯波恩（Patrick Rathborne）的吉普車已經繞華盛頓哥倫比亞特區的法拉格特廣場三圈，正打算再繞第四圈。「這就像大風吹遊戲。」雷斯波恩身材高高瘦瘦，頂了個大光頭。「你不能當第一個停車的人，因為九點半以前在這裡停車會吃上罰單，但你也不能落到最後。」他說話飛快，一邊看路況、一邊盯著廣場周邊的十八個搶手停車位。景緻如畫的法拉格特廣場距離白宮僅三個街區，周邊全是坐滿白領人士的政府機關、律師事務所、遊說團體及工會辦公室。若你靠賣午餐謀生，法拉格特廣場絕對是首都最具價值的所在地。雷斯波恩經營著「大人物」餐車（The Big Cheese），專賣美味的烤起司三明治，所以他絕對是靠賣午餐謀生。不過在他把瑞士葛瑞爾乳酪或三明治放在烤盤上之前，他得先搶到停車地點。**這就是爲什麼一群餐車業主本人、員工、兄弟姊妹、親戚、甚至在網路黃頁上花兩百美元僱來的跑腿，全像禿鷹般在這片廣場周遭盤繞。**

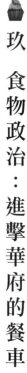

「法拉格特廣場是黃金地段。」九點二十分時，雷斯波恩準備繞第五圈，他希望這是最後一圈了。「這麼好的天氣，我們應該會有做不完的生意。」國務院這類地點稍嫌偏遠的地方雖然容易停車，但人潮少了許多。「我在２０１０年創業時，城裡只有十五部餐車。你可以等到早上十一點才離開廚房，十一點半到現場時依然有停車位。然而現在餐車增加到一百五十輛，你得趕早來玩大風吹遊戲，直至禁止停車時間結束。」話一說完，雷斯波恩便以迅雷不及掩耳的速度，把車停進街區中央的公園西側。「我提早把車停在這邊等，可能會吃上一百美元的罰單。」他左右張望：「得提防費里曼警官。假如餐車是卡通裡的嗶嗶鳥，那麼她就是那隻大土狼。」

雷斯波恩下了車，站到計時收費器旁邊，觀察人行道兩端是否有費里曼警官的蹤影。他向一名看似中東人的計程車司機以及衣著保守的韓國人點點頭；他們的車就停在隔壁停車位。「這些人也是來佔位的。」雷斯波恩說：「我前面的計程車，可能正在等他哥哥的阿富汗烤肉餐車過來。」九點三十分一到，所有路邊停車計時收費器響了起來。這群人把銅板塞進投幣孔，然後跳進其他車子，打算回廚房完成午餐的準備工作。雷斯波恩看見一輛賣越南河粉的餐車在廣場周邊繞，沿路按喇叭的聲音有如離群小牛般淒切。

他搖搖頭：「他今天可能沒希望了。」我們走下華府地鐵站的樓梯，趕上往維吉尼亞州亞力山卓市的火車；該市有個「大人物」與「烤肉巴士」（BBQ Bus）和專賣波多黎各食物「博林肯午餐盒」（Boriquen Lunch Box）共用的中央廚房。雷斯波恩會到那裡巡視員工，看他們用玻璃紙包裝成堆的烤起司三明治，匆匆忙忙將三明治、飲料、餐巾紙和其他必需品塞進小手推車裡。「烤肉巴士」的老闆泰德．拉德爾-塔畢索拉（Tad Ruddell-Tabisola）一邊與雷斯波恩交談，一邊為成堆的肋排塗抹辛香料，然後將肋排送進煙燻烤爐烤上一晚。他們對話的主題除了抱怨停車，還譏諷華盛頓的政府規定，也就是「特區餐車協會」（DC Food Truck Association）抵制了四年的一些規定。餐車業者擔心，市長推出的新法令會帶來不必要、過度承擔的罰款與懲處，進而扼殺了他們創造的食尚風潮。

這股風潮不但廣受民眾喜愛，也改變了特區的餐飲市場，並餵飽餐車業者全家人。然而官員們大筆一揮，就可能摧毀特區的餐車事業。雷斯波恩向我解釋：「新規定的問題之一，是業主必須有每部貨車的行車執照。」拉德爾-塔畢索拉點頭同意：「這表示每個人，每隔兩年得花五百美元取得執照。這不等於說，要是我的服務生沒執照，我就不能開餐廳了？再說這個行業的員工流動率很高，我負擔不起幫每個新進員工買五百美元的執照。在維吉尼亞州阿靈頓市，這筆費用不過三十至四十美元。」

雷斯波恩進廚房半小時後，他的「大人物」餐車已經裝滿三明治、加足了汽油、準備出發至目的地。雷斯波恩負責駕駛，我和他的兩名年輕員工擠在後座，一行人朝特區前進，沿途車上的廚房物品噹噹作響。「坐穩了！」雷斯波恩在引擎的轟轟聲中大喊：「我們要闖黃燈了，這部車子可沒功夫停下來！」最後我們終於抵達目的地，在十一點二十四分來到原先的車位，車子還有些微微晃動。一名員工先跳下車，雷斯波恩則向暫停在停車格兩邊的「山之光鑽石達卡印度餐車」及「黃色小舖」餐車駕駛輕按兩聲喇叭示意。他們將餐車挪動了幾英吋，讓雷斯波恩的「大人物」能擠進停車位。餐車停妥後，雷斯波恩熄掉引擎，走出車外時收費計時器正巧顯示逾時，所以他又投了幾枚硬幣進去。接著他和另一名員工合力打開服務窗口，並啟動發電機、烤盤和內建訂單處理系統的平板電腦，然後把一大袋薯條從餐車側邊取下。

雷斯波恩做了最後一次巡視後，在十一點三十九分發訊息給「大人物」的八千九百五十名推特追蹤者，通知他們餐車所在位置。沒多久餐車外便排起了隊伍，**畢竟午餐時間到了，倒不是因爲社群媒體傳播有多神速**。搶頭香的顧客買的是「狂喜起司」（食材包括煙燻辣椒風味的切達起司、墨西哥辣椒、酸麵包抹酪梨醬）。這時雷斯波恩突然想起來，他還沒把招牌擺出來呢。其他在法拉格特廣場周邊的每部餐車，都放著相當醒目的招牌，上頭的市中心地圖用紅色標示一個月後禁止餐車停駐的街道和區域，假如特區市議會通過市府提出的新規定。招牌最下面用粗體字寫著推特話題標籤：「拯救特區餐車」（#saveDCfoodtrucks），可說是二十一世紀版的烽火臺。

美食的政治影響力

從享用美味多油、口感酥脆的烤起司三明治的那一刻起，政治議題大概就被拋諸腦後了，畢竟食物能夠跨越意識形態與政治分歧。培根人人都愛，無論你屬於共和黨或民主黨。不管是最死忠的共產黨分子或資本主義信徒，對冰淇淋的喜愛皆無分軒輊。很少人從農夫市集購買羽衣甘藍或在早上喝拿鐵時，會想到這些行為背後隱含的緣由或他們對全球貿易政策採取的立場，因為他們幾乎不了解食尚風潮為政治力量與改變所帶來的推動力量。**食尚風潮由於牽連太多人，光是這一點就足以改變法令及大衆行爲，從經濟到社會政策無不受到影響**。

在許多時候，食尚風潮對政治的影響暨直接又顯著。有機食品、當地農產與人道飼養動物，都是崛起於政治理念、但後來融入美食的新流行。這些風潮萌生於北卡羅來納州或「昂尼斯之家」這類中產嬉皮喜愛造訪的餐廳，最終由美食界的味蕾達人散播開來。在過去，高檔餐廳的主廚們以引進來自全球各地的頂級食材為傲，但如今丹麥「諾瑪」（NOMA）或查爾斯頓市的「麥奎帝」這些世界級餐廳競相使用當季當地的有機食材，甚至直接在餐廳屋頂栽種所需蔬果。

這些餐廳的主廚們在土堆裡挖寶，將海草、野花或一些沒人會多看一眼的破東西入菜，然後推出每盤要價二十美元的佳餚。這股風潮讓格蘭．羅伯茲成了美食界巨星，更使得奇波雷墨西哥燒烤這類大型連鎖快餐也積極推出主打當地有機蔬菜、無生長激素人道飼養肉品的菜單。雖然這些風潮本質上仍出自於政治正確考量，即對於食品餐飲業的普遍作法反其道而行；**但如今有越來越多消費者選擇上述食材是爲了追求美味**，支持者認為當地有機食材的味道更好。儘管這種看法不盡然總是事實，但確實推動了產業的莫大成長。

這類風潮甚至直接影響政府政策。從美國總統夫人蜜雪兒．歐巴馬走進白宮的那一刻起，她便開始呼籲農人、社區甚至學校採用有助於環境永續發展的當地食材，因此我們可經常看到歐巴馬夫人在白宮花園種菜或分蘋果給孩童的照片。經過一段時間，她的堅持發揮了顯著影響。美國境內已有數百間學校開始栽種蔬果、購買當地食材、與契作農友合作提供更優質的午餐。美國農業部則於２０１２年推出試行計畫，補助農人與學校以提供更健康的當地食物給孩童們。雖然這項計畫僅注資五百萬美元，差不多是所有學校購買一星期份薯條的預算，但背後具有莫大的象徵意義。歐巴馬夫人提倡當地食材的努力打動了決策當局，包括校長、市鎮長甚至全國性機構，而白宮也展現出支持的態度。

食尚風潮能夠形塑強大的政治力量，因為它吸引了一群來自四面八方的熱心消費者與味蕾達人。２０１１年，一個由波士頓某個避險基金出資的投資機構向當局提出申請，打算將該公司悄悄於多倫多北部買下的一片數千英畝農地開發為採石場。當地農民與週末來渡假的居民，包括在附近經營農場餐廳的名廚麥克．史塔蘭德（Michael Stadtlander），組成了名為「大石場」的草根抗議團體。他們在多倫敦的美食圈與廚師之間把話傳開，疾呼採石場將嚴重影響食物與水的品質，進而破壞當地的當令食材。多倫多的一些熱門餐廳以及停在這些餐廳外的富豪與奧迪汽車，開始有人貼上「反對大石場」標語或穿著同樣標語的T恤。那年秋季，史塔蘭德舉辦了名為「糧倉之旅」的活動，將八十名廚師與數千名饕客帶到採石場附近一處正下著雨、濕漉漉的馬鈴薯田，就在那裡吃吃喝喝、發表抗議聲明。儘管農人與廚師們的財力遠不及買下這片地的投資者，但他們懂得透過當令當地食材這股風潮，鼓動廚師與講究的顧客，**將土地運用問題轉化爲餐盤上的選擇**。最後採石場的投資者知難而退，這片地被賣給承諾繼續從事農作的另一個財團。

其他食尚風潮則是運用其經濟實力來發揮政治上的影響。星巴克在1990年代掀起了濃縮咖啡文化，短短幾年內便成為全球最大連鎖咖啡館。星巴克持續成長的同時，其他咖啡連鎖店也如雨後春筍般問世，對這個行業的質疑應運而生，主要是批評他們未給生產國的咖啡農們適當的報酬。在消費者的施壓之下，星巴克從2000年開始收購有公平貿易認證的咖啡豆，並且很快成為全球規模最大的公平貿易咖啡賣家，大幅提昇了公平貿易咖啡運動的曝光度，也使得競爭對手及其它咖啡零售品牌不得不仿效其作法。現在就連好市多這類大賣場或7-11超商都開始銷售公平貿易咖啡了。

此外，星巴克也趁此風潮遊說國會支持與哥倫比亞、秘魯及南韓的自由貿易。他們的遊說預算每年不到百萬美元，卻能透過產品的高人氣來發揮影響。星巴克的綠色與白色相間咖啡杯，與麥當勞的金色拱形或可口可樂的紅色鋁罐同為**美國資本主義的有力象徵**。立法諸公、官僚和首都政治掮客都清楚這一點，就像他們的部屬很清楚每天早上絕對得來個超大杯無糖脫脂特濃拿鐵。

以餐車的例子來說，這股美食風潮已成為一個對世界各城市做生意的方式有深刻影響的政治議題。自從2008年底崔洛伊在洛杉磯推出他的韓墨烤肉快餐車，整個北美洲的各個城市與鄉鎮就開始出現越來越多的新餐車，甚至連其他國家也趕上了這波流行。北美洲的餐車數量總數恐怕已超過十萬輛，從聖地牙哥賣瑞士熱狗的Swieners、到加拿大西北地區黃刀鎮賣泰式炒米粉的One of a Thai，餐車革命在短時間內席捲數千哩，**成爲當代影響最大、成長最快的食尚風潮**。幾乎你能想像到的任何料理，餐車都有得賣。餐車為顧客提供了頗具創意、新鮮現做、方便購買、價格平易近人的午餐。

餐車形成食尚潮流之後，幾乎就立刻變得政治化。它們所到之處都會遇到反對力量，無論是嚴格的規範、過時的法規以及餐廳老闆或相關人士為捍衛既得利益而採取的遊說行動。然而無論是遇到什麼阻力，這些初生之犢不畏虎的餐車業者都會群策群力、組成聯盟與協會，共同為生計而奮力反擊。他們很快便學會政治這門藝術，運用食尚風潮來捍衛事業，同時改變境內的商業法規。餐車的影響之所以值得我們關注，是因為它們不但**提供了更多午餐選擇，也爲食品餐飲業帶來創新，讓全新的經濟模式得以產生**。在餐車問世之前，品質好又富新意的街頭小吃僅存在於民眾的海外旅遊經驗，而有意從事餐飲業的人不是得花大錢開餐廳、就是只能做做白日夢。但餐車改變了這一切。崔洛伊的韓式烤肉墨西哥玉米捲餅顛覆了過去的販售方式，也為年輕廚師對於如何向大眾呈現自己的創意，示範了不同於傳統的作法。餐車要捍衛的不只是業主個人生計，也包括上述的新作法；而反對力量正是企圖阻止這樣的作法繼續傳開。

華盛頓哥倫比亞特區可說是這場餐車大戰中，戰況最激烈的主戰場。而且由於政治氣氛濃厚，這裡也是最有意思的戰區之一。這一代的餐車（又稱「美食」、「潮人」、或「推特」車）自2009年初現身於特區，差不多是歐巴馬總統宣誓就職的那段時間；「賀玖兄弟」（Fojol Brothers）搶搭上首班列車，他們頭戴穆斯林頭巾、黏上大鬍子，從充滿嘉年華風格的餐車迸出衣索匹亞及印度街頭小吃。其他餐車聞風而來，特區的食客們也隨即擁抱這些新選擇，既然他們的食物不但更便宜，品質也優於市中心的外帶餐廳。到了２００９年年中，市議會成立了專案小組，打算修正街頭食物管理的相關規定。幾十年來，特區的街頭食物僅限於冰淇淋車及熱狗小販，在各個購物中心或觀光景點有固定的攤位及菜單。換句話說，這套管理辦法已歷時四十年，市場也一直在原地踏步，**直到餐車闖進來挑戰了現行法規**。這些餐車提供各式各樣意料之外的食物，從南方燒烤到越南河粉都有。雖然他們每天都會換地方做生意，但大部份仍會在午餐時間挑個固定地點停駐數小時，而不像冰淇淋車在每處地點僅停留短暫時間。然而市議會所指派的專案小組，強烈傾向於維護餐廳業主以及「商業促進特區」（BIDs）代表們的利益；後者與特定商圈的房東及業主有相當程度的掛勾。專案小組內只有一名成員是餐車業主，其他原本有意加入的同業全都打退堂鼓，因為他們被告知就算參加也不會受到尊重。

２０１０年初，特區的餐車數量成長至十多輛，於是餐廳透過「華盛頓大都會餐廳協會」（RAMW）與「商業促進特區」的部份成員們向市議會強力遊說，期望能遏止餐車的迅速擴張。他們的說詞是餐車佔用寶貴的停車空間，妨礙餐廳外人行道上的進出，而且還可能在附近製造垃圾。最重要的是，餐車把消費者從依法登記有案、誠實繳稅的餐飲業者店裡帶走；時值景氣衰退期間，這可說是最壞的影響了。有鑑於這兩個組織曾是幾名市議員角逐公職時的大金主，而且雙方有長期合作關係，當年市議會提案建議暫時停發餐車營業執照也就不足為奇了。若停發執照真能執行，特區才剛萌芽的餐車市場很可能就此胎死腹中。然而餐車業者風聞這項提案後立即互相串連，一齊殺進市議員們的辦公室。

「市議會打算緊急提案修法，一旦通過我們再過幾個月就會沒飯吃。」切．拉德─塔畢瑟拉與丈夫泰德共同經營烤肉餐車：「我們立刻衝過去，有些人還穿著髒兮兮的廚師袍，渾身是炸薯條的味道。我們在市議會的樓梯間跑上跑下，進行生平首次的遊說。但我們成功了！」餐車業者攜手合作，透過說服與鍥而不捨的努力，終於讓自己的聲音被當局聽見。停發執照的提案被束之高閣，特區展開針鋒相對的漫長辯論，試圖找出有效管理街頭食物與路邊攤販的辦法。餐車業者打贏了第一仗，但這場戰爭才剛剛開始。為了持續奮鬥下去，他們需要**專業建議**、**組織與結盟**，才能保持這股食尚潮流滾動不歇。加州和一名叫麥特．蓋勒（Matt Geller）的人滿足了上述三種需求。

蓋勒可說是餐車風潮政治化的中心要角。他結合了全美境內的散兵游勇，將這些餐車業者們組織成強大軍力，並且教導他們如何為自己的權利而奮戰。他是餐車界的勞工運動領袖查維斯，生平抱負就是確保所有餐車都可以在不受無理侷限或管制的情況下自由營業。其實蓋勒曾經涉足餐飲業，二十來歲時在餐廳擔任過管理人員。但後來他在加州大學洛杉磯分校取得法律學位，也跟當地政界略有往來。2009年聖誕節過後不久，他的朋友劉先生打了通求救電話給他。這位劉先生在洛杉磯剛開張了一個名為「老周墨西哥玉米捲餅」（Don Chau Taco）的餐車。「『麥特，我不知道該怎麼辦才好。』」蓋勒憶起當時劉先生的話：『我的餐車因為一個晚上沒能提供洗手間，就被勒令停業三個禮拜。』我聽了便開始擔心，我的朋友被當局騷擾了。」蓋勒說：「我成長於加州威尼斯海灘，一直對管理當局很有意見。劉先生會在任何時候被郡衛生單位或市政府轄下的洛杉磯警局以執法名義騷擾。我要如何確保朋友不受騷擾？餐車一直是他熱愛的事業。他說：『麥特，我不知道該怎麼辦才好，我已經損失兩萬五千美元了，我該怎麼辦呢。』聽到他這番話，我心想絕對不能這樣下去！」

流動餐飲業者協會

２０１０年１月４日，蓋勒在聖塔莫尼卡的一處廢棄停車場召開會議，與會者包括洛杉磯的十七名美食餐車業者。他計畫在私人土地上開辦洛杉磯的頭一遭餐車市集。當時所有與會的業者，例如多莎印度薄餅（Dosa）、芭比Q（Barbies Q）、來片披薩（Slice Truck）、甜筒王（King Cone）、甜點車（Sweets Truck）、儂儂三明治（Nom Nom）和粉紅辣妹堡（Baby's Bad Ass Burgers）皆面臨同樣問題。他們的餐車**不時被拖吊或開紅單**、**甚至遭到查扣**，理由包括距離餐廳一百呎內不准停靠餐車或同一地點不得營業超過三十分鐘。餐車工作人員也常被警察、停車計時員和衛生稽查員騷擾，每個上前來取締或開單的人往往各自引用互相衝突的規定。蓋勒查遍相關法條，很快便發現有些規定根本就牴觸了加州憲法，而另外一些規定早在三十年前就被法官判定不成立。與會的餐車業者決定組成協會，在蓋勒的領導下集結資源，形成共同的對外宣言。這個新協會名為「南加州流動餐飲業者協會」（SCMFVA）。

南加州流動餐飲業者協會隔天便推出他們的餐車市集，現場來了四輛餐車、一大群顧客、還有三家電視台的新聞記者。然而活動進行兩天後，聖塔莫尼卡的執法人員現身勒令所有餐車停業，理由是空間不當使用，就此終結了蓋勒的首次戰役。但他立刻研究所有相關法令，發現當局的空間不當使用指控立據不足。接著，蓋勒想出後來成為餐車戰爭核心策略的一套方法。他呼籲所有協會成員在推特或臉書粉絲頁發佈訊息，懇請既有的數千名粉絲寫信到市議會要求公平對待餐車業者，並公佈所有市議員的電子郵件信箱帳號。

「突然間，這些議員遭到電子郵件的瘋狂轟炸。」蓋勒說：「他們超級火大，在下一次開會就把我們放進議程。兩週後，他們要求市府規劃部門提出容許餐車營業的新機制。」當局的騷擾自此停止，幾個月後市府同意給予臨時營業許可，讓餐車業者在他們想要的區域安心做生意。但當局仍堅持每處地點不得停留超過三十分鐘，這對希望穩定經營午餐生意的業者來說簡直不可能做得到。「這項規定與公共安全根本毫無關係。」蓋勒認為：「我們問聖塔莫尼卡市府『為什麼要有這項規定？』結果他們回答『因為我們說了算。』」但這項規定牴觸了加州道路交通管理處罰條例第22455條，即只有在公共安全遭到威脅的情況下才能對餐車強加管制。」於是蓋勒與南加州流動餐飲業者協會決定打行政訴訟官司，而法官也做出了對他們有利的判決，要求聖塔莫尼卡市府撤銷對餐車的時間限制。**這是蓋勒的第一場勝訴，也爲各地餐車業者透過法庭爭取權利創下成功的先例**。

蓋勒創立南加州流動餐飲業者協會之後，不到幾年間組織規模便超過一百三十名餐車業主。他們付會費資助蓋勒在南加州的法律訴訟，挑戰任何對餐車業者不友善的法令。蓋勒與律師們已對市級與鄉鎮政府提出二十多項訴訟，也對各級立法人員施予了強大的民意壓力。當一名州代表提議立法禁止餐車在加州任何學校一千五百呎內的範圍營業，蓋勒便前往市府所在地沙加緬度，挾帶著十八萬名推特粉絲對提案代表的抗議留言，強力遊說直到這項提案被撤銷。他的作風頗具侵略性，而且態度堅定不移，簡直像為餐車業者看家護院的忠實鬥牛犬。

「我不會跟他們交換條件。」蓋勒說：「我不會跟餐廳業者躲在小房間裡協商，私下瓜分市場大餅。這種事絕不可能發生。我之所以採取鷹派作法，是為了不辜負民眾的熱情支持。我也不認為打官司太過侵略性，畢竟**訴訟是抵抗市府不當規定的唯一機制**。若有市府拒絕修法，我們就提出控告；若市府願意讓步，我們會協助他們修改規定。我的意思是，這並不是市府說了就能算數。」

蓋勒的目標是為優良餐車業者建立一套管理標準，畢竟這些業者已盡責地配合健康與安全相關規定。此外，他也希望遏阻純粹為了避免競爭或基於主觀審美標準而提出的規定。「理想上來說，同業協會根本不應該存在。」蓋勒指出：「讓餐車做他們想做的事，為顧客提供美食，安安心心地做生意。為什麼他們要被迫組成協會，每個月花五小時或十小時，只為了爭取正當做生意的權利？理想上他們應該忙別的事才對。」

由於現實嚴苛，上述理想顯得太過遙遠。有餐車出現的每個地方，當局不是提出新規定、就是選擇性執法，藉此阻撓餐車的營業。紐約市要求餐車業者必須取得執照與許可，但他們發出的許可有其數量限制。紐奧良市採取同樣作法，結果導致營業許可成了黑市搶手貨。多倫多根本禁止餐車在街頭營業，甚至在部份私人土地也不允許。羅徹斯特市只准餐車在兩處隨機選出的地點營業，而辛辛那提市則規定市中心有些地區不准停靠餐車。

有些城市要求餐車業者必須租用非流動式的中央廚房，另外也有些城市只准餐車提供再加熱食物，不能夠當場現做。此外，業者還面臨距離方面的限制，譬如停靠地點必須在距離附近餐廳或食堂兩百至一千呎外的地方。這類規定使得餐車在芝加哥這類餐廳充斥城市的市中心幾近絕跡。芝加哥還透過全球衛星定位系統來追蹤餐車，一旦後者越界營業就逕行開罰；有篇文章將之比擬為**居家監禁犯人戴的電子手環**，芝加哥餐車業者若不小心違反規定，就會被處以兩千美元的重罰。這篇文章還說餐車業者被開的罰單，金額竟然多過因持有特定毒品而繳付的罰款。

法令的分歧與矛盾

至於其它城市，矛盾充斥的現行法規與執法使得合法營運餐車成了卡夫卡式的夢靨。丹·潘納契提為了經營義式三明治餐車，和費城市府裡一堆相關管理單位曠日費時地打交道，好不容易才湊齊所有許可文件，於２０１０年起開始營運。「先去衛生局，然後去核可及檢查單位，然後再回衛生局，然後再去核可單位，等待六星期，等待蓋好章的文件送來，然後再等三十天。」他回想起來還一肚子火。

「我花了三千美元搞這些東西，才能上路去做生意。」接下來他收到一份禁止餐車營業的街道清單：「差不多每個有利可圖的地方都被禁了。」他又等了一年，總算等到有個攤位空出來。然而餐車才開始營業，衛生稽查員便跟著上門來，糾舉理由甚至牴觸當局其他部門規範。有一次他被罰是因為使用發電機，即便發照單位已經准許它的設計與使用。

這些城市的官員，即餐廳業者遊說的對象，一旦發現餐車似乎在逐漸成了氣候，便拿出相關規定來抑制他們的成長。若當地只有一兩部餐車，他們僅視之為特例而不予理會；然而數量一多，當局便開始施壓。餐車業者很快就明白，無論他們的碳烤披薩或墨西哥捲餅有多美味，**不正面迎戰這些規定就不會有生意可做**，而他們投注在這份新事業的龐大資金也將血本無歸。每當任何一座城市的餐車業者發現生計遭到威脅，他們就會積極向外求援，而對象往往是麥特．蓋勒。

蓋勒經常搭飛機往來美國各地，協助業者組建餐車協會。他的旅費由贊助者出資，包括餐車製造商「吃四海」（MobiMunch）和網站「流動餐飲新聞網」（Mobile Food News）。在部份城市，這類協會只是餐車業者的非正式聚會，定期討論大家共同面對的問題；但在其他一些城市，這些協會演變成營利機構。以舊金山為例，該市對攤販的管制相對較嚴，於是一家名為「安境」（Off the Grid）的私人企業在２０１０年創立，為餐車業者提供無違規之虞的安全經營空間。該公司在舊金山有二十幾處能夠讓餐車做生意的地點，包括簡單的停車場空間，以及有樂團表演、酒吧、洗手間和戶外座位的夏季慶典。「我和蓋勒的不同之處，在於我根本不相信光靠打官司能搞定一切。」創辦人麥特．柯恩與我約在舊金山梅森堡中心碰面，這裡是安境公司固定舉辦餐車市集的地方。柯恩也僱用了專業的遊說人士，在舊金山市議會裡替餐車業者發聲，成功地將執照申請費用從一萬美元降至八百美元。

至於在華盛頓哥倫比亞特區，情況到了２０１１年初變得頗為緊急，因為市議會有意參考其他城市的管理規範，特別是舊金山。「切·拉德—塔畢瑟拉有一天打電話給我，說『大事不好了，特區打算效法舊金山的作法。』」當時蓋勒一直是切·拉德—塔畢瑟拉與其他同業尋求建議的對象。「他們得額外支付規費才能在任何地方做生意，限制得太嚴格了。」於是蓋勒前往華盛頓，協助當地餐車業者組成「特區餐車協會」（DCFTA）。這股餐車風潮最明顯的特色之一，尤其是在早期，就是餐車業者的個人背景。上一代的熱狗攤與餐車業者大部份是新移民，但現在卻出現許多曾經是白領的專業人士。他們比傳統攤販或甚至餐廳老闆更嫻熟於利用**媒體與科技**。

特區餐車協會的成員包含不少有過政治經驗的人，首任理事長克麗絲蒂·康寧漢·惠特菲爾德（Kristi Cunningham Whitfield）還在麻省理工學院取得了經濟發展碩士學位，並且在相關領域工作過數年，後來卻決定自行創業推出「路邊杯子蛋糕」餐車。協會理事切·拉德—塔畢瑟拉與丈夫泰德共同經營「烤肉巴士」，但他曾經在鼓吹婚姻平權的同志人權組織任職多年。另一名理事長道格·波維奇（Doug Povich）曾是一間大型律師事務所的合夥人，迄今仍在該公司負責商業法相關業務。他參加協會是為了協助姊姊的「小紅帽龍蝦磅」餐車事業從布魯克林拓展到特區。其他成員包括曾受聘於國際貨幣基金的經濟學家、改行做杯子蛋糕的生物化學家以及曾經參與歐巴馬２００８年總統競選活動的政治老兵。

協會創立後的一年半期間，他們成功地遊說市政府擬定對業者較友善的法規，並透過**網路和現場活動**奠定民眾對他們的支持。此外，他們也用盡一切辦法影響文森．葛瑞市長早已打算針對餐車業者提出的新規定。２０１０年10月，市長辦公室發表這些新規定的提案，餐車業者得到消息後全驚呆了。這些規定若是通過，業者就只能在少數幾個當局隨意選出的許可地點做生意。除此之外，這些許可地點的五百呎內禁止停車；而停車若逾時，罰金將從五十美元提高至兩千美元。且無論在任何地點，若人行道的無阻礙空間不到十呎，餐車就不准在該處營業。

餐車業者立刻發出強烈抗議，指控當局根本就是屈服於餐廳和不動產持有人的施壓。新法將迫使大部分餐車離開特區最熱鬧的地點，失去最重要的午餐生意，而他們過去三年所創造的活躍市場、創新美食和工作機會也將消失殆盡，更別說冒險投入這門生意的創業者們生計將何以為繼。一些業者乾脆結束營業或減少餐車數量，其他同業則對未來憂心忡忡。「要是這些新規定通過，我就得喝西北風了。」衣索匹亞裔的麥克．哈德馬利安經營著兩部「特區炸丸子」餐車：「若是通過，我不會再推出第三部餐車。」我們在法拉格特廣場談及此事。

由於正值午餐時間，他的餐車前有十個人在排隊。「根據新規定，未來法拉格特廣場只容許六部餐車停靠。」但確實數量當時仍尚未決定。「其他十幾部餐車以後都沒生意可做了。」那個禮拜有不少特區餐車業者告訴我，若是市長提議的規定通過，特區的整個餐車業就等著被依法消滅。議會將於2013年春季投票決定通過與否，這場戰事已然拉開序幕。

衝突白熱化

「特區炸丸子」與法拉格特廣場上的其他餐車在午餐人潮散去後紛紛離開。我步行前往華盛頓大都會餐廳協會，與理事長凱西．霍林格（Kathy Hollinger）碰面。凱西正忙著和市府當局商談如何對抗餐車業者：「這場戰役相當磨人。」霍林格對餐車業者不無同情，畢竟有些協會成員同時經營著餐廳與餐車，例如名廚荷西．安德列斯（José Andrés）的「思食餐飲集團」；但該協會旗下的七百名餐廳業者成員多半對餐車相當感冒，因此他們要求協會拿出解決辦法來。

這些餐廳都有過不愉快的經驗，包括**餐車的顧客擋住餐廳入口、使用餐廳內的洗手間、甚至把餐廳露台當成野餐地點，在那裡吃起餐車食物來**。然而讓餐廳最為不滿的是不公平競爭。餐廳要支付的稅費遠多於餐車，經營起來成本也更高。「當局應該為餐車業者制定相似、但較有彈性的標準。」霍林格認為：「要他們遵守和餐廳一樣的規定並不公平，但他們顯然根本無法可管，完全不受任何規範。這讓他們顯得像在耍流氓，對其他餐飲業者造成了負面影響。」

霍林格語帶失望，對整件事演變成唇槍舌劍、似乎毫無妥些空間而感到相當遺憾。加入協會之前，她偶爾會光顧餐車，但此後她就謝絕這些街頭美食了。「我們希望大家能以服務提供者的身份，坐下來好好談談。」她嘆了口氣：「這已是一股風潮，任何有關餐飲服務業的風潮我們都應該全心擁抱，但前提是不能傷害到成員的利益……可惜餐廳與餐車業者之間毫無共識。道格（波維奇，特區餐車協會理事長）和我都明白，我們雙方應該要好好溝通，若能達成共識就太好了。我並不想以強硬姿態來跟他們對抗。」然而時間不多了，再過兩個月市議會便將舉行投票，即將出檯的新法規業已經過數年醞釀，再加上幾名高調的餐廳業者領銜揮舞對抗餐車的旌旗，霍林格很清楚一場激烈衝突將勢不可免。

結束與霍林格的交談，我信步走回法拉格特廣場，拜訪洛伯家族經營的猶太熟食店「紐約小猶太（New York Deli）」。我曾在前一本著作提到這家店，和業主瑪琳．洛伯及她的兄弟史帝夫和大衛都算熟識。他們親眼見證法拉格特廣場的餐車，在兩年間從小貓兩三隻暴增至二十幾輛，而他們就跟附近的餐廳一樣深感挫折。「簡直像整座城市的人都跟他們同謀。」史帝夫抱怨：「他們佔用許多空間，甚至在停在公車專用道上！」**對他們來說，最大的問題是不公平競爭**。洛伯每個月得花幾萬美元支付租金、水電、薪資福利和保險，但其他餐車卻只須花點小錢停車，負擔最少的人力和日常開支。無論從實際上或比喻性來說，其他餐車根本是抄捷徑。他們甚至還僱人佔停車位。「他們一直到最近才開始繳營業稅，真是太好了！」瑪琳語帶諷刺，用力拍了桌子，然後給我一份洛伯家固定繳交的聯邦與地方稅目清單。「我完全支持自由創業，這是美國的立國基礎。但經營事業必須公平、接受規範管理。」

整個北美都有餐廳協會及其盟友，正以各種可用的手段反擊餐車業者。他們擁有壓倒性的數量，一座城市可能有數百家餐廳，但只有十來輛餐車。此外，餐廳業者資本更為雄厚，能夠透過協會與他們和政治人物的私交來取得政治上的發言權。畢竟政治人物傾向於造訪喜愛的餐廳、點一份牛排好好享用；而非跑到餐車前排隊買烤起司三明治，然後站在路邊吃。專攻中小企業市場趨勢預測的舊金山「突現現象研究中心」（Emergent Research）旗下經濟學家史帝夫．金（Steve King）認為：「這是新商業模式與既有商業模式之間的典型衝突。」全美餐車市場一直是他關注的研究對象，而他發現業者的反抗將逐漸升級。

「由於餐車業者無法靠經營模式佔上風，他們勢必得透過政治操作來進行反擊。餐車已經咬住餐廳業者的尾巴，很可能會贏得初步幾場戰役，因為消費者喜歡他們，而政治人物也樂見他們為當地帶來蓬勃商機。他們自然而然地得到了這些盟友，甚至懂得透過這些盟友來借力使力。」但長期來說，餐廳業者及其盟友可集結更多兵力來打持久戰。「餐廳帝國現在已展開絕地大反攻。」不過他相信最終的勝利將屬於餐車業者：「**政治手段不足以抵擋傑出的商業模式創新**。傳統產業關室密談，要求當局『你們得保護我，你們的稅金和競選經費都是我們貢獻的』；但選民卻在前門吶喊『我們要餐車』。選民與商業創新都將是最後的贏家。」

絕地大反攻

特區餐車協會的遊說工作分為五個層面。最頂層的是對外溝通，包括持續聯絡媒體發新聞稿、安排與當地及全國性媒體的專訪，而媒體對於餐車業者向來特別友善。更重要的是透過社群媒體，向民眾與立法諸公散發訊息。雖然特區餐車協會成員不過五十來名，但他們的社群媒體受眾總計達數十萬人。這使得他們能夠凝聚共識、做出一致發聲，並且利用高漲民氣來換取政治資本。霍林格坦白指出，正是因為社群媒體的推波助瀾；**無論是對民眾或政治人物來說，餐車業者的說服力都比餐廳要來得高**。在缺少銀彈和權勢的情況下，餐車業者以組織動員、溝通能力和大膽冒進來補足戰力。

特區餐車協會也聘請登記有案的遊說工作者來進行正式遊說，包括參與市議會和市府的相關會議、密切注意市府的所有動態、提供政策上的建議、為協會主動提案的立法撰寫政策內容與說明，並幫助餐車業主、協會主管及其盟友為市議會的投票前聽證會進行準備。此外，他們舉辦了幾次小規模的勸募活動，單筆捐款金額大多在五美元之譜。這些募集來的捐款被用來支付協會開銷以及組織當地支援團體和其他潛在盟友的活動。其他工作還包括舉辦現場造勢活動，在人潮最多的午餐時間發放印有「支持特區餐車」的貼紙和傳單、同時蒐集連署簽名。

有時候協會也會將餐車引領至餐廳較少的貧困地區，在廢棄停車場或殘破街區提供美食給當地民眾，好讓當地政治人物見證餐車吸引的人潮能創造多少商機。市議會投票日的幾週前，協會舉辦了「無餐車日」活動。他們動員全市的餐車業者發送宣傳資料、請願書和貼紙，但當天完全不提供食物。這是為了讓大家體會若市議會通過新規定，餐車美食將被迫消失街頭。若你當天也現身於那次活動，飢腸轆轆地找到烤肉巴士餐車，卻只拿到一張宣傳單，你大概會巴不得立刻採取行動制止這種事發生。

週五或週六在私人土地舉辦的餐車慶典，或許是協會組織過最盛大的活動了。現場餐車雲集（有幾次高達四十輛），有音樂、酒吧和遊戲設施。這些活動頗具政治感染力，因為它們吸引來了最忠實的餐車粉絲，而偌大的人潮也讓政治人物、媒體及其他影響力人物得以目睹餐車風潮的威力。餐車慶典有時候是特區餐車協會以「街頭美食賽」為名舉辦，有時則由業者以「餐車軍團」這類名稱舉辦，地點則是華盛頓國民隊棒球場外的「牛棚」大型停車場。我待在特區的最後一天適逢「餐車軍團」活動開幕，於是親自走訪了一趟以體驗特區餐車協會如何向民眾推銷理念。

活動開始前，我和律師柏特．蓋爾、羅伯特．佛默，以及活躍於政界的克麗絲汀娜．威爾許在咖啡廳碰面。他們都曾任職於自由派的非營利組織「法律扶助學會」（Institute for Justice），帶領全美各地的餐車業者贏得法律攻防戰。**雖然食尚風潮是個較無黨派色彩的議題，但該學會主張消除商業管制，並堅持消費者應有選擇食物的自由**，所以他們對紐約市先前提出的禁止提供大杯可樂和限制鹽分的提案均持反對態度。「身為自由派，我們反對任何無益於公眾福祉的規定。」蓋爾表示：「餐車業者也應該享有謀生的權利。」整體而言，法律扶助學會，尤其是蓋爾本人，一向與麥特娜．蓋勒及全國各地餐車協會有著密切合作。他們協助後者提出訴訟，或提供法律及政策上的建議。威爾許經常在各地奔走，凝聚餐車業者組成協會，並教導他們如何爭取自己的權利。他們也為協會成員提供媒體曝光方面的訓練以及立法上的支援。若有可能，他們甚至會帶餐廳業者來參與活動。

他們的第一場勝訴，是2010年控告德州艾爾帕索市府的官司。當時他們代表艾爾帕索市的餐車業者，大部分賣的是墨西哥玉米捲餅。在此之前市議會通過了一項法令，禁止餐車在任何餐廳的一千呎距離內營業，也不准他們在同樣地點停留較長時間。「這些規定與民眾的健康或安全毫無關係。」蓋爾認為：「它們只是為了圖利餐廳協會。這種純粹基於保護主義、與公眾健康安全無關的規定根本經不起法律推敲。」

最後這些禁令被撤銷，而法律扶助學會也根據過去代表販售紀念品的移民小販等攤商的經驗，開始在其它城市為餐車業者管理法令奔走。此後他們挑戰了亞特蘭大、芝加哥、或較小城市如佛羅里達州海利亞市（位於邁阿密郊區）的法令，同時為紐奧良或匹茲堡等城市的當地協會提供專業建議。然而華盛頓哥倫比亞特區是他們最初的根據地，他們不願看到首府竟然嚴格管制商業活動，設下其他城市可能仿效的惡劣先例。

擴散中的餐車風潮

「**餐車風潮正逐漸蔓延**。」威爾許表示：「他們陸續進入新的城鎮，特別是中小型城鎮。一旦這些城鎮看到其它地方通過良法，餐車就不再被視為特異分子。他們會明白，看到餐車並不表示天要塌了。只要他們通過更多合情合理的法令，壞法令就會越來越得不到道義支持。」麥特．蓋勒也提過類似說法，他指出市府的法令限制越多、越不合理，餐車業者對抗成功的機率就越高。在蓋勒看來，特區的法令規定是各地政府中影響最為嚴重的。

「這些規定將毀了本地的餐車業。」佛默說：「到最後業者只能在定點進行銷售。」

「現在是危急存亡之秋。」蓋爾呼應佛默的說法：「餐車業者當然希望能把時間都用來做生意，但他們發現假如不花許多時間與媒體和政治人物對談，他們會連生意都沒得做。」

我們一起走過幾個街區，來到「餐車軍團」活動地點。場內的人正忙著備料，以應付中午來自附近海軍工廠的國防部包商及軍隊顧客。食客們分為穿制服的士兵和穿著卡其裝的男男女女以及穿著高爾夫球衫的人。後者身上的識別證印著「導彈攔截小組」或「化學武器」這些略帶肅殺之氣的字眼。現場來了二十輛餐車，到中午時間，一些最受歡迎的餐車前排隊人數達四十人之多，其中包括烤肉巴士、緬因州龍蝦捲（Maine Lobster Roll）、墨韓捲餅（TaKorean）和好好吃冷凍卡士達（Goodies Frozen Custard）餐車。好好吃冷凍卡士達餐車是藍白相間的舊款福斯廂型車，男服務生穿著色彩明亮的襯衫並打上領結，在震耳欲聾的摩城經典老歌中為顧客提供麥芽酒、香草冰淇淋漂浮啤酒和聖代。十幾名特區餐車協會和法律扶助學會的志工，穿著寫上「就是要特區餐車」字樣的T恤，向每行排隊顧客發送「我支持特區餐車」貼紙，並解釋市府新規定對他們的影響，同時收集連署簽名，以便送交請願書給負責審查販售管理法令的市議員文森．歐林吉。

「您聽說過特區的餐車管制法令嗎？」艾許．休伊是美國教師聯合會的政策顧問，也是特區餐車協會的創辦人之一。他向每個在街頭杯子蛋糕餐車前排隊的顧客提出上述問題，並舉起一張協會廣泛傳佈的大地圖，上頭標示著新法令限制營業的區域，然後盡可能以最精簡的方式，說明對餐車顧客影響最大的法令內容有哪些。「您能不能為我們連署簽名，並且發推特留言給文森・歐林吉議員，請他支持拯救餐車業？」九成顧客同意了他的請求，除非他們正忙著埋頭啃杯子蛋糕。沒人反駁休伊的說法或直斥餐車業者根本需要更嚴格的管制。一位女性主動上前簽名連署書，說市長竟然有意提出這些新法令「簡直白痴」。另一名顧客抱怨「太爛了」之後立刻用手機發推特留言給歐林吉市議員。

「像餐車這樣的議題，讓不同政治立場的人全都凝聚起來。」休伊一邊說著，一邊往西班牙名廚荷西・安德列斯旗下「思食集團」的老爹餐車走過去。我點了一份西班牙白豬火腿蘆筍三明治，搭配堅果紅椒醬和辣味馬鈴薯（順帶一提，好吃得不得了呢）。休伊將餐車業者對抗餐廳比喻為大衛挑戰歌利亞：「跟餐廳協會比起來，我們無權無勢，**但我們有民眾的支持與積極協助**。市府曾經四度提出新法令，但全被民眾否決了。每當我們發出請求，他們就會採取實際行動。」

這番話呼應了之前蓋勒談到餐車運動的政治能量來源時，他告訴我：「餐車同盟靠的不是人多勢眾。」食尚風潮才是真正的能量來源。民眾或許會對餐車業者的生計困境表示同情，也認同這種新營運模式創造的商機，包括推出新美食與新概念、並提供新的工作機會。但他們之所以捍衛餐車，最根本的原因還是**他們喜歡餐車端出的食物**。「我對政治人物說：『您真的希望自己被指為妨礙民眾購買物美價廉食物的人？』無法買到想吃的東西令人惱火。大家都得填飽肚子，腸胃決定了我們的意向。

切·拉德—塔畢瑟拉坐在餐車軍團活動現場的野餐椅上，與道格·波維奇討論打算採取的策略。過去幾個禮拜他會晤了幾名市議員，並邀請他們親自造訪餐車，目睹餐車創造的經濟潛力，包括業者未來可能會像「悅客冰棒」（Pleasant Pops）一樣從流動攤商變成實體餐廳（悅客一開始是販售墨西哥式水果冰棒的餐車，兩年後在熱鬧的亞當摩根區開設了第一家店，並且在當地幾處市場銷售他們的產品）。切·拉德—塔畢瑟拉希望顛覆餐廳業者的核心訊息，即餐車危害餐廳生意的說法。

「你根本找不到任何一家餐廳倒閉是餐車造成的證據。」他指出：「事實恰恰相反。」**大部分餐車業主最終都會希望成爲餐廳老闆**。儘管餐車的日常開支較少、創業門檻較低，但他們一次只能服務一名顧客，而且氣候在很大程度上影響著生意好壞，到了冬天或與雨天便幾乎沒顧客上門了。此外餐車沒有座位，所以沒辦法販售餐廳獲利的金雞母酒精飲料。誠然，餐車有其人氣、實驗性和樂趣，但營業規模幾乎不可能擴張。初期業者或許是為了測試某個想法而進入這一行，但如果這個想法證實可行，他們幾乎都會轉而實踐在餐廳或非流動性的店面。

打不過，就加入吧！

這似乎就是重點所在：餐車能讓特區及其它城鎮發展出蓬勃的中小型餐廳市場。若當局的規定從一開始就扼殺餐車的生存，這也等於扼殺了民眾不但喜歡而且樂於掏腰包買單的創新。這可是最完美的食尚風潮，喚起文化意識之餘還能促進餐飲經濟（雖然也讓午餐變得過份講究，而且催生出許多故作俏皮的怪名字）。

波維奇認為：「假如餐廳與餐車業者能攜手合作，商機其實大有可期。」他姊姊最初開的小紅帽龍蝦磅餐車，如今已在布魯克林與長島發展成兩家生意興隆的餐廳。而她在紐約和特區經營的龍蝦捲餐車也做得相當成功。其實北美的餐車與餐廳大戰已煙硝漸散，開始走向合流。從餐車擴大營業至餐廳的包括奧斯丁市的「橙樹」（El Naranjo）、芝加哥的「５４１１肉餡餅」（5411 Empanadas）、波特蘭的「拉多豚」（Lardo）和西雅圖的「醃製小站」（Marination Station）等等。崔洛伊的「韓墨烤肉快餐」更是發展成四部餐車與三間合資餐廳。反過來說，也有部份餐廳轉型成為餐車。在多倫多，帶領餐車業者對抗當局管制的人恰恰是我的朋友贊恩·卡普蘭斯基（Zane Caplansky）。他發現餐車有助於擴大他的猶太熟食生意，而其他餐廳，包括塔可鐘、福來雞（Chick-fil-A）、蘋果蜂和漢堡王等全國性連鎖快餐，也都企圖利用餐車來擴張營業。即使是對法拉格特廣場周邊餐車感到不滿的洛伯家族，也開始考慮推出自己的餐車。他們已經有了自己的廚房，餐車顯然有助於他們開發新區域的顧客。**「打不過，就加入吧！」**史帝夫聳聳肩。

根據美國餐廳遊說團體「全國餐廳協會」（National Restaurant Association）的調查報導，該協會旗下專賣休閒快餐的會員當中，有近四分之一有意加入餐車事業。過去幾年來，餐車也曾數度受邀參加「全國餐廳協會」的年度美食展。理查·麥瑞克（Richard Myrick）指出：「大部分的年輕餐車業主，最終都將成為餐廳協會的成員。」麥瑞克是芝加哥餐車產業新聞網「行動料理」（Mobile Cuisine）的總編輯，出版過《給新手的餐車經營指南》（Running a Food Truck for Dummies）。**一旦餐車業者轉型開餐廳蔚爲風潮，餐廳協會若想再對抗餐車將變得更加困難**。此外，靠餐車市場賺錢的車商、中央廚房、甚至推出客製化保單的保險公司，都會與餐車業者站在同一陣線，這使得餐車協會將可籌集更多資金。雖然這一切要成真還得等上幾年，然而隨著餐車風潮從都市裡的新奇事物、逐漸成為融入民眾日常生活的覓食選擇，任何對抗這波風潮的想法最後都將消失於無形。

2013年5月10日，華盛頓哥倫比亞特區的「商業消費暨監管委員會」在市議會召開公聽會討論攤商管理法。主持會議的是歐林吉市議員，當天他聽取了數十名利害關係人士的陳述意見，包括餐車及餐廳業者、有關當局官員及學界人士。

「我希望今天能達到共識。」歐林吉一開場就指出目標：「打造一個大家能共同向前走的基礎。」他巴不得各方能相互妥協，雖然按照會議規則，結論只能是黑白分明的贊成或反對。至少現在特區當局願意做出彈性的權衡了。市議員大衛．格羅棱則說：「我每天收到上萬封電子郵件，全都表示餐車是他們的最愛。」他對市政府看待創業者不夠友善而感到遺憾，還開玩笑說從政以來這是他第一次趕時髦上推特。市議員吉姆．葛拉漢提醒，這就跟幾十年前對路邊咖啡的爭議一樣，當年特區也是為了路邊能否賣咖啡而各方相持不下。「有人覺得坐在戶外吃東西、吸髒空氣、忍受汽車喧囂，簡直是不可思議。」他接著說：「**我認爲路邊咖啡創造的商業活力，也是餐車所帶來的貢獻**。」

霍林格指出，這項法案的內容長達七十頁，詳細羅列了所有管理攤商的相關規範，但提及餐車的卻不到五頁。當局未能制定更周詳的法令可說是怠忽職守，因為餐車業者一直以為自己受到實際上不存在法令的管束。也就是說，餐車協會對外界的說詞，以及他們對生計被嚴重威脅的恐懼，根本就脫離事實、受到過度渲染。「我們強烈呼籲，立刻將完備法案送交議會通過。」

接著發言的是特區餐車協會代表。「史黛拉爆米花」的老闆克麗絲汀娜．肯恩幾乎掉淚，說她全靠餐車來養活女兒史黛拉。假如新規定通過，她不但生計沒著落，恐怕連房子也保不住。「羅勒百里香」的老闆布萊恩．法洛則指控新規定「極其惡劣」、「沒大腦」，還說他因為擔心新規定真的通過，所以原本經營的三輛餐車，已經收了其中一輛。切．拉德–塔畢瑟拉、道格．波維奇和麥特．蓋勒都參加了這次公聽會，蓋勒告訴市議員們：「全美國各個城市中，只有特區要求餐車必須在人行道有十呎以上無阻礙空間處營業。假如這項規定真的通過，原本是全美最熱鬧的特區餐車市場，將在一夕間變成最蕭條的市場。」

這次座談進行了長達九個半小時。一個月後，特區市議會通過修正版的餐車管理辦法，內容呈現市議員歐林吉希望達成的妥協。人行道無阻礙空間從十呎被減至六呎，逾期停車罰金從兩千美元降至五十美元。可營業區域仍有限制，但餐車停靠處與餐廳之間的最小距離，已從原先建議的五百呎減為兩百呎。雖然可營業地點依舊像隨機選定，而且一些特區餐車協會曾表示反對的限制，後來也仍然存在，但至少結果是餐車與餐廳業者雖不滿意但勉強可接受的，從政治上來說這算是理想的解決方案了。

切．拉德─塔畢瑟拉為了這一天，已帶領同業奮鬥了將近三年，現在總算能放心中的大石。不過幾個星期後我問他感覺如何，他仍然持保留態度：「我們得再觀察實際執行的結果如何。雖然我還算樂觀，但我知道政治上沒有絕對的勝負。餐車之所以受歡迎是有理由的。若非趨勢如此，我們也不可能成功達陣。」他說得沒錯。餐車業者們為生存而奮戰，帶來的影響不只是讓我們的午餐多了些新選擇，**他們還保住了新的商業模式、改變了城市的社會結構與當地法令。**

拾 金錢萬歲：培根經濟學

培根風潮帶來的整體經濟效益很難量化，但它的具體影響是毋庸置疑的。培根風潮促成不少中小型企業崛起，包括餐廳、煙燻肉品加工廠、活動舉辦、餐車、推出貓咪站在培根上衝浪的T恤製造商等等。它們創造了工作機會和政府稅收，而這一切原先都是完全不存在的。

一個寒冷的週末早上，我從特區搭飛機到芝加哥，然後換乘計程車前往依利諾大學的大會堂。此時外面已經有幾十個人在排隊，手裡端著一杯咖啡。熟食肉品公司「愛客瑞」（Eckrich）的攤位就在附近，工作人員忙著分發五款加了培根口味的熟食肉片給大家試吃。廣告標語描述這些肉片是「絕妙主意」，而工作成員拆包裝的速度簡直來不及應付飢腸轆轆的人群。門內的數十名志工站在一長列登記處桌子後方，準備接待即將入內、迫不及待享用油膩美食的幾千名「培根祭」（Baconfest）參觀者。

這個大會堂的樓板面積達兩萬兩千平方呎，但無論任何角落都有忙碌的工作人員往來穿梭。現場有六張長桌，每張桌子橫跨整個會堂，旁邊站著八十二名來自當地餐廳、酒吧、啤酒與其它酒精飲料公司的工作人員。另外還有瑟迪索外燴公司八十名穿著黑襯衫的服務生與酒保，在一旁看著廚師、烘培師及老闆們忙亂地進行準備工作。會堂裡的每個角落堆放了一疊疊啤酒桶，詹姆斯布朗的經典搖滾響遍全場。會堂後方的牆上掛著一個巨大螢幕，不斷閃爍著培根祭的象徵標誌：芝加哥的藍天加上紅色星星的旗幟，看起來彷彿一條培根。我放眼望去，都看到工作人員端著盤子、烤盤、特百惠環保膠盒，手推車上的熟培根堆得像小山似的。這次的培根祭已邁入第五個年度，創辦人之一麥克．葛瑞格斯（Michael Griggs）手持對講機四處巡視，試圖現場保持至少表面上的秩序。

「等等。」一家烤肉餐廳的廚師叫住葛瑞格，甚至上前擋住他的去路。「我們有油炸食物。熱油可以留在鍋裡，還是應該帶走？」

「帶走吧。」葛瑞格頭也不回地飛快離去，繼續處理下一個問題。

參展的餐廳一個個打開電子烤盤與烤爐，重新加熱他們帶來的培根產品，包括簡單的糖漬培根，或較複雜的培根口味血腥瑪莉、培根花生醬馬卡龍、培根杯子蛋糕、培根鳳梨甜甜圈、培根披薩、培根義大利脆餅、炸雞培根、培根肉丸、培根棉花糖等等。烤培根散發出的煙飄在空氣中，幾分鐘後凝成薄薄的油霧，附著在會場內所有地方。一名餐廳廚師走向「瓊斯牧場」的攤位，後者是參展廠商中少數專賣培根者，在桌旁掛了一條長達七呎的厚片培根，砧板上則躺著一塊油光閃閃的五花肉，在保溫燈的照射下宛如百老匯巨星。「你瞧瞧，太美了。」這名廚師用手指在桌上打節奏，彷彿卡通辛普森家庭裡的黑心老闆伯恩斯正打著什麼歪主意。「我感覺像飛蛾撲火，或撲向一大片培根的胖子。」

到了十一點半，大會堂的門終於打開，讓一百五十名貴賓先行入內。這群貴賓可是多花了兩百美元買票，才得以比其他一千五百名參觀者提前一小時進場（但後者仍得花一百美元買入場券）。幾個月前，這次活動的三千張入場券就在開賣後四十一分鐘內被搶購一空，包括午餐與晚餐場（形式相同，只是參展廠商不同）都沒票了，有些人只好買黃牛票。貴賓們一進場就自動散開，根據手上的導覽手冊直接走向他們最感興趣的攤位。他們當中有穿著培根祭紀念T恤的一家人、高收入的盛裝伴侶、拿著昂貴數位單眼相機的饕客以及許多穿著芝加哥黑鷹隊運動衫的魁梧男人。我走到場外，看到排隊人龍竟然延伸到兩個街區之外。場內的葛瑞格示意把門打開，接著隊伍間傳來歡呼聲，一名男性用盡全力大喊「培根！」，有如將軍率領麾下士兵向前衝。

「天啊。」一名女性進入會堂後，震懾於眼前琳瑯滿目的食物。「培根在哪裡？」另一名男性驚慌地自言自語，筆直地朝離他最近的攤位走過去。他在那裡看到「特色屋」餐廳的煙燻培根布丁，即豬里脊肉和西班牙辣香腸用培根包起來，上頭擺了些和培根一起燉過的紫甘藍，並淋上培根口味的安秋乾辣椒醬。他一口吞吃了一個，然後打包另一個帶走。

有些人一進會堂後就衝向特定攤位，有些人卻為眼前的培根盛宴興奮得目瞪口呆。有兩名男性站在門口，讚嘆地拍手。附近一名警察轉身向他的同袍說：「假如現場失控，我們可能得噴培根而不是胡椒水。」

芝加哥培根祭呈現了培根在烹飪界的巧思與豐富多元，差不多過去幾年來美國餐飲界曾出現過的培根料理，如今都可在這場超大型自助餐宴看到，品項包括餐廳菜餚、三明治、飲料、點心、甚至糖果等等。假如有經濟學家打算調查這股食尚風潮，看看它的死忠粉絲如何成了失心瘋、培根在他們的生活中扮演著什麼樣的角色、抑或培根風潮如何反映我們的時代背景，再沒有比培根祭更適合當成研究對象了。雖然本人並非經濟學家，但好歹也是個記者，雖然我很想跟大家一樣盡情享用培根，但我來這裡是為了挖掘金脈。

在食尚風潮的種種影響中，大概沒有比**經濟影響**更重要的了。無論它源自於文化或烹飪方式的改變，奇亞籽、紅王子蘋果、印度料理、餐車等食尚潮流最終皆由商業帶動風潮。促使業主在市場已飽和的城市再多開一家杯子蛋糕店的原因，並非他們渴望推出全世界最完美的草莓奶油糖霜，而是為了賺錢。食尚風潮走資本主義路數，可說是口腹之慾的自由市場，即市場決定哪些值得吃、哪些不值得碰。興起於千禧年過後不久的培根風潮，直到十年後才真正站穩腳跟。這種原本家常、不受重視的食物，頓時間變得身價不凡，並改變了農牧方式和商品交易，創造出數十億美元的商機，包括新的工作與投資機會以及新的稅源。從財務層面來說，這股風潮可謂油水豐厚。

平民美食人人愛

培根並不是什麼新鮮事物。鹽醃豬腹肉已行之數千年，尤其是在歐洲。培根製作容易、成本相對較低。這是**因爲豬隻什麼都吃，養起來也不需要很多空間**；而製作培根僅須豬肉、鹽和燻煙。此外培根頗耐放，可在未冷藏的情況下儲存很長的時間。培根油香撲鼻，非常適合當成調味肉品，只須放少許便能倍增風味。無論沙拉或蔬菜再怎麼淡而無味，加了幾塊熟培根便可立即化身佳餚。品嚐培根可說符合了所有人類對食物的喜好：酥脆、嚼勁、鹹味、燻香、極度鮮美。沒有其它食物一次擁有這麼多美德。培根的味道一聞即知，濃郁香氣能飄進門內，喚醒你的室友。假如你在屋內煎培根，那氣味會留在牆上數個禮拜之久。這種肉品的威力就是這麼強大。

在北美洲，培根長久以來都跟**早餐**脫不了關係。我本人的初體驗發生在華頓露營區。雖然當時大部份的露營客是猶太人，而且營區餐廳也不提供豬肉，然而當我們前往野地露營時，培根卻不時出現在我們面前。我們帶著獨木舟與背包進露營區之前，校車中途停靠在附近城鎮的超市，好讓輔導老師進超市買些必需品。我們在校車裡不耐煩地等著，直到老師們再度出現。

他們像炫耀戰利品似的將超大包培根拿在空中揮舞，我們興奮得一齊歡呼：「培根！培根！培根！」隔天早上，純淨的湖面猶霧氣瀰漫之時，我們一邊將獨木舟推進湖裡，一邊聞著營地傳來的濃濃香氣。幾片迷人的粉紅色培根，正在營區的老舊烤肉架上滋滋作響。我們吃了培根配煎蛋、鬆餅漢法式土司。到了最後一天早上，帶來的食材都差不多吃完了，我們便直接啃培根。有好幾次老師們甚至跟我們對賭，看誰敢把烤培根流出的油喝光。每次打賭都有學生真的喝了。

打從公關教父愛德華．伯納斯（Edward Bernays）與食品公司貝麒麗兒（Beechnut）在１９３０年代，成功地將培根和雞蛋推廣成標準早餐搭配後，美國培根市場就一直保持在相對可預期的狀態。

培根的銷量有著**穩定的季節性變化**，一整年下來早餐的培根銷售有固定的量，而貢獻最多銷量的是煎餅屋、小餐館或提供自助早餐的飯店。到了夏季，培根的銷售顯著增長，暢銷期間跟超市的新鮮蕃茄差不多同期。

在這幾個月份，培根市場從早餐拓展至總匯三明治、美式培根蕃茄堡以及花園沙拉，過了勞工節之後又逐漸撤回早餐市場。當然了，這期間也會有地區性和文化上的例外：大部分猶太人與穆斯林還是不吃培根，即便美國南方腹地等地區幾乎做什麼菜都會用到培根。總體來說，美國與加拿大的多數地區全年有穩定的早餐培根銷量，到了夏季則銷量顯著增長。豬腹肉的價格也反映了上述趨勢，從夏初，亦即第一批蕃茄上架時開始逐漸漲價。到了秋季，最後一批蕃茄從超市貨架售罄後，價格則明顯滑落。到了十月，若這時候豬農還有沒賣掉的豬隻，事情可就不樂觀了。

這就造成了一個問題。豬農不太可能專為夏季繁殖更多可宰殺的豬隻，因為其他豬肉產品（豬排、香腸、火腿）一整年的銷量是固定的。所以過去豬農的作法就是大量冷藏豬腹肉，等到春季再拿出去賣給培根製造商，並期望能賣到好價格。一些特別有生意頭腦的人從中嗅到商機，１９６１年在芝加哥商品交易所推出第一份**豬腹肉期貨合約**。現在豬農可在夏季來臨前的幾個月先與經紀商簽約，以確保豬腹肉屆時的收購價格。合約上會註明每磅價格、收購的總磅數、買方指明的特定收購豬腹肉部位以及履約的月份。接著豬農將冷凍豬腹肉運送給經紀商，後者再將肉存放至由第三方經營的貨倉，直到銷售時機成熟。

到這裡，有趣的部份來了。經紀商手上有了每磅40美分的四萬塊豬腹肉後，便打算賣掉這份期貨合約以便賺進更多錢。除了賺取買賣差價，這樣做也可將風險轉移給其他投資者。造成豬腹肉價格漲跌的因素眾多，包括穀物飼料，例如玉米的價格起伏，或是愛荷華州這類養豬重鎮的氣候變化。此外，**可用的倉儲空間、市場的波動也都會影響到期貨價格**。豬腹肉期貨市場具有高度投機性，試想一群交易員在場內，為動輒數百萬美元的合約聲嘶力竭喊價是個什麼情景。艾迪墨菲主演的喜劇電影「你整我，我整你」可說是真實地呈現了商品期貨交易緊張的一面。由於許多交易所都有豬腹肉期貨合約，而豬腹的重量佔了體重的百分之二十；只要豬腹肉價格上漲，整條豬隻的價格也會跟著上漲。

瘦肉風潮興起

1970年代這段期間，豬腹肉與培根幾乎全年呈現相對穩定的價格，除了季節性需求造成每磅六十至四十美分的漲跌。然而到了1980年代初，培根的銷售遭遇困境。低脂飲食風潮興起，再加上常被用來保存肉類的硝酸鹽被視為健康殺手，培根市場頓時嚴重萎縮。喬．萊瑟（Joe Leathers）指出：「那可說是民眾首次對特定食品感到恐慌。」萊瑟一輩子投身於豬肉業，曾擔任「全國豬肉生產者協會」（National Pork Producers Council）副理事長，但現已退休。「我敢說培根銷量至少掉了三成五至四成。」他回憶當年慘況：「我在1985年加入全國豬肉生產者協會，一起想方設法挽救豬腹肉價格。我奉政府之命出使到波蘭，解決特區所有冷凍庫裡堆滿的滯銷肉。

由於美國市場需求過低，政府乾脆將豬腹肉捐贈給波蘭。那時候的價格便宜到不行，差不多每磅才十九美分。」另一名業界老鳥則稱豬腹肉為「死豬身上的贅物」，完全不中吃，因為脂肪的惡名使得消費者根本不想碰培根，無骨去皮的雞胸肉才是正道。儘管早餐和總匯三明治裡仍可見到培根的蹤影，但未來市場要的是瘦肉。**豬肉業若不搭上順風車，就只能等著被最新潮流輾過去。**

「1985年正是瘦肉剛開始流行的時候，所以我們得好好討論，到底要多瘦才算是瘦。」愛荷華州德莫因市的豬肉業公關專員羅賓．克萊（Robin Kline），與全國豬肉生產者協會有長達十五年的合作關係。「當時大家對培根都興趣缺缺。解決辦法是透過大量曝光的行銷活動，重新塑造消費者對豬肉的看法。我們在1987年推出了新標語『豬肉：另一種白肉』，結果成功地帶動豬肉較瘦部位的銷售，譬如里肌、排骨或烤肉，基本上就是把雞肉受歡迎的特色拿來照抄。」

這股風潮延續了整個1990年代，豬的瘦肉部位銷售穩定增長，同時培根仍保住在早餐的地位，而豬腹肉的價格則一蹶不振。「豬肉價格在那段時間真的跌得很慘。」豬肉行銷局（Pork Marketing Board）的食品服務行銷處長史帝芬．蓋瑞克（Stephen Gerike）解釋：「這就是我們為什麼想出『另一種白肉』宣傳活動……無法歸類為白肉的部位，譬如中間部位，在當年消費者的普遍意識下成了不受歡迎的食材，而培根受害尤其深。」

諷刺的是，瘦肉風潮也為培根商帶來了轉捩點。美國各大連鎖快餐店與豬肉製造商一樣，都意識到了這股風潮的力量。於是他們開始為那些有脂肪恐懼症的食客量身製作三明治和漢堡。烤雞胸肉、火雞肉潛艇堡和各種低脂漢堡陸續出現在世界各地的連鎖快餐菜單上。再加上1993年爆發半熟牛肉遭大腸桿菌病毒感染事件，快餐店開始販售肉煎至全熟的漢堡。油脂本來就比較少的瘦肉，被硬生生煎至全熟，結果變得乾柴無味，加再多特製醬汁也救不回來。連鎖快餐店關心的不是民眾飲食健康，而是增加銷售量。因此他們將主意打到一種能夠替無味食材添加風味的好東西。那就是培根。

堪薩斯市大型豬肉供應商「農田食品」（Farmland Foods）已退休的執行長吉姆・席巴洛（Jim Sibarro）坦承：「培根稱不上優良食物，只有一點點瘦肉和三分之二的脂肪，熱量又高……對健康非常不好。但它能添增風味，這也是它最主要的功能。它可以讓三明治變得更美味。培根是全世界最棒的食物，但它有三分之二是脂肪！」只要在瘦肉漢堡或烤雞肉三明治裡放一片培根，口味就能立刻大幅提升。而且連鎖餐廳可以將培根列為**額外選項**，若顧客想為自己點的三明治多加一片培根，就得多花不少錢來加料。

這一切都不是碰巧。猶在1998年，當滯銷的冷凍豬腹肉堆滿在倉庫裡時，業者就意識到他們一定得想想辦法了。蓋瑞克說：「有人提議，我們何不主動說服餐飲業者將培根放進漢堡裡添增風味？」豬肉行銷局的養豬戶成員拿出了一筆研究經費，請愛達華州立大學研發出一種適合放進漢堡裡的圓形培根。蓋瑞克則與同事們拜訪各連鎖餐廳負責研發菜單的部門，協助後者研發以培根為主角的三明治和開胃菜。他認為：「**假如你能成功說服麥當勞、漢堡王或溫蒂漢堡這些龍頭企業，其他餐廳**

自然會仿效。」若他們能推出夠暢銷的培根漢堡，豬腹肉的銷量與價格可望隨之大幅增長。因此豬肉行銷局推出了「加了培根更美味」宣傳活動，並補助餐廳進行銷售測試、新產品研發與廣告宣傳。

培根的流行之道

在漢堡裡加培根一直是連鎖快餐店的夢想，但實際操作起來有其困難之處。培根並不容易處理，香脆有嚼勁與過熟的乾柴培根之間，僅僅是一線之隔，你必須拿出耐心與技巧才能守住那條線。而且培根會散發濃烈氣味與煙，因此廚房的通風設備也必須強化。此外，培根煎出的油也構成問題，餐廳必須配備更大的濾油器、撥出額外人力來進行濾油和清潔廚房，同時為避免油脂導致起火而投入更多金錢在安全訓練與保險。生培根經過煎煮出油後，重量很可能只剩原來的一半或甚至三分之一，說起來相當不合算。**總歸一句，培根很難搞**。

讓培根成為流行的解決之道，是預熟的培根。邁入二十一世紀後，科技進步使得餐廳只要簡單加熱，便可把配合漢堡或三明治形狀的培根片塞進去，全程無煙、無油、無煩惱。康尼格拉集團（ConAgra）旗下的「米勒食品」（Miller Food Services）或豬肉產品龍頭霍梅爾（Hormel）這些生產預熟培根的廠商可用較高價格來販售產品，因為消費者知道他們買多少磅，最後吃到的也是同樣重量。一磅預熟培根重新加熱後，重量差不多仍然是一磅。

「頓時間，培根可以用在任何菜色上，而且不必擔心花太多時間、損失利潤或處理濾油等這些大麻煩。」愛荷華州「中西優質食品公司」（Midwest Premier Foods）的肉品交易員安德魯·多利安（Andrew Doria）指出：「預熟培根突然間變成豬肉生產商不可或缺的產品。沒多久，他們的培根就至少得有三至四成是**預熟產品**，否則會被市場淘汰。」

「最初促使需求增加的背後想法，是買家認為培根可以放進任何一款三明治。」多利安的同事史帝夫·尼可解釋：「從餐飲服務業者的觀點來看，如此一來他們就可以對顧客說『我們的任何一款三明治都有培根』。**若培根成爲三明治的標準食材，那麼它也將變成品質的指標**。」或者，套句另一名豬肉業界老鳥的話：「培根突然成了調味品。」

在此同時，飲食潮流也轉向了對培根較有利的方向。１９９２年，羅伯特·阿特金斯博士（Robert Atkins）出版了《阿金博士的新減肥大革命》，內容為１９７２年《飲食新革命》的延續。這本書的核心概念是多攝取蔬菜與蛋白質、並少吃碳水化合物。但民眾從中得到的主要訊息是，假如你想要的話，每天早餐吃培根煎蛋對健康好得很。阿金減肥法與隨之逐漸流行的高蛋白飲食，終於消除了導致培根被長期列入黑名單的脂肪恐懼症。自此，培根從邪惡的肉化身為神所賜福的蛋白質。漢堡王這類連鎖快餐興起了新一代的培根堡和培根三明治，後來更發展出培根起司堡、培根酸麵包堡（放了四條培根）、甚至培根聖代等等甜點。丹尼餐廳的季節性菜單「培根宴」（Baconalia）迄今仍是該餐廳最暢銷的特餐品項。如今要找到任何菜單上沒有培根堡或培根三明治的輕食快餐店，已經是幾乎不可能的了。

同樣的，培根也延伸到獨立經營餐廳的各式新菜色。新一代的廚師打破傳統高檔餐廳的階級意識，即著重於法式烹調技巧、奢華的裝潢與大型廚房。這群年輕廚師們勇於冒險實驗，也較偏愛高脂食材，對豬肉更是特別推崇。一時之間，各地的廚師都開始自行醃製培根，並且將培根放進各種匪夷所思的菜餚中，有些人甚至將豬肉部位分切圖刺青在手臂上。

這些廚師所服務的餐廳每晚高朋滿座，無論它們位於紐約、丹佛或哈利法克斯市。他們的顧客蜂擁上門，是為了品嚐各式培根料理。廚師們用培根拌炒抱子甘藍、用培根包土雞肉、將培根浸在雞尾酒裡或是用糖漬培根來烤布朗尼蛋糕。也有不少廚師直接將牛排般厚的培根煎熟上桌。「不同於油封鴨或法式醃豬肉，煎培根完全不需要任何技巧。」美食作家暨鹽醃肉專家喬許·歐澤斯基指出：「任何烹飪白痴都可以自己買培根來切片，和雞丁一起丟進平底鍋裡，或是直接把培根醬淋在豬排上。因為培根的味道比你煮的任何東西都來得濃烈，只要放一點就能為你的菜色大大加分。」

這些餐廳端出越多培根，食客們對它就更加渴望。這股食尚風潮開始逐漸成形，有些廚師投身於自製培根或其他醃製豬肉，有些則偏愛未醃製的豬腹肉，以中式文火慢燉方式煮熟後，再將表皮烤得焦脆誘人。根據市調機構「達亞顧問有限公司」的報告，全美菜單上的培根品項從２００６年至２０１２年，穩定增長了將近百分之二十五。在２０１３年，百分之八十七的美國顧客願意多花至少五十美分，為他們點的漢堡或三明治多加片培根。於是乎培根突然變得無所不在，而隨著廚師們越常使用培根，他們對培根品質的要求也變得更高。他們教育消費者分辨乾醃與溼醃成品的不同，以及用山核桃木或蘋果木煙燻又有什麼不一樣。高級醃製肉品生產商「諾斯基」（Nueske's）與「班騰」（Benton's）不僅在餐廳間訂單大幅成長，也成了美食界的熠熠巨星。維吉尼亞州與阿拉巴馬州荒郊野外的豬農和煙燻食品加工廠，頓時成為知名美食雜誌的專訪對象，並受邀至全國頂尖餐廳內接受熱情讚揚。

培根社群網路

隨著各界對培根越來越感興趣，培根從平凡無奇的食材變成了文化上的試金石。培根的粉絲與支持者開始在全美各地組成社群，呼喊「我愛培根」這類原本指出現在保險桿貼紙上的口號。粉絲們也在網路上熱切傳播培根的福音，當中最突出的莫過於住在亞利桑那州的希瑟．勞爾（Heather Lauer）了，這位行銷專家在２００４年創立了名為「培根無限」的部落格。「我不認為自己稱得上迷戀培根。我們小時候，培根並不常出現在餐桌上，那是週末假期才會吃到的特別食物。我們都期待著享用這種平價美食。」

當她創立部落格時，當時網路上已經有好幾名專門談論培根的部落客了。一年後這類部落客人數激增，勞爾認為培根確實已成為一股風潮。於是她在２００９年出版了《培根：一個愛的故事》

（Bacon: A Love Story）紀錄這次食尚流行。她在書中指出，美國民眾的培根消費，從2000年至2005年增長了兩成，而**培根文化**也隨之而興起。

培根從過去以來便有其忠實粉絲。我弟弟丹尼爾在參加獨木舟夏令營時愛上了培根，而且他也常在下課後自己煎幾片培根當點心吃。他會把培根放在披薩、煎餅或漢堡裡，只要一有人提到培根，他便模仿卡通辛普森家庭裡荷馬的口吻：「嗯……培根。」勞爾的部落格與其它社群網站，使得培根迷們有了個地方得以**分享他們的熱愛**。雖然塑造培根食尚的並非網路，但網路確實發揮了提培根油澆火的助燃效果。

到了2008年，經營「烤肉癮」部落格的堪薩斯市烤肉愛好者傑森．戴伊與亞倫．克羅尼斯特，上傳了幾張被命名為「培根大爆炸」的新菜式照片，即足球般大的辣香腸與碎培根，被交織的培根片整個裹住，然後用鋁箔紙包起來烤。只有美國人能想出這樣的豪邁手筆，其它國家的人在震驚之餘只能忌妒。最初的培根大爆炸食譜上傳後，得到了數十萬瀏覽人次，一份報紙稱之為「網路人氣最高食譜」。連帶的，寫著培根大爆炸字樣的T恤、數不清的 YouTube 教學影片以及由戴伊與克羅尼斯特合寫，封面為培根大爆炸照片的食譜也變得十分熱門。你可以上他們的網站 bbqaddicts.com 購買三種口味的培根大爆炸（原味、煙燻辣椒和起司），他們會用乾冰保存送至府上，收到後直接加熱就能吃了。

另外有一些人，熱衷於製作罪惡、放蕩的培根影片。YouTube 頻道「經典餐時間」（Epic Meal

Time）由蒙特婁的傑克．丹尼爾與幾個猶太弟兄共同拍攝，這群肉食愛好者發想出不少大量使用培根的食譜，熱量一個比一個驚人。其中「速食千層麵」這一集，他們堆疊了好幾片培根、十五個大麥克漢堡、十五個 A&W 牛肉堡、十五個溫蒂煙燻培根堡，外加丹尼爾的自製肉醬、洋蔥圈，並淋上一公升大麥克沾醬；總共熱量為７１４８８卡路里，含５４６３公克的脂肪。儘管如此，「經典餐時間」的影片已有數千萬的點閱人次，現在甚至還推出了「經典餐時間」電腦遊戲、電視節目、食譜以及多種可在官網選購的商品。若你喜歡節制一點的活動，你可以打開 Discovery 頻道收看「培根王國」（United States of Bacon）節目，風格頗像美食頻道的「享樂美妙旅程」（Diners, Drive-Ins, and Dives），由主持人帶觀眾上路，遍尋全美各地驚奇培根料理。

周邊經濟效益

培根食尚甚至帶動了完全沒用到培根，只是模仿其外觀的產品。西雅圖新奇玩具公司「阿奇麥飛」（Archie McPhee）製作了培根繃帶、培根錫箔紙、培根絲襪、培根芳香噴霧、培根聖誕樹裝飾、培根男士晚禮服、培根T恤、培根運動襪、培根口味牙膏以及有培根圖案的碟子與杯子。其中牙膏與芳香噴霧雖然沒有培根的外觀，但聞起來卻很像。更別說還有 J&D's 食品公司的快速崛起，該公司可說將他們的口號「處處都有培根味」發揮到了極限。

該公司的創辦人賈斯丁．艾許和戴夫．萊夫考，原本是邁阿密一間科技公司的同事。來自科羅拉多州的艾許向來就喜歡培根，尤其喜歡在當地酒吧喝波本酒時，點一盤培根當下酒菜。「我們在酒酣耳熱之際想出了這個點子，於是在２００７年推出了培根風味鹽。」艾許與萊夫考的合夥始於凌晨三點，兩人醉醺醺地躺在邁阿密沙灘上，透過手機買了 baconsalt.com 這個網域名稱。後來兩人一下班，就在萊夫考的車庫裡研發不用培根、但能夠散發培根香氣的鹽。這項產品可說是完全符合猶太教規。而他們的創業資本，來自於萊夫考三歲兒子從「歡笑一籮筐」（America's Funniest Home Videos）獲得的五千美元獎金（這筆錢後來當然還給他了）。

J&D's 的培根鹽在２００７年上市，訂單全部來自網路。「我們在七十六小時內就賣出三千罐培根鹽，買家來自二十二個州及十二個國家。」艾許說：「我們公司在營運四十二小時後，就開始獲利。最讓我們驚訝的是，訂單上的前二十名客戶，我們根本完全不認識。培根鹽變成熱門話題，推出隔天就成為 MSN 搜尋關鍵字第一名，後來又在 Google 變成第一名。**培根的狂熱粉絲全都傾巢而出。**」

既然他們預算有限，他們決定透過推廣活動來行銷產品。於是他們持續不斷地打電話並寄樣品給部落客、媒體及潛在買家，同時在社群網站上辦宣傳活動，很快便吸引到許多粉絲。「我們生產了大量與培根相關的線上內容。」艾許說：「我們聯絡了『我愛培根』、『培根寶寶先生』和『皇家培根學會』等等部落格，才發現原來大家如此熱愛培根。

於是我們自問：『要怎麼樣把火燒得更旺呢？』我們在網路上丟了些有趣、容易分享轉寄的內容，將這股熱潮炒得更高。」到了２００８年10月，他們在西雅圖一間夜店的地下室演了一場摔角大賽，影片中參賽雙方是一條培根、和一罐美乃滋。他們在澆了六千磅美乃滋的競技場裡互毆，藉此宣傳該公司新推出的培根口味美乃滋。假如你打算在夜店地下室的地板灑六千磅美乃滋，你最好先想想到時候怎麼清乾淨。」

「培乃滋」將該公司的營業額與培根風潮推到了新高點。「每日秀」（The Daily Show）主持人強·史都華在節目上試吃培乃滋後，竟吐進垃圾桶裡，然後對著鏡頭說：「我的舌頭好像剛剛在嘴裡拉屎了。」艾許以為這個笑話將毀了他們公司，沒想到這一幕反而讓銷量變得更高。接下來，他們的產品出現在歐普拉脫口秀，**各大媒體也開始紛紛推出專題報導**，而他們也收到了來自沃爾瑪及好市多的大筆訂單，採購品項包括培根鹽（現在共有九種口味）及培乃滋（原味及淡味），另外還有培根口味的爆米花、沙拉醬、麵包丁、肉汁和綜合烤肉香料。

他們也推出了一系列新奇產品，包括有培根香味的唇膏、刮鬍泡、貼紙、信封、糖果玫瑰以及外觀像培根做成的棺材。那口棺材要價三千美元，他們還真的賣出了三個。喔，對了，我有沒有提到潤滑液？他們生產了培根口味的潤滑液來增加閨房情趣。它被當成惡作劇禮物，但艾許估計該公司已賣出十幾萬管培根潤滑液。這表示今天晚上，在世界上的某個地方，**有個孩子很可能因爲培根香氣激發的熱情而降生了**。

培根嘉年華

芝加哥的培根祭並非全美國規模最大的培根盛會，這項頭銜屬於愛荷華州德莫因市的「藍帶培根嘉年華」。始於２００８年的藍帶培根嘉年華最早只是一間當地酒吧裡舉辦的慈善活動，現場會有些培根產品和食物，像是培根起司堡、冰淇淋和杯子蛋糕。參加者約有兩百人之譜，募集到一千美元的捐款。到了２０１３年，藍帶培根嘉年華門票開賣不到四分鐘，九千張票便被來自三十九個州與七個國家的人一搶而空。嘉年華會上有培根選美大賽，佳麗們穿著培根編成的禮服，而退休職業摔角明星「鋼鋸」吉姆．達根也蒞臨現場。

平均算來，每位入場民眾大概都吃了半磅的培根。主辦人之一布魯克．雷諾茲估計藍帶培根嘉年華為德莫因市帶來了超過一百五十萬美元的收益，其中包括門票收入、外來觀光客及週邊活動。密西根州連鎖熟食店「金爵曼」一年一度舉辦的「培根營」，可說是培根界的世界經濟論壇，參加者包括著重於高品質及永續發展的培根界大佬。雖然芝加哥培根祭的參加人數不及藍帶培根嘉年華，但前者在許多方面表現出更強的企圖心。**它結合了「特色食品展」在創新料理上的野心以及「星艦大會」電影粉絲宗教般的狂熱**。主辦人麥克．葛瑞格斯、安卓．馮巴康維奇以及賽斯．蘇洛將培根祭變成有利可圖的事業，近年來在舊金山和華盛頓哥倫比亞特區也舉辦了類似活動。在午餐時間繞一圈會場，我親身體驗到培根食尚如何創造出可觀商機。

我來到「瓊斯牧場」的攤位，與負責該公司餐飲業客戶的銷售經理道格．麥當諾交談。「培根是成長最快的產品線。過去五年來，培根在餐飲業客戶的銷量出現兩位數的增長。如今培根的銷售已不再限於零售及煎餅屋，主流酒吧和燒烤店也開始在下午促銷時間提供培根了。」他說：「他們會採購厚片培根，煎熟後跟著白蘭地一起送上，有如點啤酒送花生。」會場的另一端，威斯康辛州肉品加工品牌「諾斯基」的第二代鮑伯．諾斯基不解地看著場內那些盡情享受美食的參觀者：「我總擔心這會像呼拉圈，流行一陣就退燒了。」諾斯基人高馬大，留著一頭梳理得像黑道教父的頭髮。我們看著幾片蘋果木煙燻培根在電烤架上逐漸泛出誘人油光，他說：「培根不只是一種流行。三十年前的我，根本無法想像現在的人用這些方式來享用培根。」

芝加哥「碰碰！派餅烘培坊」（Bang Bang! Pie Shop）的老闆戴夫．米勒在會場分發櫻桃酥皮捲，但這種傳統猶太點心被他做得完全不合猶太教義。「我覺得培根是過時玩意兒。」米勒坦承：「但它實在太有賺頭了，所以我們看在錢的份上做了這些點心。培根已經培養出一群忠實粉絲。」這間烘培坊推出定價每條一美元的糖漬培根，結果這些培根成了吸引顧客上門的招牌商品，**同時也帶動了麵包或其他商品的銷量**。這股龐大商機，就連培根業者也感到不可思議。

「黑石酒品公司」（Black Rock Spirits）創辦人斯文．林登（Sven Lindén）在２００７年，以玩笑心態出售浸過培根的「培根伏特加」，沒想到它成了年營收逾百萬美元的產品。「我們知道它有新奇之處。」我們在黑石酒品的攤位旁交談，他的工作人員正忙著分發培根血腥瑪莉。「但就連有些我們經營不到五年的州，也會有小酒吧每年賣出七千瓶培根血腥瑪莉。」經營禮品店「享樂：都會奇趣」（Enjoy: An Urban Novelty Store）的瑞貝卡．伍德不賣食物，但進貨了上百種以培根為主題的新奇商品。她在２００５年開了這家店，**培根繃帶**很快就變成當時最熱銷的商品，直到如今仍和培根造型襪、「我愛你更勝培根」標語等商品盤據在暢銷排行榜，在網路上更是賣翻天。

在培根迷的簇擁下，培根燉黑豆、培根棉花糖、培根漂浮冰啤酒紛紛登場，你很難不受培根祭的興奮氣氛感染。參觀民眾珍妮．卡拉克，和她的孫子帕克穿上自己縫製的情侶Ｔ恤，上頭印著為這次活動而寫的詩：「大豬小豬，快送上來，心花朵朵開，培根我最愛……好料偷偷買」。身材嬌小的姊妹花克麗絲汀娜與丹妮爾，則穿上她們為參加２０１１年「培根廚神大賽」（Bacon Take-down Tour）時自製的培根耳環、絲襪和Ｔ恤。「對我來說這不是趕流行。」丹妮爾滿腔熱血：「**這是一種生活方式**。」

幾個男人身上穿著寫了「培根為我加油」和「大口喝酒，大口啃肉」的背心。我還看到幾個穿了小豬裝的寶寶；一名男性事先把培根燙平，然後在帽子和Ｔ恤上把它們縫成和平標誌。但我最欣賞的，是一件畫了貓咪在外太空用培根衝浪的Ｔ恤。「這是現場最酷的Ｔ恤！」我對這件Ｔ恤的主人說了後，便立刻後悔了：因為我看到另一個人的Ｔ恤有兩隻貓站在兩條培根上衝浪。誠然，培根風潮主要跟食物有關，但它也衍生出**商機無限的文化基因**，就像網路上一則不斷流傳的笑話，到最後你甚至懷疑它是否有停歇的一日。

「培根的繁榮泡沫形成之前，它僅存在於利基市場。」亞倫・山穆爾與妻子夏綠蒂買的是貴賓票，把它們當成結婚週年紀念禮物。他們全副武裝，戴上粉紅色頭巾、背著粉紅色背包，而且對現場展示產品已研讀得瞭如指掌。亞倫蓄著大鬍子，體型頗為肥碩，穿著寫了「男人胸部真性感」的Ｔ恤。夏綠蒂的Ｔ恤則是一隻有天使翅膀和頭上光環的小豬，飛在一盤培根上方，標語寫著「幸虧死得其所」。「就算培根泡沫破裂，我們也仍是忠實粉絲。」山穆爾說：「**大部分來參加培根祭的人都可說是護衛隊成員，也就是最初追隨者和最死忠的粉絲**。」

我聽到附近有個男性，問一群全身做培根主題裝扮的陌生人他們是不是培根迷。「不是。」其中一人拿起一杯培根波本雞尾酒：「我們是芝加哥人。其他城市搞馬拉松，我們辦培根祭。」

二十一世紀是培根的年代

培根風潮帶來的整體經濟效益很難量化，但它的**具體影響是**毋庸置疑的。培根風潮促成不少中小型企業崛起，包括**餐廳**、**煙燻肉品加工廠**、**活動舉辦**、**餐車**、**推出貓咪站在培根上衝浪的Ｔ恤製造商**等等。它們創造了工作機會和政府稅收，而這一切原先都是完全不存在的。打從２０１１年威斯利・

克萊在紐約創立了「培根烘培坊」（Baconery），並推出培根口味布朗尼與餅乾之後，他的生意便蒸蒸日上，擴張成大型零售店。他計畫成立四家新分店，並且在郊區租用大型倉庫以應付逐漸成長的線上業務。

克萊預期培根烘培坊在２０１３年的營收將超過四十萬美元，是前一年營收的四倍之多。由於他不斷收到來自全美及世界各地的加盟要求，這使得他相信這個行業的成長還有很大空間。「我們搞不好可以用培根把整個世界包起來。」克萊指出，還有許多喜愛培根的國家尚未受到這股風潮感染。J&D's是個更誇張的例子：公司開始營運的一年之內，他們就從資本少得可憐的車庫創業者，搖身一變為海內外營收驚人的企業。雖然艾許不願意透漏２０１３年的具體數據，但他暗示該公司目前年營收超過了千萬美元。「戴夫昨天買了一輛新遊艇，而我也買了奧迪汽車。」我問及個人收入時，艾許如此回答。「培根是一門好生意。」

豬肉業實實在在地感受到了培根潮流帶來的衝擊。**由於連鎖快餐店大量使用預熟培根，培根的消費出現了顯著增加**，而豬腹肉的需求則從１９９０年代開始穩定成長，價格亦隨之水漲船高。２０１３年２月，史帝芬．葛瑞克告訴我：「現在豬肉最值錢的部位，是肋排和腹肉。製作培根用的豬腹肉，比豬排用的里肌肉每磅貴了三十五美分。」這種行情與數十年前根本截然相反。豬腹肉的價格最高漲至每磅1.89美元，而且很少低於１美元。過去造成豬腹肉價格一落千丈的無骨去皮雞胸肉，如今的價格也遠遠不如了。雖然豬腹肉價格抬升，有部份原因是商品期貨市場所造成，尤其作為豬飼料的玉米期貨價格大漲以及亞洲進口豬肉顯著增加；**但培根食尚熱潮仍然是主要的漲價原因。**

至於零售市場，現在有更多廠商在製造銷售各種價位與品質、產品線更廣泛的培根。過去超市架上只有三到四個培根品牌，如今卻出現十幾二十個。「德州的大型連鎖超市HEB就提供了二十四種培根品牌。」喬．萊瑟搖搖頭：「選擇實在太多了。」不但餐廳採購的培根增加，就連餐廳顧客在品嚐過後，也買進更多培根放進自家冰箱。大筆金錢就這樣滾進煙燻加工廠、批發商、餐廳老闆、廚師和服務生的口袋，無論他們經營的是獨立事業或上市公司。「零售業的培根銷售利潤約為百分之三十五至四十。餐飲業的利潤更高，可達百分之五十至六十，因為他們是切片來賣。」

上述現象打破了培根的市場循環。過去豬農們在冬季冷凍豬腹肉，然後在夏季蕃茄盛產前加以醃製的習慣作法，變成了終年持續不斷的供應。「現在培根是供不應求。」在維吉尼亞州從事家族式經營，業界聲譽卓著的傳統煙燻肉品廠「愛德華茲父子」（S. Wallace Edwards & Sons）老闆山姆．愛德華茲表示：「我們向六名供應商訂購豬腹肉，但經常得不到足夠的數量，**因爲市場需求實在太大了。**我們常開玩笑說，豬農應該培育有三個豬腹的品種才對。」

雖然豬腹肉價格上揚，整隻豬的價格也跟著水漲船高，為豬農帶來了更多利潤。經濟學家史帝夫．梅爾估計，培根風潮為每隻豬的價格增值了二十美元左右。「這可是不小的數字。」他說：「相當於全豬價格增加超過一成，豬農的收入則增加百分之十二。若你一年養一千頭豬，你可以多賺兩萬美元。

培根這波新流行為豬價帶來了莫大提升。」為因應這股風潮，豬農開始飼養腹部面積更大、脂肪含量更高豬種，並引進盤克夏（Berkshire）及藍瑞斯（Landrace）這兩個腹部較肥厚的品種。「相較於二十年前，現在的豬種身體變得更長了。」豬肉交易商史帝夫·尼可說：「牠們的腹部變長了。過去的豬腹肉可切成十七片，但現在我可以切成二十二或二十三片。」也有人說肉品加工廠甚至把切片面積減半，好讓他們的產品賣出更高價錢。

培根風潮帶來的經濟影響，在芝加哥商品交易所的豬腹肉期貨市場最是清楚顯現。源源不絕的豬肉從屠宰場被運至煙燻加工廠，租用倉庫來儲藏冷凍豬肉的需求已不復存在。過去豬腹肉曾是期貨市場的熱門標的，龐大金額在交易員的激烈喊價中流轉。然而培根風潮使得豬腹肉成為全年穩定提供的食材，完全失去了投機的價值。到了２０１１年７月，即豬腹肉期貨交易問世的半個世紀後，交易所將這項商品從合約清單中剔除，自此豬腹肉不再是一種金融工具。在此的三個月前，「全國豬肉協會」也終於不再使用「另一種白肉」這個口號，改用更有利於推廣培根的「豬肉：美味靈感」。提到豬肉，二十一**世紀可說是培根的年代**。

培根祭開幕的兩個半小時候，縱情吃喝的參觀民眾開始感到精力不支了。原先在攤位間跑來跑去的人，腳步開始變慢；而原本看到什麼都塞進嘴裡的人也變得較為挑嘴，咬一口後把剩下的扔進垃圾桶。我吃了第五個培根口味馬卡龍後，心想自己這輩子大概再也不想碰培根了（雖然反胃的感覺很快就過去）。不少人身體靠在場外牆上休息，有些培根粉絲經過一番與高鹽食物的搏鬥，癱軟在彼此的臂彎裡。現場所有東西都沾到培根的氣味。麥克．葛瑞格斯與其它幾名主辦人拿起了麥克風：「培根王國的子民們！」會場內掀起一片歡呼，穿插著幾聲「培根！」他們宣佈培根新詩創作大賽冠軍，為史帝夫．諾丁寫的「冬季與培根」，其中幾句是：

培根，在寒夜
培根，在冰涼早晨
培根，在午後的麵包上
我吃進滿口的溫暖
燻香，如踩過秋季落葉的脆響
乾索的冬季，瞬間，活了起來

接著主辦人將一張超大尺寸的五萬美元支票頒給公益機構「芝加哥食物倉庫」（Chicago Food Depository）。葛瑞格斯感謝來賓的參加並請他們離場，因為會場將進行清潔工作、為晚餐場的活動做準備。人潮逐漸散去，有些醉得腳步踉蹌的人在警衛的攙扶下離開。我則跟著葛瑞格斯走向會場後方，那裡有幾百包垃圾袋，不但堆至天花板，還延伸到走廊。十多個志工正忙著從垃圾當中挑出可分解的叉子與碗以及可回收的塑膠製品。這情景體現了培根祭所創造的商機規模。三千名參觀者付了超過五十萬美元的入場費，吃掉好幾噸的培根。餐廳與食品公司則賣掉數十萬美元向供應商買來的產品，還可等著培根祭的粉絲日後上門光顧。這項短短數小時的活動也斥資了數萬美元僱用工作人員，並且為芝加哥的當地酒吧、餐廳、飯店（說不定還有心臟醫師）創造收入。葛瑞格斯一邊命令員工停止垃圾分類、盡快把環境清理乾淨，一邊問我要寫的書到底是什麼內容。

「是關於培根風潮的商機。」我回答。

「沒錯。」他指了指培根祭付費參觀者所留下堆積如山的垃圾：「**就跟所有生意一樣，沒有風潮就沒錢可賺**。」

拾壹　餘波：瑞士火鍋在佛羅里達退休

我們吃瑞士火鍋不只為了追求美味，也為了與他人一同享受它帶來的熱烈氣氛。無論用的是融化起司、熱油或巧克力，瑞士火鍋讓我們搭上前往對話與交情的便車；而且無論食尚潮流如何更迭，當道的是低脂、低碳水化合物、希臘優格、小份量或大餐，與他人共享食物的樂趣永遠不會消逝。

我的北美食尚之旅最後一站來到坦帕市，理由只有一個。為的不是赫赫有名、由古巴移民帶來的古巴三明治，也不是坦帕市隨處可見的典型美式烤肉（包括位於我入住的飯店附近，由職業摔角選手霍克·霍根經營的「海灘俱樂部」餐廳）。過去一年來，我觀察過不同食物、人物與現象所掀起的風潮，在演化的各階段有著哪些樣貌，例如熱到最高點的杯子蛋糕流行、準備開始發揮影響力的主廚、剛萌芽的新種蘋果或已然奪得政治冠冕的餐車。這些潮流相對來說歷史猶新，有些不過是近幾年的事，有些則持續超過了十年，但我認為它們都仍處於風尖浪頭之上。然而我還想知道，**一種食尚潮流過氣之後會變得怎樣**。

任何潮流都有其生命週期。舊潮流總得騰出位置，新潮流才能夠登堂入室。我們得先放下對脂肪的擔憂，才能展開對碳水化合物的擔憂。而除非我們拋開對全麥麵包的愛，否則我們無法全心擁抱雜糧與奇亞籽義大利麵。培根永遠會是美國飲食的一部分，但培根風味潤滑液的未來，不比使用它的火熱床伴們關係更有保障。從這個角度來看，**食物風潮就跟其他風潮一樣，來去如時尚流行**。

我將坦帕市列為最後一站，是想來看看百年最具代表性的食物風潮之一。這股風潮始於少數幾個味蕾達人，透過媒體的渲染後，演變成深刻影響當代文化的現象，但最後卻完全退出流行舞台。之後它曾有過短暫的復出，但火花很快就熄滅。如今它的地位與老羊肉、圓圈果凍或口糧餅乾並列，和當今食尚遙遙相望。為了探究這股風潮的來龍去脈，我翻遍舊文章與舊食譜，並且訪問了幾位年事較高，有過親身經歷的味蕾達人。這一切將我帶到坦帕市郊門可羅雀的商店街，彷彿人類學家站在叢林裡的寺廟前，準備會見美國最後一群瑞士火鍋族。我要看看在這股食尚風潮停息了許久之後，他們如何繼續享受其中。

啊！瑞士火鍋。我還沒遇過比瑞士火鍋更能激發聯想的食尚風潮。它有著單純之美，**充滿歐陸風情，時而演奏浪漫與性愛的序曲，時而召喚帶著飽足感的溫暖回憶。**

瑞士火鍋讓我們想到融化起司與巧克力、一籃子麵包丁以及煎鍋上被熱油烤得滋滋響的肉片。瑞士火鍋勾起過往的美好，它所掀起的食尚風潮基本上僅存在於我們的記憶中，大部分人最後一次吃瑞士火鍋，應該都是幾十年前的事了。你會在滑雪渡假小屋看到它的照片，一鍋香濃的起司以壁爐和長絨地毯為背景，前頭躺著赤裸上身的演員畢雷諾斯，手上拿著一根長柄叉子。**這不僅是對特定一種文**

化的懷舊，也象徵著對所有文化的懷舊。這種已被遺忘的食尚，與手染T恤和熔岩燈一同被掃進了歷史。瑞士火鍋是過時的笑柄，就像一度流行的寵物石。

我出生於瑞士火鍋風潮迴光返照的時期。等到我年紀稍長，隨著父母去滑雪渡假初次看見它時，瑞士火鍋已經被塵封在懷舊回憶裡。某年冬季我們到亞斯本渡假，用餐時與其他幾個家庭圍坐在一張大圓桌，而桌子的中央則擺著一口超大起司鍋。大人們一邊迫不及待地將麵包丁丟進鍋裡，一邊擦掉滴在沙發墊上的起司。他們笑談結婚時收到的瑞士火鍋組在倉庫裡快變成破銅爛鐵，以及年輕時參加瑞士火鍋派對的初次約會。孩子們嚐一口氣味濃烈的起司後，皺了皺鼻頭，決定只吃麵包丁。這時候大人們好心地多點一盤炸雞柳讓我們填肚子。不過孩子們對巧克力鍋的反應就截然相反了。我們把所有食材全扔了進去，包括香蕉、草莓、棉花糖，甚至還有餐巾紙、糖包和湯匙，就為了多舔幾口香甜的巧克力汁。

當我年紀再大一點，我們家開始固定於週末渡假屋舉辦聖誕夜雞尾酒派對，邀請了所有相熟的猶太家庭。我們端出鮮蝦雞尾酒、瑞典凍肉丸、猶太熟食三明治以及瑞士巧克力鍋。家父有個客戶總會送一大片巧克力來作為聖誕禮物，正好連同幾條超市買來的瑞士三角巧克力一起下鍋。我們有套瑞士火鍋組，包含一個小陶瓷鍋、蠟燭座、和一把長柄細叉。有一年家母買了微波加熱的巧克力瑞士火鍋，但實在太難吃了（油膩膩的，而且巧克力太稀，非常噁心），我們家的聖誕瑞士鍋傳統就此劃上休止符。從那年起我們又開始吃中國菜。

瑞士火鍋起源於十九世紀末，最初只是一道簡單的農村菜。當麵包變得不新鮮，瑞士人便將愛曼塔或葛瑞爾這類硬起司融化，然後沾著麵包吃。**這種吃法不但食材便宜、有飽足感，而且很容易打包帶著走**。它的作法再簡單不過：只要準備一口鍋子，升起火就行了，頂多淋些紅酒或白蘭地來增加香氣。瑞士鍋變成瑞典牧牛人的冬季主食，但沒多久便從山間流傳至酒館和旅店。侏儸州的納沙泰爾（Neuchâtel）是瑞士鍋起源地，這座與法國接壤的湖邊山城景致優美如畫。

納沙泰爾的經典食譜為：切絲的愛曼塔及葛瑞爾起司、大蒜、胡椒、肉豆蔻、玉米澱粉（用於勾芡）、不甜的白酒、少許櫻桃白蘭地。高中最後一年，我的幾個朋友去納沙泰爾當一學期的交換學生，結果回來時全都肥了一圈。我問麥克他們為什麼變胖，他回答了這幾個字：瑞士火鍋。納沙泰爾的每間酒吧和餐廳都飄散著濃濃起司香，他們就這麼墮入美味陷阱。那年夏季，麥克回到加拿大後便開始到處搜尋瑞士餐廳。我能想像他坐在這些餐廳裡，一邊聽著傳統音樂演奏，一邊將麵包放進起司鍋裡，開心得不得了的樣子。

在瑞士，火鍋儼然發展成一種次文化，更增加了這種食物的受歡迎程度。「年輕人特別喜歡在冬季吃起司火鍋。」1930及1940年代成長於瑞士的爾文．賀格回憶：「假如你的麵包掉進鍋裡，女孩子就得親吻在她旁邊的男生。如果是男生的麵包掉進去，下一瓶紅酒就得由他買單。所有人都知道納沙泰爾火鍋這道菜。」我在佛羅里達州墨爾本市碼頭邊的一家海鮮餐廳，與賀格及他的妻子葛達共進午餐。他們幾年前退休後，移居道大西洋岸邊的一處海濱社區。賀格現年八十四歲，耳朵已經不太靈光，但他可是在美國掀起瑞士火鍋熱的要角之一。這要歸功於他在紐約西52街的「瑞士小木屋」餐廳（Chalet Suisse）掌廚整整二十年。

展開這股風潮的瑞士小木屋餐廳創立於實施禁酒令的１９２０年代，狹長低矮的餐廳牆壁上畫著阿爾卑斯山。該餐廳提供傳統瑞士食物，包括起司火鍋、炸牛排及其它家鄉菜。美國的報紙或食譜偶爾會介紹瑞士火鍋食譜，作者通常是旅行經驗豐富，曾經到瑞士滑雪的人，譬如伊凡・絲布朗（Evans Brown）。她在１９５０年出版《熱鍋上的美食》（盎格魯薩克遜白人的烹調聖經）寫道：「起司火鍋的食譜……種類繁多，但全都比不上瑞士的傳統經典食譜。」

１９５３年，「瑞士小木屋」原來的老闆將這家餐廳賣給瑞士商人康拉德・艾格利（Konrad Egli），而艾格利自此成為瑞士火鍋的守護神。他被員工暱稱為「大老闆」，極力捍衛瑞士火鍋的正統性。他不准顧客吃起司火鍋時搭配白酒之外的冷飲，據信起司會在胃裡變硬；而且他堅決不提供起司火鍋給孕婦。賀格自小便跟著雙親在瑞士的餐廳或旅館廚房裡工作，後於１９５２年移居紐約，沒多久就開始到「瑞士小木屋」餐廳上班。艾格利費了許多功夫在紐約推廣起司火鍋，１９５４年他安排賀格上電視節目「今夜秀」，為主持人史蒂夫・艾倫示範如何製作起司火鍋。只可惜節目開錄前攝影棚突然停電，導致起司未能完全融化，賀格只得在這現場播出的節目做做樣子矇混過關。

１９５６年夏季，艾格利前往蘇黎世度假。他在那裡看到一種不用起司當食材的火鍋。這種火鍋借用了法國紅酒產區的名字，被稱為「勃根地火鍋」，作法是將生肉塊放進倒滿熱油的小鍋，稍微燙熟後直接沾醬吃。據傳這是法國葡萄園工人的吃法。雖然傳說不見得屬實，但名字已經夠令人遐想。艾格利一回紐約就告訴賀格：「我們來做這個！」而且很快就在菜單上加了這道料理。他們選了牛腰肉最嫩的部位，沾醬則以辣椒、塔塔醬、蛋黃醬、碎洋蔥、酸豆和碎雞蛋混拌而成。「這道菜一推出就大受歡迎。」

賀格回憶，當時餐廳的生意立刻起飛，小小的廚房裡不時溢滿油香。「某個週末夜晚，我們廚房出的菜有高達七成五是勃根地火鍋。」不多久伊莉莎白蒙哥瑪莉、金姐羅傑斯這些好萊塢名流也上門來了。媒體紛紛前來報導，包括《美食雜誌》、《紐約時報》、《國際先驅論壇報》。《時代生活叢書》則將賀格的瑞士火鍋食譜放進他們的**世界料理食譜**中。看到瑞士小木屋餐廳如此成功，紐約的其他餐廳開始模仿這道名菜，而美國的瑞士火鍋風潮也開始熱得冒泡。

到了1961年，艾格利再度前往瑞士，這次他帶回美國的是脫胎自中式火鍋的「東方火鍋」，也就是將肉片切薄後，在沸湯裡很快涮過。於是賀格在盤子裡擺好紙片般薄的牛腰內肉片、小牛腰肉片、豬肉片、雞胸肉、甚至小牛腎。湯頭則用了雞高湯、紅蘿蔔、韭蔥、鮮香菇、荸薺，沾醬是醬油拌照燒醬。用餐快結束前，服務生會把鍋子拿回廚房，另外加進麵條、雪利酒、碎豌豆莢、香菇和洋蔥重新煮成湯，然後鄭重其事地端回賓客桌上。海鮮火鍋也是類似作法，在魚湯裡放了蝦、干貝、比目魚和鮪魚。這些新款火鍋人氣高漲，在媒體的加持下從紐約餐廳流行到全美國。《紐約時報雜誌》在1962年登出了一篇瑞士火鍋報導，稱它是「**近年來美食界最有趣的新發展之一**」。

艾格利趁勝追擊，在1964年將注意力轉向甜點，應瑞士三角巧克力公司（Toblerone）的請託推出了巧克力火鍋。該公司的駐美公關畢佛莉・艾倫（Beverly Allen）當時正設法開拓美國市場，於是她主動請艾格利與賀格設計一份以瑞士三角巧克力為湯底的火鍋。雖然有些人說巧克力火鍋早在幾十年前就已經問世，但真正吸引民眾注意、引爆流行風潮的仍是瑞士小木屋餐廳的版本。「我們混和鮮奶油與瑞士三角巧克力，並提供水果、手指餅乾及本餐廳自製的泡芙。」賀格對巧克力火鍋推出後的受歡迎程度感到不可置信。這種火鍋幾乎所有人都愛，非但**作法簡單**（較講究的起司火鍋可能會複雜些），**享用起來安全**（勃根地或東方火鍋有燙傷之虞），而且**食材唾手可得**。巧克力火鍋後來居上，成為許多食客光顧瑞士小木屋餐廳的首要理由。瑞士三角巧克力也因應潮流，推出了自有品牌火鍋組，包括一口陶瓷鍋、一個金屬燭台以及一份食譜手冊。手冊上畫了兩個瑞士三角巧克力造型角色，微笑著分享著同類屍體融成的巧克力火鍋。

瑞士火鍋風潮崛起

漸漸的，瑞士火鍋悄悄邁進了家家戶戶。廚具專賣店開始從歐洲進口瑞士火鍋的陶瓷小鍋與長柄叉，尤其是丹麥 Dansk 或法國 Le Creuset 這些時髦品牌，往往變成最常出現的結婚禮物。有些美國本士公司推出加熱即可食或其他加工處理過的起司火鍋組，將起司預拌好之後裝罐出售。這些不正統的玩意兒味道當然也差了些。波士頓的「鍋店」是最早進口瑞士火鍋組的商店之一，也是名廚茱莉亞．柴爾德的供應商。

天馬行空的店老闆文森．薩瑞里（Vincent Zarrilli）在1962年自費出版《瑞士火鍋法則》（The Fondue Rule Book），教讀者如何舉辦瑞士火鍋派對。他在書中指出火鍋晚宴不同於火鍋派對，前者只在傍晚後舉行。火鍋派對應該邀請六至十名不同性格的賓客，而且參加者當晚必須聘保母幫忙帶小孩。派對上的交談須避免「離婚、家務、房子、家屬與疾病」這些話題，而東道主應確保所有酒杯隨時盛滿。為火鍋派對營造適當氣氛至關重要。「燈光不可開至最亮。」薩瑞里寫道：「維持燃燒兩條蠟燭的亮度即可，足夠區分對方是朋友或陌生人就行了。」座位的安排應該要男女交錯，過了傍晚便開始玩派對遊戲。其中一個遊戲是用臉頰傳柳橙片，傳的過程不可用手。提到「派對調情」這個主題時，薩瑞里補上一句：「要是整個晚上過了，還沒有任何人眉來眼去，這其中一定出了什麼差錯。」他甚至預測未來雙人火鍋勢必會流行，雖然後續各位要做些什麼不在這本手冊的討論範圍。

瑞士火鍋風潮的崛起，**正逢北美的性革命萌芽**；這一點並非巧合。火鍋派對讓人們有了肢體上與社交上的接觸，雖然程度仍停留在普級，但北美民眾已可透過新奇餐宴得到接觸他人的許可。瑞士火鍋都是多人共享，沒有單人份量，所以能積極促成親密感。「**事實證明，瑞士火鍋有很好的破冰功能**，

讓我們對完全不認識的人也能敞開心房。」安妮塔．佩理查在食譜《瑞士火鍋魔法：點燃全世界的樂趣》如此寫道。在垃圾內容充斥的同類書籍中，這本1969年出版的書被譽為最佳代表著作。「身邊坐了一群忙著涮肉或拿水果沾巧克力的人，你很難表現出置身事外。」請記得，瑞士火鍋流行於美國城市街頭暴力充斥的年代，犯罪活動變得越來越普遍、也越來越暴戾。許多美國人乾脆搬到郊區，而社交生活也被迫以室內活動為主，成為「爆米花報告」所謂繭居風潮的最早例子。瑞士火鍋正呼應了繭居族的需求。只要準備一些起司和足夠的蠟燭，客廳便能立刻化為策馬特鎮的豪華滑雪小屋。多拿出幾瓶紅酒和櫻桃白蘭地，火鍋派對就是你認識對街富蘭克林一家人的最好機會，明白我的意思吧。你幾乎可以聽到唱針在賽吉歐曼德斯的黑膠唱片上沙沙作響，起司在酒酣耳熱之際逐漸冷卻，酒精膏也已停止燃燒。艾格利或許是將瑞士火鍋引進美國的味蕾達人，**然而眞正促使它成爲當代食尚風潮的卻是庶民生活方式**。

隨著瑞士火鍋變成了家庭娛樂，平價火鍋組亦充斥百貨公司貨架與結婚禮物桌，民眾對造訪瑞士小木屋餐廳享用正統瑞士火鍋的興趣越來越低。「這門生意在1970年代初期達到巔峰。」1960年代在該餐廳當廚子、後於1975年取代賀格成為主廚的迪瑪．舒特如此表示。我們坐在紐約市少數倖存的瑞士火鍋餐廳「小瑞士」，就位於瑞士小木屋餐廳原址不遠處。後者已於1990年代結束營業，舒特最近寫了一本該餐廳的食譜書。他一邊將麵包丁放進納沙泰爾經典鍋（他堅稱這口味十足完美調和），一邊嘆息瑞士火鍋風味已不復原貌。「我們做了許多嘗試。」他回憶：「我們在餐廳現做火焰薄餅，但弄起來其實挺麻煩。我們也曾推出紅酒燉牛柳這類菜色。」

1960年代健康意識興起，並且延續至1970年代；期間各種食尚風潮均揚棄了脂肪、糖、油和起司。Me世代的出現更使得分享體驗不再吃香，**個人體驗才是主流正道**。民眾希望烹飪變得更快、更簡便，微波爐則取代了耗時的小火爐。家庭聚餐失去青睞，民眾的娛樂轉向迪斯可舞廳以及更新鮮有趣而多元的餐飲文化。一度在美國人心目中充滿異國風情的歐陸美食，退位給來自墨西哥、日本、印度等地的新奇口味。愛滋病的流行迫使性革命停下腳步，連共享一道菜都變成了恐怖經驗。如今瑞士火鍋成了笑話題材，只令人聯想到當年流行的怪鬍子和朦朧柔焦照，一到週末晚上全家人就開始狂吃融化起司。

「以前每對新人都希望結婚禮物是瑞士火鍋組。」我與賀格夫婦共進午餐時，葛達嘆息：「現在沒人想要了。這年頭根本沒人舉辦雞尾酒派對，也沒人想吃包含開胃菜的全套晚餐。」於是這些火鍋組從桌上被移到廚櫃裡，又從廚櫃淪落至地下室，再從地下室被搬進車庫，最後在舊貨攤以幾塊美元廉價賣出。最近她與丈夫為佛羅里達的朋友們做了瑞士小木屋餐廳的經典巧克力鍋，但最後以悲慘的失敗收場：沒有半個人碰，因為大家都在**節食**。這可是全世界最美味的巧克力鍋，由當初創造這份食譜、掀起了食尚潮流的大廚親手製作，但他們的朋友像傻瓜似的坐在那裡，光挑水果來吃。

195年，正當瑞士火鍋泡沫逐漸破滅時，奧蘭多市郊區新開了一家瑞士火鍋餐廳。老闆羅伊・

尼爾森與布魯斯·肯納榭原是一對好友，兩人都沒有餐飲業方面的經驗。他們打算開一間提供食物的酒吧，卻都不懂得做菜，所以他們得挑最容易料理的食物，而瑞士火鍋顯然是個理想選擇。當時民眾習慣一邊吃瑞士火鍋一邊喝酒（對這門生意可說是相得益彰），再說這道菜基本上是顧客自己動手煮東西，廚房裡的活兒可簡化不少。「熔爐」餐廳最初僅提供五道菜，包括瑞士小木屋經典鍋（起司，油，高湯和巧克力），以及香菇鑲洋蔥醬。後者可讓顧客自己沾麵糊後，當場下鍋炸熟。「熔爐」位於商店街裡一個沒有窗戶的地下室，空間只放得下十四張桌子，全數是舒適的包廂。散發著微光的吊燈是用舊酒瓶拼接而成，這種裝飾風格後來成為餐廳裝潢的一大主流。

「熔爐」最早僱用的員工當中，包括為了賺學費來打工的大學生馬克·強斯頓。來自長島的強斯頓此前從來沒嚐過瑞士火鍋，然而他很快便嗅出其中商機，並且在工作兩年後取得加盟授權，與哥哥麥克在塔拉赫西開了第二家熔爐餐廳。他們的弟弟鮑伯當年才十四歲，也下海來幫忙清潔工作。三兄弟由此開始建立這份事業，後來又在佛羅里達州中部開了另外三家熔爐分店。「起司黏呼呼的，一旦沾上就很難甩開了。」鮑伯·強斯頓現在已是熔爐餐廳母公司「優先品牌」（Front Burner Brands）的執行長，他提到三兄弟如何愛上了瑞士火鍋：「我也開始對它越來越著迷。」

強斯頓兄弟於１９８５年全面收購熔爐餐廳，打算把這個連鎖品牌做大。雖然瑞士火鍋早就褪流行了，但他們相信瑞士火鍋有些特質能帶來獨特成長利基。「瑞士火鍋只是一陣流行，而流行終歸會退燒。」鮑伯說：「起初我們確實面臨挑戰，因為我們在快到尾聲才進入這塊市場。許多人不相信我們變得出什麼新招，連我們的債權人也不相信。那年頭沒人再穿大翻領休閒西裝或喇叭褲了，而瑞士火鍋跟那些過時玩意兒被歸為同一掛。不過，顧客喜歡我們端出的菜。**因爲我們提供的不是牛排配烤馬鈴薯，而是樂趣**。享用瑞士火鍋是個充滿樂趣的體驗，顧客會為此而來。這樣的體驗也使得我們的火鍋風行多年。」

熔爐連鎖餐廳的經營以慶祝及特別活動為重心：約會之夜、畢業舞會晚餐、慶祝與生日等等。「這些活動有什麼共同點？」強斯頓問我。「他們都想慶祝一件特別的事，而且渴望用獨特的方式來慶祝。」熔爐餐廳也精心設計用餐流程，讓顧客體驗變得更新鮮刺激。他們的瑞士火鍋並非先在廚房完成後端出，而是在每張桌子擺著一個小火爐（最初是電熱爐，現在用電磁爐）。服務生會端出托盤，上頭整齊擺著客製化鋁鍋，以及許多盛著新鮮食材的小盤子，然後來到顧客桌旁為他們組裝火鍋。

在服務生持續快速攪拌起司的同時，食客們全神貫注觀賞這場表演，敬畏地看著生冷食材在鍋中融為神奇美饌。熔爐餐廳早期僱用的服務生**都很年輕，不但積極上進，而且亟欲開創一番事業**。強斯頓兄弟讓堅信公司品牌的現任員工買下加盟權，馬克與鮑伯更是親身參與每個加盟分店的創立，甚至幫忙動手組裝餐桌。

強斯頓兄弟的經營概念，著實讓熔爐餐廳過上了二十年的榮景。他們的連鎖餐廳拓展至十九家，遍佈整個佛羅里達州（總部位於坦帕市），另有幾家位於其他的南方州。然而到了1990年代中期，銷售與成長卻頓時停滯不前。強斯頓兄弟的回應方式是**將品牌改頭換面，增加了酒類品項**，重新裝潢所有分店，自開幕起就不曾更動的菜單也變得相當多元。「海鮮鍋、照燒牛後腰脊肉或其他醃肉、高湯鍋，甚至還有素菜、義大利麵、鍋貼、可以下鍋煮的義大利餃、醃鴨肉、抹上一層黑芝麻籽的鮪魚這類脆皮海鮮。」他連珠砲似地說出一大串新增品項：「有許多是因應當時的潮流。」

最具效果的改變，莫過於該餐廳提出了足可定義品牌價值的「完美之夜」信條。這項信條顯示他們對顧客體驗的關照，更勝於瑞士火鍋傳統的延續。「我們設法推出超越顧客期待的服務。」強斯頓說：「假如有顧客正在舉行慶祝，我們會幫他們拍照。這些照片會被裱起來，或做成磁鐵貼在冰箱上，如此一來顧客將記得這次的用餐體驗。」此外，服務人員也會針對來客作筆記、建立資料庫。若有回頭客數個月後打電話來預約晚餐，服務人員便可問候他們的健身事業進行得如何、女兒是否完成大學入學考試預備課程了。「這種作法為我們累積了如今的忠誠客群。我們的餐廳不再是『有賣瑞士火鍋，蠻特別的地方』，而變成『**那裡的人招待我們的方式，彷彿我們是餐廳裡唯一的顧客呢**』。」

尋找突破點

過去十五年來，熔爐餐廳從十九家分店，擴張成全美及部份國家超過一百三十家分店。然而，熔爐再一次走到了必須改頭換面的關頭。隨著美國人的**飲食習慣不斷轉變**，這家連鎖餐廳過去的強項，後來竟變成弱點。對服務品質與獨特用餐經驗的堅持，或許能吸引那些花大錢享用全套餐點的食客，但他們畢竟每年僅上門光顧一、兩次。「民眾的外食習慣已經改變了。」強斯頓在坦帕的時髦寬敞辦公室裡，告訴我：「連我和太太上館子時，也只會挑份量較少的菜，而不會點全餐，因為我們根本沒時間。」自從2008年景氣衰退，食客們青睞的是吃起來更划算的餐廳，而熔爐要做到這一點實屬不易。為了讓瑞士火鍋繼續站穩市場（這可說是熔爐獨立背負的十字架），他們得重新思考瑞士火鍋在二十一世紀應該有什麼樣的風味與新面貌。

於是，薛恩．夏伯利成了他們的求助對象。2007年起擔任熔爐餐廳的行政主廚夏伯利來自塔帕附近的小城市但尼丁。他的身材又高又壯，年僅三十一歲，從腳踝到頸部全是刺青，是那種看起來像在時髦餐廳裡揮灑創意，製作鵝肝醬骨髓培根堡的叛逆主廚。他的父親當過臥底警察，專門逮捕毒販；而他的成長過程也頗受當地尚勇文化洗禮，居民會在週末獵捕鯊魚或短吻鱷以作為夏伯利所謂的「鄉巴佬嗜好」。他從十四歲起就開始到餐廳幹活，待過幾家時髦的小餐館，也曾到邁阿密海灘的麗思卡爾頓酒店。

二十五歲生日那天，他接下了熔爐餐廳的工作，在此之前他只在熔爐吃過兩次瑞士火鍋。一天早上，我和夏伯利約在熔爐餐廳總店碰面。他身穿上頭寫著iPot的T恤，滿臉微笑。餐廳門一打開，迎面而來的是典型1970年代風格的俗氣裝潢，更糟的是另外還加了些1990年代的醜陋修飾。燈光昏暗的餐廳裡有著狹窄的走道以及隱蔽的包廂，所有牆面貼著深色的原木護牆板，整個地方看起來簡直像歇業很久的飯店大廳酒吧。他們在玻璃瓶裡裝有顏色的水，牆壁不是漆成小恐龍巴尼的紫色，就是看起來髒髒的芥末色，或套用夏伯利的生動描述：「嬰兒嘔吐綠」。明後年這間餐廳會重新整修，裝潢得更像其他分店所具備的現代風格。「我們正設法讓一百三十家分店都駛向相同方向。」夏伯利一邊說著，一邊打開廚房的燈。

熔爐餐廳的廚房可真開了我的眼界。那裡頭沒有爐子、沒有烤箱、沒有炒鍋、沒有任何加熱工具。「這跟巨星級主廚的生活截然不同。」夏伯利剛接下這份工作時頗為震驚。「工作時間是朝九晚五，廚房裡連烹調設備都沒有。」**這裡只是個備菜的地方，擺著一盤盤的瑞士火鍋**。生菜已經切好，並按照示範照片的樣子擺盤，等著被服務人員送到顧客面前再下鍋煮。夏伯利是整個連鎖餐廳唯一的廚師或主廚，這對加盟店主來說是一大吸引力。他們只須搞對份量與擺盤方式、做好服務人員的教育訓練，就不太可能會砸鍋。夏伯利的工作大部份是管理職員、訂購食材、確保所有連鎖店的供貨品質。為了這項吃重的物流任務，他得跑遍全國各地拜訪供應商，包括提供培根與臘腸的「諾斯基」（Nueske's）以及位於威斯康辛州，生產銅壺裝傳統瑞士起司的「艾米羅斯凱瑟」（Emmi-Roth Käse）。

創新食譜實驗

夏伯利每年有三次機會施展大廚本領，分別於春季、夏季和秋季推出業界所謂的「季節限定菜單」。「身為大廚，這是我變些新花樣的好機會。」他露出燦爛笑容：「顧客已經有喜歡的口味，要做出能夠討好他們的新東西並不容易。好幾次我簡直被逼到了牆角，因為一個新點子可能是把勃根地火鍋的食材換成高級安格斯沙朗牛排。說不定別人會以為我打算把這家餐廳收了，乾脆改行賣漢堡。」

透過季節限定菜單，夏伯利趁機在瑞士火鍋中**融入流行食尚、當季食材以及他個人的創意**。他不時注意農夫市集和其他餐廳有哪些好東西，並且大量閱讀美食部落格與相關雜誌，在家動手實驗各種新點子。

夏伯利可說是瑞士火鍋界的創意先鋒、未來的味蕾達人，而他也樂於承擔讓瑞士火鍋跟上時代的艱鉅挑戰。「沒錯，我被限制在瑞士火鍋的範疇內。」他說：「但只要能擁抱潮流，你還是可以盡情揮灑。最棒的地方就在這裡，我超愛這份工作。」該餐廳每次推出的季節限定菜單包含了獨家風味起司鍋、當令食材沙拉以及新口味的甜點鍋（油炸鍋與高湯鍋則維持原來作法）。季節限定菜單在正式推出一年之前就開始發想設計，因此餐廳有足夠時間在特定市場先行測試，視情況需要修改食譜，並確保食材能得到穩定供應。夏伯利曾推出一種靈感來自希臘羊肉烤餅（香料羊配優格黃瓜醬）以及食材全數為培根的瑞士火鍋，後者尤其是他的私心最愛。現在該餐廳提供一款山羊起司鍋，因為夏伯利喜歡在春、夏月份使用口味較清淡的起司（想想看，在八月的佛羅里達州來一鍋熱騰騰的葛瑞爾乳酪），雖然他得花不少時間才能調出理想的濃稠度。山羊起司融化後會產生顆粒，所以它得搭配其他起司，並等到其他起司融化得差不多了才能下鍋。最近他也試過混和紅酒與起司，雖然味道嚐起來還不錯，但呈現出的紫色顯然不可能被消費者接受。

我到坦帕拜訪夏伯利的那天，他正忙著為幾份季節限定菜單進行最後的調整。２０１４年春季菜單以沙拉為設計主題，包括經典義大利卡布里沙拉，食材有羅馬蕃茄以及他在旅行時發現的威斯康辛莫扎瑞拉乳酪。起司鍋的要角則有德國奶油起司混和義大利芳提娜起司、白酒、蕃茄糊與新鮮蕃茄片。這份菜單的靈感來自夏伯利與熔爐餐廳主管最近的一次瑞士之旅，他們重訪瑞士火鍋的故鄉、並吃了整整一星期的瑞士火鍋，最高紀錄曾一口氣吃了二十五種鍋。

夏伯利以「粗魯」形容這次的經驗，鮑伯・強斯頓則稱之為「酷刑」。然而他們還是從中啟發不少新點子，包括了蕃茄鍋的構想。不過夏伯利的這份菜單中還有兩個品項有待改進，這也是為什麼餐廳的主管們這天來此聚餐。要改進的項目之一，是2014年春季限定菜單中的鮮桃奶油白巧克力鍋；另一項則是2014年秋季限定菜單中，夏伯利寄予厚望的龍蝦濃湯鍋。

由於熔爐餐廳僅在晚餐時間營業，中午時間空蕩蕩的餐廳裡只坐著一桌主管。當中有鮑伯・馬蓋特（營運總監）、麥克・萊斯特（熔爐餐廳董事長）、史考特・皮爾斯（優先品牌執行長）以及克麗絲蒂・蓋爾克（研發協調專員）。他們都是美式休閒餐廳業界的老資格，不是參與過澳美客牛排館的大舉擴張，就是在熔爐餐廳從基層做起。他們並非講究的饕客或美食界的味蕾達人，志在追求具備大膽創新的最新食尚潮流。**他們必須精算營業利益，配合市場上主流顧客的喜好。**

所謂的主流顧客，通常是年齡十九歲至三十五歲的中產階級女性。也就是說，熔爐餐廳鎖定的對象是年輕食客。他們要的不是精彩菜色，而是能夠吸引新客群、並留住回頭客的些微調整。夏伯利與一名服務生在餐桌上的電磁爐擺好兩個空鍋子，然後一邊組合食器、一邊解釋龍蝦濃湯鍋的內容。他將一杯向當地供應商買來的龍蝦濃湯倒入鍋中，接著放進經典瑞士火鍋的起司，在此期間不斷用叉子攪拌。

「口味是比較重。」萊斯特說：「但嚐起來應該還不錯。」

「我們可能需要加點檸檬汁。」蓋爾克看著這鍋湯迅速變稠。

「沒錯。」夏伯利同意：「這種鍋超級濃稠，可能會被當成一般的濃湯。」他將檸檬汁擠進鍋裡：「希望這個酸度足夠解膩。」他將切碎的熟龍蝦尾肉及紅蔥灑進鍋裡，同時在鍋內持續攪拌。「小心。」他終於大功告成：「吃起來有點黏。」

這款瑞士火鍋有著烤龍蝦的味道，雖以海鮮入菜，但口味不至於太過俗套，撲鼻的香氣挺討人喜歡。「太好吃了！」皮爾斯不禁喊了出來：「我可以吃上一整天。」馬蓋特將叉子放進鍋裡，一邊攪拌一邊沾麵包：「趁現在價格還在低檔，我們得先和濃湯與蝦肉的供應商談定。」語畢，他將麵包送進嘴裡。夏伯利承諾他會談到好價錢，而且會解決這款鍋的稠度問題；然而這桌人又開始擔心，假如新菜色沒能打中消費者，到時候堆滿倉庫的龍蝦濃湯該如何處理。「還記得之前堆了幾十萬磅的雞肉石榴香腸嗎？」馬蓋特想起那次企圖趕流行，最後卻以失敗收場的悲慘經驗。

夏伯利帶走桌上的龍蝦濃湯鍋，返回時帶了鮮桃奶油白巧克力鍋的食材。幾個禮拜前的試吃獲得一面倒的叫好聲，但大家都覺得口感不夠濃，而且水蜜桃份量太少。於是夏伯利找上一個供應商，調製出新鮮水蜜桃做成的香濃果泥。他還另外加了些新鮮水蜜桃片，期望能為這款巧克力鍋增加風味。

「我喜歡鮮桃巧克力鍋。」萊斯特說：「但跟別種巧克力鍋比起來，它並不會讓我特別想點來吃。」

「如果直接用新鮮水蜜桃來沾醬呢？」馬蓋特問。

「放在盤子上嗎？」夏伯利說：「問題是，水蜜桃還新鮮的時候質地太軟，不容易固定在叉子上。」於是他們改用熔爐餐廳的經典點心盤，上頭擺著幾塊糖酥蛋糕、棉花糖以及草莓這類較結實的水果。鮮桃奶油鍋甜得不得了，幾乎可說是太甜了，而且水蜜桃跟海綿蛋糕一樣，只適合特定幾種沾醬。然而若搭配得宜，它的滋味可比任何尚待發明的超級美味巧克力棒或麥特森食品研發公司為星巴克調製的冰飲。夏伯利對試吃結果相當滿意。

瑞士火鍋的復興

午餐過後，我向萊斯特詢問該公司拓展海外市場的腳步進行得如何。儘管國內市場因趨近飽和而成長減緩，熔爐餐廳近幾年的海外擴張倒是逐漸加速。他們在加拿大亞伯達省首府艾德蒙頓的分店，已成為業績最佳的分店之一；而墨西哥的幾家分店表現也超乎所有人預期。萊斯特指出：「若你仔細觀察，你會發現大部分文化都有同鍋共食的傳統。」雖然不同文化之間仍有差異，需要他們視地方而調整。他們在北美地區遇到的最大挑戰，是用餐時間對一般人來說太冗長；然而在墨西哥，用餐時間長卻是熔爐餐廳的最大優勢。「美國人填飽肚子後就閃人。」萊斯特說：「墨西哥人卻喜歡充裕的用餐時間，不受店家催促。」在美國，熔爐餐廳裡賣得最差的是傳統基本起司鍋；但這款鍋在墨西哥卻以十比一的銷售數量贏過其他鍋類。此外，墨西哥的顧客群是男女比例各占一半（美國則以女性為主），而午餐比晚餐更受重視。瑞士火鍋的最新疆界拓展到了中東，熔爐餐廳在幾個阿拉伯國家授權了十七個加盟店，大部分在沙烏地阿拉伯、科威特等富裕波斯灣國家，也有幾間位於黎巴嫩。隨著世界各地有越來越多的中產階級崛起，向熔爐餐廳提出要求加盟的包括了巴西、中國與印尼業者。這種源自瑞士、飄洋過海到美國、由熔爐餐廳發揚光大而形成食尚風潮，如今已準備好來場全球復出大戲。

瑞士火鍋過去曾一度復甦。在１９９０年代至千禧年初，瑞士火鍋短暫地打進人氣料理排行，因為在那些火鍋派對狂歡中受孕的孩子，長大後也發現了它的迷人之處。根據《紐約時報》在１９９０年的一則報導，瑞士火鍋組銷售量比製造商預期的增加一倍，堆滿了全美各地居家用品店的貨架。魁北克廚房用品公司「特魯多」（Trudeau）產品開發經理梅格莉．貝勒提耶認為原因在於１９８０年代景氣衰退，爆米花報告中的繭居風潮有以致之。

特魯多公司原本是經銷商，直到１９９０年代中期才開始自行生產色彩繽紛的三件一組瑞士火鍋。該公司的火鍋組可拆開來使用，若想只用鍋子來融化起司、熱油或煮巧克力鍋都行，操作起來相當順手。從１９９６年到２００１年，該公司的火鍋組業績成長十倍，在加拿大與美國的連鎖百貨共賣出上百萬組。餐廳業者也重返行列，參與了瑞士火鍋的復興。《時代》雜誌在２００３年的文章「餐飲新風潮：瑞士火鍋」（Restaurant Trends: Fondue: Now It's Hip to Dip）報導了舊金山「月神公園」餐廳、洛杉磯「葡萄樹」餐廳以及紐約起司主題餐廳「手工精製」所推出的別出心裁瑞士火鍋。到如今，美國仍有紐約市「布爾喬亞豬」這類餐廳主打特色瑞士火鍋，提供了風味十足的藍乳酪與淋上蜂蜜的小菜，搭配黑巧克力、培根（一定要的）與啤酒做成的巧克力鍋。

在這段期間，新出版的瑞士火鍋食譜在沉寂多年後首度重回書店架上。其中最暢銷的是列尼．萊斯與布里姬．凱樂南共同出版的《瑞士火鍋》（Fondue）。這本食譜完全著重於起司，作者原是在舊金山從事餐飲業的一對朋友。他們上了一門起司課程之後，在2002年舉辦了一場瑞士火鍋派對，將課程中沒用完的零星材料做成起司鍋。「賓客把點心盤裡的所有東西都拿去沾起司。」凱樂南現在是愛達華州的一名廚藝老師：「連無花果餡餅也沾了起司，大家都覺得很有趣，跟我說『你們一定要再辦一次這種派對。』」威廉索諾瑪廚具公司（Williams and Sonoma）為這本食譜出了特別限定版，只送給在該公司零售店面購買人氣新品瑞士火鍋組的顧客。

到了2000年代中期，瑞士火鍋風潮再度偃旗息鼓，因為某些原因退回懷舊領域（譬如小份量的個人化餐點開始流行），但我們不難理解為什麼瑞士火鍋每隔十來年就能捲土重來，融合其他時興風潮改變其風味與食材。你可以在起司鍋裡灑奇亞籽，好讓它看起來似乎比較健康；你也可以搭配紅王子蘋果或紫蕃薯，外加菠菜泥燴起司與印度烤餅，全數做成烤雞肉紅咖哩鍋。或許瑞士火鍋的未來得寄託於餐車市場，譬如丹佛市「量油尺」餐車自2012年起在街頭賣瑞士火鍋。

無論過去或現在，涉足瑞士火鍋這一行的人都心知肚明，想恢復1960年代的受歡迎程度是絕對不可能了。然而瑞士火鍋有些固有特質，能確保它在飲食文化中永遠佔著一席之地。夏伯利與鮑伯．

強斯頓好幾次告訴我，初次造訪熔爐餐廳的人，往往會在整個享用過程中表現出莫大驚喜。孩子們臉龐貼著餐桌，著迷於難得的用餐體驗；而一頓飯吃下來，沒有任何人曾經從口袋拿出手機來看。陌生人之間的對話輕鬆愉快，從而滋生了友誼；而男女約會也在麵包與起司繾綣纏綿之際發展出浪漫情愫。「**鍋子外發生的事，比鍋子裡的變化更重要。**」強斯頓重述這句公司口號。瑞士火鍋不但是食尚潮流，也是社會潮流。

與人共食的樂趣

對於這一點，我本人有親身體驗。和夏伯利回熔爐餐廳的那個星期四夜晚，餐廳裡人聲鼎沸，每張桌子都坐滿情侶、三代同堂的家庭、衣著入時的姊妹淘，有個包廂則正在舉辦教會募款餐會。我們在有著高圍隔牆的包廂區「情人巷」入座，這可是每間熔爐餐廳的焦點舞台。態度友善的服務人員約翰馬丁上前來，向我們詳細解釋用餐方式，從如何點餐、到食材的準備與吃法毫無遺漏，同時還問候我的坦帕之旅以及我們有無任何特殊需求。夏伯利點了一份當季山羊起司鍋，搭配諾斯基牌燻香腸及切片的澳洲青蘋。不一會兒，馬丁端著一組鴛鴦鍋回到我們桌旁，將鍋子放到餐桌上的小火爐後開始放入食材。香草起司、奶油起司、芳提娜起司陸續下鍋，同時灑入了蒜末與白酒。食材在鍋中緩緩融化，散發出的蒸氣彷彿帶著田野芬芳。在最後一塊起司融化之際，馬丁又灑了些山羊起司碎粒，開始用叉子仔細攪拌。

我拿起一根長叉，然後叉了一塊麵包丁來沾起司。幾個月前我因為急著要吃起司鍋，結果燙傷了嘴，所以這次我學乖了，總算記得要先將麵包丁吹涼。融化的起司十分順口，質地宛如奶油醬，但大蒜與香草又使它帶有義大利麵的濃濃香味。這跟我從小吃到大、黏糊糊的瑞士火鍋相當不同；它的口感更為細緻、獨特、符合現代人喜好。我又叉起一片燻香腸，沾過起司後發現味道變得更加深邃而質樸。香草鍋底烘托了燻香腸的美味，也添增了蘋果的酸香與清新。

「小心。」夏伯利看我狼吞虎嚥，好意提醒我：「**瑞士火鍋是馬拉松，不是百米短跑。吃得太快就沒辦法撐到最後了。**」要是我知道接下來會端出什麼，我一定會遵照他的建議。馬丁拿走我們的起司鍋，換上了裝滿半鍋油的新鍋。油鍋開始咕嚕咕嚕地冒泡之後，他送來一盤豐盛的生食材：肥美的明蝦、深紅肉色的鮪魚片、各式新鮮蔬菜、多種沾醬和一些麵糊。另外還有至少兩磅的肉，包括安格斯沙朗牛排、醃過凱真香料的雞胸肉以及厚厚的牛柳。夏伯利為我示範了如何做香菇鑲奶油青醬，裹上麵衣後入鍋炸成金色。

肉串在熱油裡茲茲作響時，我們聊到瑞士火鍋對飲食文化的最大影響。熔爐餐廳是少數未隨著瑞士火鍋潮流載沉載浮的特例，它在潮流退卻時崛起。然而瑞士火鍋留下的影響縈繞不去，甚至融入了我們的日常飲食方式。夏伯利在許多歷時久遠的食尚風潮中看見瑞士火鍋的身影，譬如沾了巧克力的水果與餅乾以及熱沾醬與融化醬汁在各種料理中的運用。雖然它們並未穿上傳統瑞士火鍋的外衣，但熔岩巧克力不正是巧克力鍋的另一種表現形式？以融化起司為餡料的小點，與起司鍋不也有著本質上的相似之處？

接下來的一小時用餐時間當中，我和夏伯利大部分都在忙著串肉、炸肉、大快朵頤、說說笑笑。我們聊到家人、工作和旅行經驗，夏伯利還提到他曾經開槍射中一隻抓狂鱷魚的腦袋（這裡可是佛羅里達！）。我與夏伯利素昧平生，但隨著肉串一根根下鍋，我們之間的壁壘也一吋吋消失。到最後，我覺得彼此彷彿已成了數年知交。（一年後，夏伯利離開熔爐餐廳另棲高枝。他終於脫離瑞士火鍋藩籬，或許正致力於將融化起司的精髓傳遞給新客群。）我不禁想起爾文．賀格曾經告訴我的一番話。當時我與賀格夫婦在佛州的另一端，正吃著桌上幾盤海鮮。他說：「**瑞士火鍋打動人心的力量在於，所有人都可以共用一鍋，一同烹調、一起享受。這種進餐方式創造了和睦的感受。**」

換句話說，瑞士火鍋之所以能形成風潮，核心力量出自**共同的用餐體驗**。我們吃瑞士火鍋不只為了追求美味，也為了與他人一同享受它帶來的熱烈氣氛。無論用的是融化起司、熱油或巧克力，瑞士火鍋讓我們搭上前往對話與交情的便車；而且無論食尚潮流如何更迭，當道的是低脂、低碳水化合物、希臘優格、小份量或大餐，與他人共享食物的樂趣永遠不會消逝。這股食尚風潮以不同的樣貌重新浮現，其本質卻從來不曾褪流行。「**這就是瑞士火鍋的眞義：它會融合。**」賀格朝著家鄉瑞士的方向，望向河水的彼岸。或許多年前，他就在家鄉的一次盛宴中，讓某個麵包不小心掉進鍋裡的女孩獻出初吻。「它將所有人融合在一起。」

雖然上述想法可能俗氣了點，但這不就是一切的重點所在？

結語：彩虹另一端的可頌甜甜圈

食尚潮流屬於每一個人。最初也許只是一些特色品項，僅存在於特定城市，要價昂貴而且得大排長龍等待。但所有食尚潮流在本質上皆有其開放性，一名優秀廚師或小型食品公司的創作會很快被修改、再造，並以多種方式與價格重新問世。

２０１３年5月10日，我正坐在家裡撰寫本書開頭的杯子蛋糕章節時，一股新的食尚潮流在三百哩外冒出頭來。出生於巴黎、曾投效於明星級主廚丹尼爾．布呂旗下的紐約糕點廚師多明尼克．安索（Dominique Ansel），當天在位於曼哈頓時髦蘇活區的「多明尼克安索烘培坊」推出了一款新甜品。這款甜品首先要用到質地彷如奶油的千層酥皮麵團，即製作可頌時醒過的多層麵團。他將麵團繞成一個圈，放進葡萄籽油內炸得金黃酥脆，這是為了在麵團內的層次間增加空氣。接著他將麵團置於烤盤，擠上大溪地香草奶油並沾了調味糖，最後淋上桃紅色的玫瑰口味糖霜、並灑滿玫瑰糖作為點綴。安索將他的新作品命名為可頌甜甜圈，意即可頌與甜甜圈的混合體。這款甜點作工精緻、數量有限，而且頗為昂貴（每個賣五美元）。它不僅不能冷藏，還會在六小時內像花瓣一樣凋零。**然而它帶來了新鮮的感官刺激，誘人美味無可抵擋。**

由於美食部落客葛洛格．史崔特（Grub Street）在可頌甜甜圈正式上市的前一天，就發文報導了這項新產品，因此這項產品稱不上什麼祕密。然而消費者的反應遠遠超乎安索本人或任何食尚潮流觀察家的想像。**紐約客已花多年時間尋找杯子蛋糕風潮的繼承者**，花式甜甜圈一度是他們心目中的候選人，但可頌甜甜圈集結兩者的動能，彷彿包覆了奶油的氫彈般炸出璀璨火花。上市頭一天，安索在電門開張半小時內就賣光第一批可頌甜甜圈。他們連忙趕做第二批，甫上架同樣被顧客一掃而空。店內電話鈴聲不斷，數十名顧客指明要訂購這項產品。

福斯新聞在當天報導了這款新甜點，於是可頌甜甜圈在一星期內以破紀錄的速度變成暴紅商品。美食記者們為了跟進報導，一大早就跑到安索的店門前排隊等候購買。安索為了控制情況，只得規定每人最多只能購買兩個。但限購令根本是火上添油，反而使可頌甜甜圈的完售速度一天快過一天，需求水漲船高。5月15日那天，有個幾乎排到的顧客被告知可頌甜甜圈已經賣完，氣得對店員比中指。另一名得知惡耗的顧客，則絕望地掉下眼淚。到了5月17日，安索為「可頌甜甜圈」（Cronut™）申請商標。

但熱潮並未就此打住。可頌甜甜圈推出後的一星期內，多明尼克安索烘培坊門外的排隊人龍長達幾個街區，第一批顧客可能清晨五點就來排隊。紐約市各公司行號的暑假實習生都被派來這裡，就為了讓老闆能一邊辦公、一邊享用可頌甜甜圈。分類廣告網站則出現了代為排隊購買的付費服務。可頌甜甜圈問世的一個月後，宛如從事黑市買賣的「優必速可頌甜甜圈快遞」公司也隨之成立。只要付一百美元，該公司便可外送一個可頌甜甜圈到紐約市任何地點（這可是售價的二十倍）。假如你購買的數量是二十個，該公司索價則調升為三千美元，因為訂得越多，排隊次數就越多；這與規模經濟理論完全相反。排隊顧客來得一天比一天早，八月時最早到的人居然凌晨三點就來了。部落格Gothamist曾上傳一張照片，裡頭有兩名年輕女性在深夜偷翻烘培坊的垃圾桶，企圖找出因為瑕疵或腐壞而被丟出的可頌甜甜圈，可能是想自己吃或拿去賣。她們的迫切簡直到了可悲的程度。

可頌甜甜圈風潮最令人吃驚的地方在於，它流行開來的速度簡直像閃電。**沒人預期到它的出現，也沒人見過這種程度的瘋魔**。短短一個月內，可頌甜甜圈得到的報導數量，相當於杯子蛋糕熱十年來的總和。各大國內外報紙、網站、電視節目都曾經加以報導，遑論社群媒體持續不斷的密切關注。《時尚》雜誌稱２０１３年為可頌甜甜圈之夏，《大西洋月刊》則說可頌甜甜圈是「紐約人最愛的香草口味油炸甜甜圈」。甚至連蘋果橘子經濟學（Freakonomics）部落格與《Inc.》雜誌都做了相關報導，質疑這款甜品的長期商業獲利潛力。「時尚可頌甜甜圈」（funkincronuts.com）這類以可頌甜甜圈為主題的部落格亦紛紛問世，記錄這股熱潮日復一日的發展。

可頌甜甜圈之所以獨特，原因在於這是頭一**遭某種食品問世即形成風潮**。杯子蛋糕好歹花了一兩年時間，才從木蘭烘焙坊紅到紐約其他地區，然後又花了幾年時間在美國其他城市流行開來，整整十年後才在世界各地落地生根。然而可頌甜甜圈走出安索的廚房後，就直接成為全球同業的仿效與致敬對象，追隨者遠至聖地牙哥的方形可頌甜甜圈、倫敦的多頌（dosant）、新加坡的可頌多（crodos）、甚至委內瑞拉首都卡拉卡斯的「可頌甜甜圈先生」（@MrCronut）等等。

隨著這股風潮蔓延至各個國家，世界各地的糕點廚師都在進行可頌甜甜圈的**逆向工程**。據報導，北京有個烘焙坊師法了在澳洲發現的可頌甜甜圈，而澳洲這家烘焙坊則曾經派人到紐約，學習某種源自菲律賓馬尼拉的可頌甜甜圈作法。在南韓，連鎖品牌當肯甜甜圈（Dunkin Donuts）早在七月底就開始量產「紐約派甜甜圈」。

這些追隨者當中，只有少數真正嚐過或甚至親眼見過可頌甜甜圈，但他們從杯子蛋糕風潮中學到擺明的一課：趁早投入、乘著浪頭盡量多賺。我在七月初，就目睹了這套生意哲學。當時我在多倫多的住家附近有間「小甜心烘焙坊」，專賣杯子蛋糕、馬卡龍等甜點，但他們開始在黑板上宣傳新推出的可頌甜甜圈。比起安索的產品，他們的甜甜圈較小，質地也較紮實，但同樣經過油炸、口感酥脆。頓時之間，店外出現許多好奇前來的饕客，在街上拿著可頌甜甜圈拍照炫耀。即便當時我已經花了一年時間撰寫這本書，這一幕還是挺令我驚訝。

水能載舟亦能覆舟

儘管可頌甜甜圈風潮吸引了我的注意，我也只能從旁觀察，因為安索推出這款新甜品的十天後，內人生了我們的第一個孩子。整個夏季我讀到不少相關的報導、推特留言與笑話。我認識的人但凡到紐約渡假，一定會花上半個週末排隊買可頌甜甜圈，然後將照片上傳至社群媒體。這股風潮甚至發展到了一個荒謬的程度。我的朋友劉凱隆（音譯）是多倫多《網格週報》（The Grid）的特約美食作家，他的報導提到市面上可能出現會「可頌餅乾」，通篇文章充滿諷刺。讓他跌破眼鏡的是，不久後可頌餅乾還真的出現在多倫多的烘焙店，甚至傳到了全世界，拜奧利奧餅乾與《時代》雜誌報導之賜。

當時為了照顧新生兒，我總是睡不飽，一天得按時餵奶好幾次，忍受寶寶因為腹絞痛而尖聲哭叫，同時又沈醉在親職的喜悅中；實在沒有多餘精力注意這波新食尚。我甚至沒力氣走到巷尾，在售罄前買個可頌甜甜圈來嚐新，雖然我不時對自己發誓一定要買來吃吃看。我對可頌甜甜圈的膝關節反應，也顯示出自己開始寫這本書後，對食尚風潮抱持的**矛盾心情**。每次我看到可頌甜甜圈的相關報導，每次有人興奮地問我吃過沒，我都忍不住發出呻吟。我已經吃過不少杯子蛋糕、不含麩質食品和培根口味甜點。「這不過是一時流行。」我輕蔑地說：「到了勞工節就會煙消雲散。」

到了八月中，我終於禁不住自己的好奇心，決定敞開心擁抱可頌甜甜圈。我在日曆上註明本書初稿完成日期，打算在那天上街買一個，獎勵自己之餘順便為這次研究劃上甜美句點。隨著截稿日期逼近，小甜心烘焙坊的可頌甜甜圈人氣也來到高點。他們和「絕世經典漢堡與鬆餅」（Epic Burgers and Waffles）餐廳合作，後者在「加拿大國家展覽館」（Canadian National Exhibition）有個攤位，專賣鬆餅、炸雞三明治或用 Krispy Kreme 甜甜圈對半切片當漢堡包的漢堡套餐。雙方攜手推出了「可頌甜甜圈漢堡」，雖然熱量高達七千卡，卻立刻**引發媒體騷動**，非但延伸出多樣產品線，還被拱上名流級地位。可頌甜甜圈的銷量熱到令我開始擔心，再不積極行動就可能完全吃不到了。

截稿日那天，我醒來後先確認小甜心烘焙坊的營業時間，然後在早上十一點將女兒揹好、戴上墨鏡，自信滿滿地大步走向目的地。當我走到小甜心烘焙坊前，卻發現店門是關著的。我確認了一下時間，往店裡偷瞄，接著將手機拿出來檢查電子郵件，這才發現我今天應該是吃不到可頌甜甜圈了：昨晚有兩百人吃了可頌甜甜圈漢堡後食物中毒，其中幾人甚至被送進醫院。小甜心烘焙坊、絕世經典漢堡與鬆餅都暫停營業，等候市府衛生當局調查。

隔週調查結果發現罪魁禍首不是可頌甜甜圈、也非漢堡，而是小甜心烘焙坊為了給三明治當淋醬而自製的楓糖培根醬，被感染了金黃色葡萄球菌毒素。小甜心烘焙坊成為**另一種食尚風潮的受害者**，連帶拖累了可頌甜甜圈。這家店一年前開張，在杯子蛋糕與馬卡龍熱潮退燒許久之後才跟著趕流行。然而當可頌甜甜圈問世，該店可是多倫多市第一個推出這項產品的商家。嚐過食尚風潮帶來的甜頭後，他們亟欲趁勝追擊，以致於同時追求太多種食尚風潮，將可頌甜甜圈、漢堡、培根這些元素全放進一種產品之中。但**水能載舟亦能覆舟**，泡沫正巧在勞工節前夕破滅，一天不多一天不少。

食尚潮流的開放性

同年夏季，日本廚師暨部落客島本敬三在他位於布魯克林的麵攤，發明了一種拉麵堡。他把煎過的拉麵做成漢堡包，將流行食尚元素帶向新的巔峰，暴紅程度不亞於網路上的雙重彩虹影片。躍躍欲試的排隊人龍立刻集結起來，當然也免不了招來一些輕蔑，即使許多批評者根本沒親自嚐過。然而有篇文章指出，拉麵堡雖然是個瘋狂點子，卻也體現了美國社會最值得欣賞的一面。日本食物儘管美味，卻受限於嚴格習俗與傳統。拉麵堡根本是種褻瀆，絕對不會有面世的一天。同樣道理，可頌甜甜圈在安索出生的故鄉巴黎，絕對不可能受到當地顧客追捧。然而在北美，我們展臂歡迎各式各樣的食尚潮流，容許它們茁壯繁榮。我在舊金山拜訪的趨勢專家卡拉．尼爾森（Kara Nielsen）認為這就是我們社會的最大力量之一。食尚風潮比任何其他文化元素，更能深刻體現北美人心靈當中，創造性與開放民主的一面。它所反映的力量，也呈現在創業精神、破舊立新的勇氣以及使得無數移民渡海來此追求夢想的命運呼喚。

食尚風潮若出現最糟的發展，那可能是**整件事膚淺得令人難以忍受**。最初的個人想像力表達，最終竟淪為無腦跟風。突然間，你發現周遭的每個人都在吃希臘優格，這究竟是怎麼回事呀！至於可頌甜甜圈這類風潮，除了招來蜂擁排隊的顧客，幾乎別無可觀之處。我們很容易認為這些潮流反映出的，不過是人類社會對物質的迷戀，終究是虛無的流行。我們上館子娛樂自己，花許多時間看電視上的人怎麼做菜、如何享用食物，還為了追逐最近頗受追捧的名菜而特別計畫一趟旅行。

吃吃喝喝變成時髦的事，名廚地位媲美搖滾巨星，最新菜色的照片成了普羅藝術。在此同時，我們這個世界猶有數百萬人在挨餓、長期營養不良。飢民不僅存在於貧窮國家，也存在於我們住家附近。光是在美國，便有超過一千六百萬個兒童過著有一頓、沒一頓的生活。他們從來沒聽過可頌甜甜圈或奇亞籽，當然也不會知道卡多．薩拉德新推出了哪種鮮漬海鮮，更不會關心你在部落格上寫的二十個最佳特區餐車評比。這些人排隊，是為了等著在垃圾桶翻找自己的下一餐，而不是為了滿足求新求變的口腹之慾。

然而，當你走進特色食品展的大廳，琳瑯滿目的創新美食迎面而來，簡直來不及吞完所有想吃的東西時，你已經無暇思考上述事實。撰寫這本書時，我經常忍不住想譴責拉麵堡、培根狂熱或奇亞籽口味的希臘優格餅乾，畢竟這世上還有許多人連溫飽都求不得。更別說我還得面對一個較瑣碎、但對我影響甚大的問題：我已經聽膩新風潮這回事了。

儘管如此，在我放縱大啖杯子蛋糕、餐車盛宴、價值兩千美元的堅果風味紫米之際，我總會想到自己有多麼幸運，能夠以書寫食物維生，居住在不僅支持、甚至鼓勵各種狂想創新的國家。食物是如此美味且充裕，我們竟然可以連牛排配馬鈴薯都看不入眼。這是個享受食物的最美妙時代。

食尚風潮為我們帶來快樂。你大可抱怨杯子蛋糕早就褪流行了，但如果我為你送上一個杯子蛋糕，你還是會高高興興地撕下紙杯，期待之情就和小時候參加生日派對時一樣。你會大口吞進香甜的海綿蛋糕與奶油糖衣，舔乾淨沾在手指上的碎屑，直到吃得一點渣都不剩。

為了同樣理由，我們仍會繼續光顧薩拉德的餐廳，不只因為他的料理既潮又酷，也是因為食物本身極其美味，而享用他匠心獨運調製的沾醬與辣醬生魚片，更是別家餐廳所無法提供的快樂體驗。崔洛伊、張大衛、相佑或許是因為後來蔚為風行的特定菜式或口味，而成為家喻戶曉的名廚，但這也是因為他們的韓式墨西哥玉米捲餅、刈包或漢堡讓食客們心花怒放，喜愛至今。這些廚師創造的風潮使遠近饕客展開笑顏，鼓勵其他地方的廚師與食客們也追隨其腳步，讓快樂繼續擴散。

食尚潮流屬於每一個人。最初也許只是一些特色品項，僅存在於特定城市，要價昂貴而且得大排長龍等待。但所有食尚潮流在本質上皆有其開放性，一名優秀廚師或小型食品公司的創作會很快被修改、再造，並以多種方式與價格重新問世。我們在特色食品展看到的那些稀有、昂貴的產品或口味，都會透過食尚風潮演進，最終成為一般超市顧客都買得到的平價商品。這就是為什麼羊奶焦糖遲早有一天，會與賀喜巧克力一同擺在我們的食物櫃裡。我們現在擁有的飲食選擇，要比上一代來得更加多樣、更唾手可得。

食尚風潮也可以將**文化的深度與廣度，拓展至餐盤之外**。針對格蘭．羅伯茲想要保存卡羅萊納傳統米飯料理的目標，安森磨坊所創造的貢獻，遠勝於任何政治宣傳或慈善推廣活動。安森磨坊的穀物品質及風味加快了它帶動食尚風潮的腳步，而它所創造的文化影響則重燃了民眾對南方歷史、傳統菜餚、食材、與耕作方式的興趣。除此之外，食尚風潮也讓世界各地的料理共治一爐。隨著越來越多住家、職場以及餐廳開始將印度烤餅與烤雞肉紅咖哩視為午餐基本菜色，而民眾的好奇心也逐漸凌駕畏懼感，蘇希．馬羅德拉、蘇琪．辛、與何曼．巴瓦尼花費數年心血，嘗試在北美推廣印度菜的努力很快就會看見成果，印度文化的影響亦將隨之發揚光大。食物並非靜物。它不屬於博物館，能夠被密封收藏、永不改變。它會持續移轉，隨時反映我們的價值觀，在許多方面豐富我們的生活。所謂潮流，正是不斷將它推動向前的力量。

任何食尚潮流皆創造了經濟成長。博登夫婦之所以斥資數百萬美元培育紅王子蘋果，是因為他們知道唯有創新，才能讓他們有別於超商架上的其他產品。他們的成功會鼓勵其他人尋找、栽培新品種，在提供消費者更多選擇之餘也增加果農們的收入。正如培根重出江湖，不但提高了豬肉工廠與餐廳業者的營收，也可讓農人從飼養的豬隻身上榨取更多獲利。奇亞籽起初只是一種新奇商品，最後卻創造出蓬勃的全球市場。

透過韋恩．寇茨博士而認識奇亞籽的貧苦阿根廷農人，如今在養生食尚的浪頭上享受財富。每間杯子蛋糕店、心懷抱負的印度餐廳、餐車或在特色食品展贏得蘇菲獎的小公司，都代表著許多創業家的成功希望，**而他們很可能透過食尚風潮的力量，分別創造出數百、甚至數千個工作機會**。這些在農場、辦公室、餐廳及倉庫的職缺，不但需要具備高教育程度的員工，也可讓那些從事低階工作的人得到更體面的薪資。食尚風潮體現的是資本主義最好的一面：假如你有個好點子，市場就會用金錢、工作機會、稅收及經濟規模來給予獎賞。

經濟利益也可能帶來其他改變。假如有夠多人支持某種享用食物的方式，政府政策最終將不得不隨之調整。幾十年來，北美城市居民一直對街頭食物選擇有限大表不滿，但情況依舊如故。直到餐車蔚為流行，改變才終於發生，甚至進一步影響了法律制定。不到幾年間，原本在街頭販賣食物被視為違法、除了走味熱狗什麼都買不到的情況，在餐車協會成員穿梭議會的奔走遊說之下，變成食物選擇多得彷彿流動自助餐，其中還不乏創新料理與新的商業模式。

新潮流的問世

過去幾十年來，我們的大部分食物已變得過度加工，導致肥胖、心臟病、糖尿病盛行等嚴重後果。根據疾病控制與預防中心的報告，現今美國兒童有百分之十七已達肥胖標準，過重者高達三分之一。這些數據在過去三十年來增長三倍，而中國、印度、巴西等開發中國家亦面臨同樣問題，飲食過量導致的健康問題在二十年前可謂聞所未聞。遺憾的是，這也是食尚風潮造成的結果，而且影響程度遠超過任何現正流行的糕點。**這類潮流不容易轉化或遏阻，甚至從生理上改變了我們的攝食方式**。司法手段並無法將它們消滅，我們需要的是一股具備同樣動能的逆向力量來加以顛覆。唯有內涵與之完全相反的潮流能做到這一點。

兩年前的某一天，我在巴洛街幼稚園的體育館裡，看芮達．艾格瓦（Radha Agrawal）忙著搞定一群不停尖叫的三歲小孩。巴洛幼稚園位於紐約格林威治村，可說是個貴族私校。當年三十三歲的艾格瓦，來到這間幼稚園是為了準備「蔬菜超人」（Super Sprowtz）偶劇表演。這項表演包括一群說說唱唱的蔬菜超級英雄，是艾格瓦幾年前構思出來的創作。

故事一開始是紐約市某個屋頂溫室遭到雷擊，於是英雄們各自發揮他們的營養價值力量，譬如青花菜布萊安超級強壯、紅蘿蔔柯比眼力超級遠、豌豆蘇西動作超級快、波菜山米可以把身體拉得超級長等等。他們要對抗「污染魔王」及其危害健康的同夥油膩膩、垃圾食物小子以及黑心加工女王，因為敵人正密謀傷害在健全食品超市購物的父母，譬如將油爆手推車偷偷放進聯合廣場的農夫市集。你可以把這齣劇想像成電影「正義聯盟」加入歐茲醫師的抗氧化宣導，然後將每個角色的臉都做成可愛版。

老師們讓學生在臨時搭建的舞台前坐好後，身高不到五呎的艾格瓦便走到他們的面前。

「你們今天想不想認識蔬菜超人？」她問台下的孩子們。

「想！」孩子們興奮大叫。

「我聽不清楚耶。」

「想！」他們喊得更大聲。

「我還是聽不到喔！」

帶著黃眼罩的主角紅蘿蔔柯比，突然從舞台後方跳出來，孩子們一陣尖叫。

「小朋友們！我是紅蘿蔔柯比！我聽到你們的喊叫，所以來看看究竟是怎麼回事。喜歡紅蘿蔔的人一起大聲歡呼！」

孩子們都樂瘋了。

「蔬菜超人」偶劇表演始於２００６年。一開始艾格瓦只是為雙胞胎姊姊米琪的有機披薩餐廳繪製兒童菜單，創造了幾個蔬菜卡通人物。沒想到孩子們反應極佳，會要求自己的披薩裡要有那些蔬菜。於是艾格瓦開始覺得這當中應該有些發展潛力。接下來的四年，她寫了一個背景故事，並僱用藝術家設計「蔬菜超人」中的角色造型，然後將這些素材編成一套四本書的系列自費出版。最後她辭去廣告業工作，成立「蔬菜超人」媒體公司製作營養及娛樂主題的幼教節目，並且放眼全球市場。目前為止，「蔬菜超人」推出了絨毛玩具並出版不少書籍，在曼哈頓兒童博物館舉辦過一場互動展覽，拍攝了於紐約市計程車後座播放的電視節目，並且在學校、公園、動物園等場地表演過數百場偶劇，與「小小探險家朵拉」（Dora the Explorer）和「小豬奧莉薇」（Olivia the Pig）這些大牌站在同一個舞台上。

我在２０１３年初拜訪艾格瓦時，她的公司正面臨一些重大契機，包括二十一世紀連鎖百貨的老闆之一，準備向該公司投資兩百五十萬美元。他們也正與商品授權機構、書商、連鎖超市及亞馬遜洽談中，打算將蔬菜超人當中的角色推廣至全美國及全世界。改善兒童飲食是一股大潮流，在當今文化中的影響力只會持續擴大。美國第一夫人蜜雪兒·歐巴馬已投注相當時間與資金來喚起民眾的注意，艾格瓦也因此得到行政當局背書，得以將紅蘿蔔柯比帶進白宮。「第一夫人相信，美國的活力與未來確實已面臨危機。」白宮御廚山姆．凱斯在我們談到蔬菜超人時如此表示。問題的嚴重性反映出市場潛力，更何況有能夠提出解決方案的行政當局加持。「這塊領域已經有不少創新作法。」凱斯認為：「蔬菜超人所作的努力，令人相當期待。」

艾格瓦的期許是，為蔬菜超人爭取到重要電視台合約。她希望家家戶戶的客廳電視都能播映自家節目，每個孩子的玩具箱裡都有個茄子艾瑞卡布偶。該公司運用與大型食品公司相同的積極行銷手段，設法讓孩子們愛上蔬菜。就像瓦戴利亞洋蔥農透過電影「史瑞克」來吸引小孩，他們也希望紅蘿蔔和菠菜能變成食尚風潮。「假如你能從小開始教，要說服孩子們吃蔬菜並不困難。」艾格瓦說：「但要讓孩子們認識蔬菜的益處，唯一方法是運用他們容易認同、符合文化背景的素材。」艾格瓦有許許多多真實案例，可說明這套方法已經發揮了莫大影響，譬如有個小女孩的父親在看過表演後寫信給她，說女兒突然間變得超愛吃茄子；另外有個祖父發現孫子看完蔬菜超人表演後，竟然開始願意吃青花菜，出於看好該公司前景而決定入股投資。

若這些小小的成功能在更大範圍的層面上加以複製，受惠兒童將不只是幾千人，而是數百萬人。想想看，這將引領出什麼樣的潛在風潮：孩子們對加了糖的早餐穀片與飲料不屑一顧，寧願選擇紅蘿蔔和羽衣甘藍冰沙。他們吃得更健康、更有營養，同時開始逐漸扭轉持續了數十年的飲食習慣，將食尚風潮帶往完全相反的方向。一名哥倫比亞大學博士正針對「蔬菜超人」對兒童食物選擇的潛在影響進行研究，艾格瓦最近也與康乃爾大學合作，在幾間紐約學校推出了以「蔬菜超人」為品牌的沙拉吧。

回到巴洛街幼稚園，豌豆蘇西與櫛瓜柴克游進污染島，偷走污染魔王炸油鍋的操控鑰匙，再度拯救了全世界。艾格瓦在上百雙小手的熱烈掌聲中跑上台，拿起麥克風問：「好啦，誰想見見蔬菜超人？」此時好幾十個小孩尖叫著從地上跳起來，衝到舞台前。他們都想摸摸紅蘿蔔柯比，小手抓著毛氈布偶不肯放。艾格瓦與幾名員工則在混亂中努力保護投影機和筆記型電腦，以免這些東西成了這場迷你暴動的犧牲品。希望每個午餐便當盒裡都有花椰菜，當然是個理想過於高遠的目標。一名兒童營養專家曾指出，靠蔬菜超人解決兒童肥胖問題，根本是杯水車薪。但這就是食尚潮流的特色：**無論趨勢預測專家對自己的判斷再怎麼有信心，真正的大潮流往往出現於意料之外。**

蔬菜超人創造潮流的機會並不亞於其他食尚，尤其當我親眼看到幾十個小孩跑進父母懷裡，噙著眼淚求爸媽買青花菜和櫛瓜。我似乎目睹了新潮流問世的一絲希望，在午後陽光下雖亮度微弱，但仍清晰可見。

致謝

本書之所以能問世，要歸功於許多才華洋溢的好朋友們。謝謝你們鼓勵我，在過去幾年來支持這項寫作計畫，寥寥數頁實在不足以表達我的感激。我將以致贈書中所提的美食做為回報，無論瑞士火鍋晚餐或只是想來管培根口味潤滑液都沒問題。

首先，我要感謝 Sterling Lord Literistic 經紀公司的 Robert Guinsler。他努力不輟地熱情推薦這項寫作計畫，無數次展現出聖人般的耐心。若沒有他的智慧與引導，本書（以及先前的幾部作品）絕對無法在出版界蒙獲生機。

Robert 傑出工作的最佳報償，就是本書幸有 PublicAffairs 出版社的 Benjamin Adams 親手編輯。他是我共事過最聰明、最體貼的編輯。他將模糊的想法化為關於食尚品味的具體概念，甚至把全書變得比我所能想像的更加出色。他為平凡的杯子蛋糕加上了美麗裱花。

另外兩位我永遠感激的出版界天才是多倫多 McClelland & Stewart 出版社的 Doug Pepper 與 Jenny Bradshaw。我與兩位共事近十年，多虧了你們的遠見，這本書才能從零碎想法組織出完整成品。我對你們的感謝無可言喻。

無論在 PublicAffairs 或 McClelland & Stewart 出版社，都有許許多多文字編輯、美術設計師、銷售及宣傳人員辛勤工作，將本書呈現到讀者面前。我要向以下的人深深鞠躬致謝，包括與我合作多年的 Ashley Dunn、以及其他新團隊成員： Clive Priddle、Susan Weinberg、Peter Osnos、Jaime Leifer、Alex Christopher、Melissa Raymond、Melissa Veronesi、 Lisa Kaufman、Lindsay Fradkoff、以及 Matty Goldberg。

本書的概念緣起自我為《彭博商業週刊》撰寫的一系列文章，負責這些文章的優秀編輯為 Jonathan Kelly 與 Julian Sancton，他們主編 Brad Wieners 具備了敏銳眼光。感謝三位讓我有機會以從未想過的角度觀察食品產業。我還要感謝多倫多《網格週報》的 Laas Turnbull 與 Lianne George，他們縱容我天馬行空地發想，讓其中一些想法得以化為文字、得到發表。

此外，我要特別感謝幾位業界人士為我費心解釋複雜的產業現況，包括了 Kara Nielsen,、Barb Stuckey、Suzy Badaracco、Darren Tristano、 以及 Josee Johnston 教授。還有幾位食品權威，如 James Beard 基金會的 Mitchell Davis 和 Steve Dolinsky 等人，一路上給予我許多寶貴建議。

在這段研究過程中，我曾接觸世界各地不下數百人，聆聽他們詳細說明自己的工作與想法，其中許多人甚至親自帶我造訪他們在食品界所佔的各個角落。所以我要特別感謝馬羅德拉一家人、何曼·巴瓦尼、都樂食品公司及特色食品協會的朋友們、格蘭·羅伯茲、薛恩·夏伯利、「培根祭」的夥伴、切·拉德—塔畢瑟拉、芮達·艾格瓦、李卡多·薩拉德、維吉妮亞·辛姆及博登夫婦。

我的研究助理 Wendy Litner 是推動這本書的一大功臣。她具備優異的寫作能力，著作遲早會登上暢銷排行榜。她花了一年時間鑽研瑞士火鍋歷史、奇亞籽的沿革，做出相當紮實的成果。無論主題再龐雜，她都能以外科手術的精準度冷靜處理。對妳，我有道不盡的感激。

最後，我要感謝親愛的妻子羅倫。妳帶我走過創作的情緒起伏，尤其是寫書的這段期間，妳還得承受首次購屋與重新裝潢、懷孕分娩以及新生兒持續三個月腹絞痛造成的精神壓力。但妳始終站在我這邊，犧牲自己、忍受一切，將諾雅——我的小天使，養育成全世界最美麗的孩子。我對妳們的愛至死不渝。

Catch on!
知道的書
HC00051

味蕾職人的杯子蛋糕經濟學

看口味魔法師如何引領我們愛吃什麼的美食風尚

The Tastemakers:
Why We're Crazy for Cupcakes but Fed Up with Fondue
by David Sax

著者 大衛・賽克斯（David Sax）
譯者 劉怡女
行銷企畫 郭其彬、夏瑩芳、王綬晨、邱紹溢、陳詩婷、張瓊瑜、李明瑾
大寫出版 鄭俊平、沈依靜、王譯民
發行人 蘇拾平
出版者 大寫出版 Briefing Press
台北市復興北路 333 號 11 樓之 4
電話：（02）27182001 傳真：（02）27181258
發行 大雁文化事業股份有限公司
台北市復興北路 333 號 11 樓之 4
傳真服務專線：（02）27181258
讀者服務信箱 E-mail: andbooks@andbooks.com.tw
劃撥帳號：19983379
戶名：大雁文化事業股份有限公司
香港發行 大雁（香港）出版基地・里人文化
香港荃灣橫龍街 78 號正好工業大廈 22 樓 A 室
電話：852-24192288 傳真：852-24191887
E-mail: anyone@biznetvigator.com
初版一刷 2015 年 9 月
定價 350 元

ISBN 978-986-6316-41-8

國家圖書館出版品預行編目資料

味蕾職人的杯子蛋糕經濟學：看口味魔法師如何引領我們愛吃什麼的美食風尚 / 大衛．賽克斯 (David Sax) 著；劉怡女譯．初版．臺北市：大寫出版，2015.09
352 面；16x22 公分．(知道的書 Catch-on!；HC0051)
譯自：The tastemakers : why we're crazy for cupcakes but fed up with fondue
ISBN 978-986-6316-41-8(平裝)

1. 飲食風俗 2. 美國

538.7852 104015873